中国艺术品历年拍卖菁华

家具卷

刘建龙 编

山东美术出版社

图书在版编目（CIP）数据

中国艺术品历年拍卖菁华．家具卷／刘建龙编．—济南：
山东美术出版社，2007.1

ISBN 978-7-5330-2287-7

I.中… II.刘… III.①艺术—作品—拍卖—中国 ②家具—拍
卖—中国 IV.① F724.787 ② TS666.20

中国版本图书馆 CIP 数据核字（2006）第 161862 号

中国艺术品历年拍卖菁华·家具卷

策　　划	王　恺
责任编辑	黑天明　裴晓莉
版式设计	康晓光　王慧英　谢　楠
资料编辑	金　玮　孙承飞　王忠敏

出版发行：山 东 美 术 出 版 社
济南市胜利大街 39 号（邮编：250001）
电话：(0531)82098268　传真：(0531)82066185
山东美术出版社发行部
济南市顺河商业街 1 号楼（邮编：250001）
电话：(0531)86193019　86193028

制版印刷　北京雅昌彩色印刷有限公司
开　　本：787×1092 毫米　16 开　25 印张
版　　次：2007 年 1 月第 1 版　2007 年 1 月第 1 次印刷
定　　价：**180.00** 元

目录

绪　论 1

明式家具 13

　　明式·床榻类 15

　　明式·凳椅类 23

　　明式·桌案类 37

　　明式·柜架类 53

　　明式·其他类 67

清式家具 89

　　清式·床榻类 91

　　清式·凳椅类 109

　　清式·桌案类 161

　　清式·柜架类 249

　　清式·其他类 285

民国家具 331

　　民国·硬木家具 333

名词术语简释 381

关于拍品名称的说明

本书拍品名称一律沿用原拍卖公司所定之名称，未做改动，以便读者登陆雅昌艺术网查阅详情。

绪 论

从众多的宋代绘画和少量的出土实物来看，在我国宋代已经进入了家具制作的繁荣时期，许多家具的样式、种类、装饰与明代已经没有太大的区别了。许多传统家具的基本要素如牙板、罗锅枨、霸王枨、矮老、托泥、束腰、马蹄等在南宋时已经被广泛使用。不过若论传世实物，只有明清两代的制品有相当多的数量遗留下来。自明代嘉靖以来，商品经济有了较大的发展，并出现了资本主义萌芽。这个时期农业和手工业生产水平有所提高，工匠获得更多的自由，从业人数增加，商品大量增多，货币广为流通。海禁解除后，对外贸易频繁，带来的是大城市的日益繁荣，市镇的迅速兴起，在江南和南海地区尤为显著。明清之际，这两个地区的某些城镇成为家具的重要产地，这和商品经济的发展是分不开的。

明代嘉靖以前中国家具的制作工艺主要是漆木工艺，16世纪中期起，家具有较大发展，制作用料也日益考究。范濂《云间据目抄》中的一条记录明确而具体地告诉我们，嘉靖时期，在范濂年少时，书桌、禅椅等细木家具即硬木家具在松江地区还很少见。但到了万历时期（1573～1610），风气大变，争购考究的硬木家具，精心布置室内陈设，成为一时风尚。不用说官宦读书人家，就连捕快、衙役也不例外。硬木家具的出现标志着中国家具发展巅峰的到来。而硬木家具的大量制作，使用硬木家具的风气在万历时期迅速形成，经济发展与社会繁荣固然是一个原因，但又和南陲产木料地区的开发、海禁解除后东南亚木材的输入是有着直接关系的。

硬木家具在明清两代得到充分发展，取得了辉煌的艺术成就。但是由于硬木材料的稀缺性直接制约了硬木家具的普及，现如今学者和收藏家们比较关注高级硬木家具，往往忽略了同时期漆木、柴木以及竹制家具。其实漆木家具一直是中国家具发展的主流，即使在硬木家具出现以后，高级漆木家具产量有所减少，但基于文化礼制，最庄严的地方仍然需要使用漆木家具。由于中国文化具有明显的雅俗界限，如果说明清硬木家具代表了家具"雅"的典范，那么就不应该忽略柴木家具所代表的乡土风俗，毕竟它与雅文化具有不同的文化旨趣。

兴起于19世纪后期的西方工业革命，伴随着列强的侵入对中国人的生活方式产生了很大的影响。尽管民国时期是中国历史上一个比较动荡的时期，手工业的发展受到一定的限制。而体现在家具的转变上，除西方家具的一些优美造型和装饰艺术为中国家具所吸收以外，先进的金属加工工具、玻璃工艺和新型的装饰油漆技术，以及高效率的机械化工作程序等，都为家具的批量生产提供了必要条件，在传统中国家具向现代家具发展转变中起到了重要的促进作用。

中国古典家具的样式与地域风格

古典家具传世品，明代以前很少有实物可见。目前存世的大多是明代以后所制，从时间上大体可以划分成明、清、民国、当代四个历史时期。传统的学术研究喜欢以朝代名称概括艺术风格与样式，由于家具的式样在改朝换代时会有相对较长一段时间的延续，故而以往学术界在区分明清家具样式的时候，往往笼统地区分为"明式"和"清式"。随着近年来学术视野不断向广度和深度的发展，学术界正在酝酿将民国家具和当代仿制的古典家具纳入研究范围。因此，"明式"和"清式"这两个术语的定义也需要得到进一步的明确。

首先应该确定的是"明式"和"清式"这两个术语是具有一定时间意义的风格概念，既是家具种类、造型、装饰、制作工艺在美学意义上的总概括，同时又可以使用它们来概括具体的某一方面，如明式造型、清式装饰等。目前学术研究在明清硬木家具（又称花梨家具）方面取得了长足的进步，从硬木家具方面已经取得的研究成果来看，明式家具的制作时间大体是源自明嘉靖时期，到万历时期已经达到高峰，一直延续到清代康熙、雍正时期；清式家具的制作时间大体从乾隆时期开始并很快达到鼎盛期，在嘉庆、道光时期略有变化，到清末就已经基本结束。

由于本书采用时间断代分类，在以下章节中会对"明式"、"清式"以至民国家具风格的具体内涵进行详细的解释，在此不作过多地阐释，以免行文雷同，耽误读者时间。

家具是实用器具，使用者往往可以决定家具的艺术风格，如果按家具使用人群来划分家具风格，可以将明清家具大体分作宫廷和贵族家具、文人家具及城市平民和乡村民间所用乡村家具三大类。相比之下，乡村民间家具也极具特点，这些家具大多以软性木料——柴木为主，但多髹漆，也有雕刻与镶嵌。山西家具的浑厚、古朴、庄重，广东家具时髦但不轻浮的西洋风格，以及江浙一带带有丰富木雕的家具等都代表了乡村家具的最高水平。乡村家具虽然不能像宫廷家具常常能传达出一种神秘、庄严、富贵、穷奢极欲的气息，又缺少文人家具典雅、空灵、灵动的意境，但民间古家具却将风俗人情融入家具制作中，极大地丰富了民间家具的造型和装饰，今天看来具有一种特殊的亲切感。

乡村家具之所以总体上设计夸张，是因为乡村居住环境宽松，居室面积大，所以家具的夸张设计是十分必要的。与此相比较，城市家具在设计上就收敛得多。城市人会尽可能地利用空间，让每一件家具物尽其用，任何枝杈都会首当其冲地被删改掉，充分利用空间是城市家具设计的一般法则。城市家具在这一法则影响下，喜欢方正规矩。凡是带有纹饰的乡村家具，基本都能反映当时、当地社会流行的时尚，极具个性。

中国乡村家具具有极强的地域特点，就目前所知，南方有江浙一带以苏州为中心的苏作，宁波地区的甬作，温州地区的瓯作，福建地区的闽作，广东、广西地区的广作；北方则有山西地区的晋作，河北地区（包括京、津）的冀作，山东地区的鲁作，陕西地区的陕作；内地四川的川作，还有厦门的描金漆家具、江西的嵌瓷家具等，这些都是具有当地文化特点的风格流派。

由于"明式"和"清式"这两个术语的局限性，学术界又喜欢使用"广作"、"苏作"、"京作"术语，也有称"作"为"式"的。笔者认为使用"式"不利于术语叠加使用，如"明式广式"就不如"明式广作"更为清晰准确。与"明式"和"清式"术语一样，这些术语也适合于用来概括一种艺术风格，只不过由时间限定改为地域限定而已。

明清之际，江南和南海这两个地区的某些城镇成为家具的重要产地，故人们习惯于将两地家具制作主产地苏州和广州拿来概括这两个地区的家具风格——"苏作"、"广作"。

苏作家具的式样最为成熟，在风格上多具文人气。目前讨论的明式家具可以说基本上就是苏作家具。苏作家具的延续时间最长，由明至清至民国，可以毫不费力地寻出一条清晰的变化轨迹，其影响遍布整个江南，甚至北方地区。苏作家具在用料上较其他地区要小得多，还时常暗处掺假，以其他杂木代替。苏作家具内部大多糊布罩漆，目的在于防止穿带及板面受潮变形，同时也有遮丑作用。

广作家具过去有送皇上的贡品，有为王府大吏豪家富室特制的精品，有庶民家宅、会馆、宗祠的普通制作，亦有大量来样订制或已成定制的出口洋庄货。出口并不单对西洋欧美，还有大量的中西式家具销往东南亚。因其独有的风格特色，广作家具在中国家具文化史上占有不可替代的地位。清代广作家具对中华传统文化既有强烈的传承性，与此同时又有接受、融和及改造西洋文化并带有浓厚的中国南方文化特色的内涵。清式家具的雕刻以广州制品最为突出，雕刻图案一般较深，有时还兼有镂雕。广式家具的又一特点是采用西洋纹饰较多，这是因为当时的海外贸易使广东一带接触西方文化多，在家具上显出一种中西合璧的趋势，大多带有浓厚的巴洛克和洛可可风格。其次是镶嵌，镶嵌材料以象牙、螺钿、景泰蓝为主。广作乡村家具的特点是拙笨，带有广作城市家具用料壮硕的影子。广作乡村家具纹饰图案夸张硕大，给人以坚实之感。

京作家具一般以清宫造办处制作的家具为主。在清宫造办处中设有专门的广木作，从广东招募优秀工匠充任，所制木器较多地体现了广作风格。京作家具较广作用料小。在造办处普通木作中，多由江南广大地区选招工匠，做工趋向苏作。不同的是在清宫造办处制作的家具较江南地区用料稍大，而且没有掺假的现象。京作桌案的雕刻艺术也与广作稍有不同，一般较广作略浅，装饰花纹多从古代铜器、玉器上吸取素材，如夔纹、螭纹、饕餮纹等，显得古色古香，文静典雅。

上海开埠已经是清末，但其家具业却是率先采用了工业化的生产方式，民国期间便已形成了以"蒋荣兴"、"毛全泰"等为代表的家具生产工厂。其家具造型和装饰工艺既具有传统风格，又具有时代气息，集艺术欣赏与实用功能于一体，形成了造型简练大方、结构精细严密、雕刻精美、漆色光润的特色，家具选材和制作形成了一套完整程序。家具类型有香几、花架、屏风、炕几、长案、琴桌、太师椅、博古架、大餐桌和啤酒橱等数十种，另外还出现了沙发、写字台和玻璃柜等新型家具。

甬作，指宁波所制家具，甬作家具在镶嵌工艺上独树一帜。清末以后，在今天的浙江宁波一带形成了颇具规模的骨嵌家具制作中心，从而为特种家具艺术的发展开辟了一条新途径。骨嵌家具主要以牛骨、马骨等硬片骨板为嵌料，另配以楠木、黄杨木、螺钿、玳瑁和大鱼骨等。嵌骨家具的木材底板以花梨和红木等贵重木材为主，因这类木质坚硬细密，嵌入骨料后不易变形，再加上木材同骨料嵌合后所形成的颜色与纹理效应，体现出或古拙、纯朴，或清新、柔和的家具风格，展现了家具艺术的独特魅力。宁波骨嵌家具可分为平嵌（脱）、高嵌和隐起混合嵌三种，早期作品常施以高嵌和混合嵌手法，线条流畅，造型古雅，注重雕磨上光工艺，具有清式家具精雕细琢的浓华风格。民国以后的作品则以平嵌手法最常见，打磨上光适合机械化生产的需要，造型上则主要仿苏式和广式，家具风格由浓华、沉稳趋于挺秀、清新，是家具生产商品化、家具出口专业化的重要体现。这类家具一直流行至今，所嵌骨料细腻光润，制作精美，大都保持着多孔、多枝、多节、块小而带棱角的传统风格，既宜于胶合，又不易脱落。嵌骨构图十分广泛，除常见的博古图案、花草竹石、四时景色、双喜、福寿、仙桃、石榴和各种鸟兽、静物外，还有大幅的民间传说、历史故事、生活风俗和名胜古迹等。家具种类主要有床、榻、桌、案、椅、凳、墩、茶几、香几、架格、柜橱、屏风、镜台等二十多种。一般来说，同一甬作家具亦有使用多种木材的，常把名贵木材用在正面，如用花梨木为框，红木为板芯，乌木镶牙条，本地木用于两侧及后背等。甬作家具讲究正面，常忽略两侧。

瓯作，指温州制品，与前者有所不同。瓯作家具的最大特点是在雕工处多施以金漆，对能够折射光的物质尤为倾心，诸如玻璃、螺钿等，研碎后加灰涂于家具表面，使之有光彩熠熠之感，同时还将加彩玻璃镶嵌于主要装饰面上，起画龙点睛的作用。瓯作家具因大量髹漆，故少有使用优良木材。

闽粤"金漆木雕"家具是客家文化的重要载体，在客家文化的影响下，形成了热烈华丽的风尚，最具地方特色。"金漆木雕"以闽南、粤东最为发达。家具以屏风、床榻、几桌、橱柜、神龛、馔盒、屏架等品种为主。可以说在当地木雕的使用极为广泛，大小器物无不加以雕饰，其家具造型夸张，多少给人舞台戏剧用道具之感。这一点与客家民居建筑有异曲同工之处，作品无论在构图经营，还是图纹形象的雕镂刻划以及髹漆贴金等技法的运用方面均与众不同。

北方乡村家具以晋作为首，其做工之成熟可以与苏作媲美。由于山西历史上商贾辈出，富甲一方，导致家具生产的水平极高。许多明式和清式的晋作家具作为中国古典家具之典范应该说当之无愧。晋作家具在晋南、晋中、晋北存在差异，以河东地区做工为最佳。另外，晋作另有大漆螺钿家具一类，在明代就已经很有名气，工艺登峰造极，美不胜收。

与晋作相比，冀作家具就显得有些土气，拙笨实用是其特点。河北地区，包括北京、天津等地的乡村家具，以平面直角交待为多，铜饰件也以圆或方为主，少有变化。

鲁作乡村家具与山东人的性格一样，豪爽大气。用料粗壮，体积硕大。鲁作乡村家具在正面处理上与晋作家具大同小异，但往往在背面、底部等观察不到的地方处理得明显草率。仔细推敲，也能找到鲁作家具不成熟的地方。但是山东的潍坊嵌银丝家具极具制作之精。嵌银丝家具是由商周青铜器中的错金银工艺演化而来的。明清时期，潍坊地区成为仿古青铜器的制作中心，因此错金银工艺在这里有着深厚的技术基础和优良传统。后来这种工艺被移植到家具装饰上，从而形成了一种新的家具装饰风格。嵌银丝家具的用材也以深色硬木为主（红木、花梨木等），银丝的白色与家具的深色形成反差，更加突出了银丝图案的亮洁、新颖。从所嵌图案题材看，博古人物、山水花草、鸟兽虫鱼和亭台楼阁等比较普遍，线条流畅细腻，图案生动活泼，民间气息相当浓厚。嵌银丝家具的形式有床榻、屏风、柜格、梳妆台和沙发等，多系于立面雕嵌，颇有绘画和平脱漆器的意境。

陕作，陕西地处黄土高原，较为封闭。陕作乡村家具最大的特点是古拙，许多家具有石雕之风韵。所雕纹饰粗犷，刀法犀利，用料上明显比晋作粗壮，装饰层次也明显比晋作为多。陕西许多带有人物雕工的家具，如同皮影戏一样古朴，别有韵味。陕西地处内陆，文化古老而闭塞，演变过程明显慢于其他地区。

利用古藤、树根制作家具在唐宋时期就已出现，明清两代一直深受文人雅士的钟爱，它们或以苍古怪异见长，或以遒劲不俗取胜，件件不同，各具神态。这类藤根家具在清代后期逐渐形成了地区特色。其中最著名的当数湖北谷城出产的古藤树根家具。谷城地处鄂西北的武当山、神农架附近，山多林密，树大根深，藤根资源相当丰富。要对古藤树根进行精心选择，巧做拼合，去掉虚根、朽枝，剔除有碍于造型、取势的部分，对边线、足座和特殊部位细加雕琢，因材取形，不惜磨工，从而制作出各种形状各异的家具。有的还要进行适当的包镶和髹漆等，这些家具质地坚硬、古朴自然，藤根自身的疤、节、瘤、洞乃至残烂部位，都在家具艺人的手中变得异常奇巧、雅致，妙趣天成。

中国古典家具的装饰

中国传统家具的装饰基本上综合了传统手工艺的一切技术，大体上可分作雕刻、攒斗、髹漆、镶嵌四大类，有时又往往几种手法结合使用。在装饰方面，宫廷家具不惜工本，非常重视装饰。而文人、城市平民使用的家具往往追求朴素、文雅的风格，装饰简约，只是起衬托作用。乡村家具装饰则既有繁复的，又有简约的。

家具装饰雕刻可分浮雕、透雕、线刻、圆雕。

浮雕又有高浅之分，高浮雕纹饰突起，醒目清晰，大都使用在硬木家具上；而浅浮雕则温文尔雅，以刀代笔，如同描绘。纯粹意义的透雕完全用镂弓镂出，在家具中往往用粗犷的纹饰处理，例如，大案的牙头、板足开出的透光。透雕大都纹饰简单，所设计的通透效果完全是为了克服滞闷。明式椅具中，亦有靠背独板上部镂出各类形状的透孔的，既在光素之中展现变化，又不失简洁的主观追求。家具雕刻用得最为广泛的是把浮雕与透雕结合起来，二者优点交相辉映，相得益彰。透雕加浮雕使得家具纹饰丰满，尤其双面雕，在平板上追求圆雕的效果。有些板材并不厚重，由于使用了双面雕，透雕加浮雕的手法使纹饰圆润，视觉效果立刻变得丰厚。透雕加浮雕单面工一般使用在牙板、靠背板、床围（架子床居多）等处，双面工则用在条案挡板、隔扇、衣架等两面都可以看的家具上。圆雕只用于局部，如衣架横杆两头和镜台围栏立柱上端等处。至于线刻就更少使用了。

完美的雕饰是雕刻与打磨结合的成果。旧时的磨工，用挫草（俗称"节节草"）凭双手将雕活打磨得线楞分明，光润如玉。尤其是起地浮雕，打磨后的底子干整利落，不亚于机器加工，毫无生硬呆板之感。好的打磨不仅是对雕饰修形、抛光，也是一个艺术再创造和升华的过程。有些雕饰能否"出神"、"入化"，往往取决于磨工。旧时有"三分雕七分磨"的说法，道出了雕与磨在工艺上的比例关系，是十分有道理的。

斗簇是使用大小木片、木条斗合成透空图案，一般适用于大面积装饰，又不适合使用实木板材的位置。最早被用于装饰建筑门窗和室内隔扇之上，以后被家具借鉴，常充用床围、门板、踏板、隔板。攒斗的工艺要求较高，费工费时，好的攒斗一般要顺应木材的纤维走向，这样攒出的部件才会历久而不松散。

古典家具的髹漆是非常常见的，尤其是那些软性木材做的家具，必须髹漆。髹漆工艺主要包括制漆、选料、漆灰地子、糊布、披麻、刮灰、配色、髹漆等方面。磨生胎、上面漆、打磨、补面漆、揩漆、补色、复漆等髹涂过程中，不同的木质，揩漆次数有多少之别。木质越好揩漆且上面漆道数越少，木质差的则必须多上几道。

古典家具的髹饰工艺如详加区分，变通综合，可归纳成14类，分别为色漆、罩漆、彩绘、描金、堆漆、填漆、雕填、螺钿、犀皮、剔红、剔犀、款彩、戗金、百宝嵌。此外，还有将两种及两种以上技法相结合的各种花色。

镶嵌工艺除了已纳入髹饰工艺的百宝嵌外，还有嵌螺钿、嵌玉、嵌木、嵌牙、嵌珐琅、嵌骨等。工艺制作上保持多孔，多枝，多节，块小而带棱角，既宜于胶合，又防止脱落，虽天长日久，仍能保持完整形象。表现形式分为高嵌、平嵌、高平混合嵌三种。

家具不管使用哪种装饰方法，总会体现出统一的装饰风格。明式家具的装饰风格，可以机械地划分为三种：繁缛、点缀、光素。

繁缛一类，穷极工巧，凡能入刀处皆入刀，这种繁缛之风与明代嘉靖、万历时期朝野所推崇的热烈浓郁的时尚风格有明显的关系。这种审美观大约持续了一百年。我们今天见到的明代繁缛类别的家具，大约都属这一时期。

点缀一类，是明式家具的主流。在家具的显眼部位点缀以纹饰，表现主题，注重装饰效果，是大部分明式家具的做工风格。在规矩中留有灵活，这种点缀的装饰，除去省工的因素外，更重要的是具有家具"眼"的功能，使原本滞闷的家具变得有活气。这种点缀装饰在椅具中，常放在靠背板上方，以便在视觉上能迅速找到中心；在桌案中则通常以线脚或纹饰在牙板四周装饰，使家具环绕上一条流动的"飘带"。至于床榻、柜架等，或围子，或牙板，点缀部分纹饰，目的都是使硕大的家具有灵动之处，不至于有压抑感。

光素一类，是指没有纹饰也没有线脚的明式家具，其实纯属这类的家具很少。可以见到四面平画桌、方凳、板足下卷、架几案等等。最为典型的是四面子不起线画桌或凳，这类家具如果非要找出装饰成分，只能是内翻马蹄足，腿与牙板相交的牙嘴均有微妙的曲线表现。明式家具中纯粹光素的是极少部分，因为能够欣赏这种大雅设计的人毕竟是少数。纯粹光素的明式家具，摒弃纹饰，摒弃线脚，完全是为了面与面相交的完美体现。它所表现的美学境界中的冷峻和刚硬，暗合了中国古代文人的世界观。家具光素，使人的注意力被迫放在家具自身，把一切具有动感的地方隐去，静态就显出了生机。

相比之下，清式家具的装饰明显比明式家具复杂，在设计上对结构的重视明显减弱，而是将注意力转向了装饰细节上。明式家具那种重视结构美，注重线条流畅、大效果的实用审美逐渐远去，取而代之的是清代家具更为注重的细节装饰，似乎越近越能体现情趣的装饰手法开始流行。尤其当平板玻璃引入中国，室内采光充足，家具上所雕刻的最为细微的纹饰都得以展现，这时的能工巧匠把展现自己的手艺变成乐趣，装饰纹饰花样翻新，没有任何条框可以限制他们，清式家具装饰风格的形成与此有密切的关系。

另外一点，清代乾隆年间是中国封建社会的鼎盛时期，人们在祥和的时期需要人为地制造一些热闹，在平静中掀起波澜。加之乾隆皇帝的大力倡导，热闹就成了乾隆时期的主题，而大部分清式家具，都以这一时期的家具为楷模，体现富裕、奢华，形成家具中的乾隆风格，亦称乾隆工。这种乾隆做工明显是对装饰而言。纹饰上从明式家具的个性化逐渐向程式化过渡，做工上则不惜工本，家具开始庸俗，认定雕工越多越好，有效劳动越多就会越值钱。

清式家具的装饰分类，仍可以划分繁缛、点缀、光素三种。如果按明式家具的苛刻要求，清式家具中是找不到纯粹光素一类。清式家具中最为光素的作品也少不了线脚，已做不到明式光素的纯粹，这非不能，而是不为。清代工匠的基础训练就把线脚作为必修课，阴线、阳线、皮条线、灯草线、眼珠线、委角线等，几乎在清式家具中找不到一件没有带线脚的作品。

清式家具中的点缀、雕刻使用最多。清式家具的纹饰点缀与明式家具的点缀有着微妙差异。可以看出来，大部分清式家具的点缀都受明式的影响，如椅子的靠背板，清式常常纹饰满布，或整雕、或攒格分装，施以多种手法。又如桌案，清式家具牙板雕刻明显比明式家具要多，十分注重牙板上的纹饰，各类纹饰应有尽有。稍微留心一下，就可以看出明式家具中的壶门曲线装饰在清式家具中明显减少。清代工匠以线的丰富代替过去常用的壶门装饰，原因是壶门曲线比其他各类装饰直线费工费料。清式家具上所雕刻的纹饰题材丰富，显示出一种设计思想的活跃。

最富于清式家具装饰特点的往往是雕工繁缛的作品，清式家具的这类风格的形成主要是乾隆以来朝廷所提倡的奢华之风。从雍正帝起，宫廷家具生产就已经由大内造办处出样，甚至皇帝本人也亲历亲为，降旨细致到用什么料，做什么式样，哪儿多一些，哪儿少一些，无微不至。清式家具的奢华之风也迅速由宫廷传入民间，至乾隆一朝尤甚。

中国古典家具的装饰图案

在传世家具中，清代家具纹饰最为丰富，可以说是集古代纹饰之大成，大体可概括为以下五类：

第一类为仿古图案，如仿古玉纹、古青铜器纹、古石雕纹以及由这些纹饰演变出的变体图案，这类纹饰较多用起地浮雕的方法。

第二类为几何图案，多以简练的线条组合变化

成为富有韵律感的各式图案。

以上这两类图案均以"古"、"雅"为特征，较为现代人所接受。饰有这两类图案的家具，其式样、结构、用料及做工手法多具典型苏州地区家具风格。由此可推测其多为苏州地区制品，或是出于内府造办处的苏州工匠之手。其中有些雕饰从技法到图案不愧为永恒的传世佳作。

第三类为具有典型皇权象征的图案，如龙纹、凤纹等。清代的龙纹凡上乘之作多气势生动，但也有些雕饰得过于喧嚣。值得一提的是，以龙凤为主题演变出的夔龙、夔凤、草龙、螭龙、拐子龙等图案，是很成功的创新设计。

第四类为西洋纹饰和中西纹饰相结合的图案，尤其是清代宫中所用的广作家具以及民国家具，雕有西洋图案的占一定比例。这些图案多为卷舒的草叶、蔷薇、大贝壳等。所见传世的带有西洋装饰图案的家具大多具有广式家具风格。

第五类是刻有书家的诗文作品，这也应属于一种雕饰。明代已有在家具上刻诗文的实例，入清之后大为盛行。多见的形式为阴刻填金、填漆及起地浮雕。亦有镶嵌镂雕文字者，如紫檀屏芯板嵌以镂雕黄杨木字的挂屏。严格分类，应作为雕饰与镶嵌相结合之属。

当代中国古典家具市场

清代的乾隆时期，英国有位名叫齐彭代尔的家具设计师，他依据中国明代家具的原理，为英国王室设计了一套宫廷家具，曾经轰动整个欧州。17世纪，法国上层社会已大量使用中国家具。宫廷、贵族府邸的财产清单上都有中国家具的记载。据说1689年法国国王的长兄发行奖券时，就把中国家具作为奖品之一。可以肯定地说，当时进入欧州的中国家具都运用了中国传统的形制和装饰手法。欧洲人后来也有仿造的，这从法国特列安农地区早已使用"中国式家具"一语可以得到证明。明式家具风格于17世纪至18世纪对西方家具设计曾产生较大的影响。被誉为西方家具史上两个高峰的法国巴洛克式家具（1643~1715）和洛可可式家具（1715~1774），都从中国明式家具弯曲优美的造型和线脚中受到启发，一些优美的线型、装饰纹样、漆饰工艺都被用于西方新式家具中。在西方影响最大的家具设计师齐宾泰尔（Thomas Chippendale，1705~1779）的椅子设计中，明显得到明式椅和"龙爪珠"脚型的启发，设计出"猫抓球"（Clawandball），到19世纪这种座椅风靡整个欧州。20世纪30年代德国学者艾克出版了第一

部介绍中国古典家具的著作《中国花梨家具图考》，此后在西方社会掀起了一股收藏中国古典家具的热潮，中国的古典家具自此开始大量流出海外。中国家具在欧美各国享有很高的地位，在国际市场上的价格一直没有降低过。

20世纪80年代，著名学者王世襄先生的《明式家具研究》、《明代家具珍赏》相继在香港问世，极大地激发了港、台、内地收藏家们的兴趣，在港、台、内地掀起了收藏、研究中国古典硬木类家具的热潮。随着人们生活水平的不断提高，对生活品质的要求逐渐提高，个性化生活在高收入阶层和知识分子中流行，加之明清硬木家具木料本身所具有的稀有性以及那代表了当时较高水平的精湛工艺及其在收藏品中独特的使用价值，使得传统古典样式的家具得到了更多人的喜爱。

从1994年中国内地出现艺术品拍卖中介以来，到2002年，古典家具在国内的价格已经开始从几十万上涨至几百万甚至近千万，可谓一路飙升。保守估算，精品明清家具的年升值率已达20%以上。一件清代红木书桌在20世纪90年代初只卖5000元，而今已过万元以上；一对黄花梨四出头椅，从几万元涨到了十几万元；而在2003年的嘉德秋季拍卖会上，第1424号拍品"黄花梨雕云龙纹大四件柜"在收藏家激烈竞争中竟创下了近千万元的天价。

在如火如荼的拍卖市场，硬木家具呈现出数量减少而价格上扬的趋势。以嘉德公司为例，1995年嘉德开设"清水山房"藏明清家具专场，成交额为44.66万元，到1999年第二次开设古典家具专场，成交额减为10.66万元。在2000年的秋拍中嘉德共推出33件古典家具，成交额为157.74万元；2001年秋拍共推出27件，成交额为84万元；2002年秋拍共有家具15件，成交额为1200.65万元；2003年推出家具13件，成交额为183.15万元。从这些数据中我们可以清晰地看到，古典家具的拍卖件数每次都在减少，但拍品价格却在不断上升。

2003年底，王世襄先生未捐出的几件家具在拍卖中也就显得格外珍贵。估价仅为4～6万元的一张明代黄花梨缠枝莲纹三弯腿炕桌（拍品号：1143），在经过一番激烈的竞拍后以35.2万元成交；一个明万历缠莲八宝纹彩金象描金紫漆大箱（拍品号：1138，估价：120～180万元）最后的成交价为132万元。

古典家具的市场价格基本上以1998年为一个分水岭，价格进入到一个高峰期。中国古典家具进入拍卖行的时间虽然很短，但其升值速度是多数人始料未及的。虽然明清家具近年来的价格基本上是呈直线上升的趋势，但与国际上其他国家的古典家

具的价格（尤其是欧洲）相比，我国的古典家具价格仍是偏低的。在欧洲一张一百年左右的皮质沙发能卖到约一百万元，而我国一张明代的紫檀全素独板罗汉床只卖到154万元；在北京某艺术品拍卖会上，一件清中期的紫檀嵌玉壁屏成交价为61.6万元，而据估计，若在国际市场上此类插屏至少要卖30万美元。由此我们可以断定，我国的明清古典家具还有很大的升值空间。

中国硬木家具是从明代中后期才开始出现，其历史相对其他的传统收藏品要短些，而且硬木本身在当时也是很珍贵的，其存世量本来就是比较有限的。再加上20世纪七八十年代海外收藏家的一阵收藏狂潮，更使得国内的明清硬木家具所剩有限。而由于行情的猛涨，藏家们几乎都是只藏不出的。硬木家具高昂的价格决定了它只能受到为数极少的顶级藏家的青睐。在现存的中国古代家具中，"柴木家具"的数量远远超过硬木家具，其做工流派、材质选用，远比硬木家具更为复杂。随着硬木家具在市场上流通数量的减少，收藏者渐渐将目光转移到柴木家具上来。由于目前价格相对便宜，适合人们营造典雅、古意盎然氛围的需要，更具有古旧家具的实用性。

明清柴木家具多为民间所用，它的工艺与多用于宫廷、显贵人家的硬木家具相比有着不同的风格。嘉德在1996年拍出的一对清代核桃木小药箱，门板上有阴雕甲骨文、钟鼎文，估价仅为0.6～0.8万元，而成交价却高达9.68万元。从艺术价值、学术价值上看，明清柴木家具与硬木家具各有千秋。

从1997年就一直开设古家具专场的太平洋国际拍卖有限公司在2003年秋转而主拍柴木家具；而天津国拍为了庆祝公司成立5周年，也开辟了一个"民国——海派家具"专场，跳出中国古典家具明式、清式家具及京作、苏作、广作的传统圈子，将海派家具的概念推到前台。这都应该算是为了将古典家具收藏进行到底而做的一些尝试。但遗憾的是此次这两个公司的拍卖结果都不算十分理想，无论是柴木家具还是民国海派家具，市场的反应都出奇的冷淡。虽然如此，但应该注意到国内的柴木家具价格每年都在上涨，其平均涨幅高达50%左右。尤其是近一两年，由于基础阶层供货商提高了原始价格，使得柴木家具的价格与国外的价格差距也在逐渐缩小。

硬木家具收藏与其他门类的收藏相比有其独特的地方：其一，硬木家具材料本身就具有很高的收藏价值，硬木材料的稀缺性，决定了其自身价值。硬木材料的价格每年都在上涨，以2001年为例，檀香紫檀（小叶檀）出材率10%～15%，做椅类等小件

家具的短材一般 10 万元／吨；做大条案、长桌及柜类大件家具，长度在 1.5 米以上者，其价位在 11~13 万元／吨。而紫檀属的草花梨木，出材率 70%，其价格也低得多，如缅甸产草花梨 1~1.2 万元／吨；老挝产 5,500 元／立方，柬埔寨花梨 3,800~4,200 元／立方。黄花梨，海南岛特产，其做椅子等小件家具的短材一般 7~15 万元／吨，而做大件的原木要 20~60 万元／吨；酸枝木种群中的黑酸枝带咖啡色或浅灰色的在 6,000 元／吨，深黑色比重大者 1.2~2.2 万元／吨。缅甸、泰国产黑酸枝木最好，价位在 2.5~3.2 万元／吨。红酸枝，越南产（市场名称为越南黄花梨）1.2~1.6 万元／立方，泰国产 2~2.8 万元／立方。白酸枝（缅甸产）6,000~9,000 元／立方。鸡翅木，非洲产 3,800 元／立方，缅甸产 6,000~7,500 元／立方。随着材料的短缺，各类木材的价格会继续上涨。其二，古典家具的价值更多的是体现在其艺术性和实用性上。由于依靠纯粹的手工制作，因此如果当代的仿古硬木家具真的是按照科学的比例尺寸来设计，用料讲究，造型设计具有很强的艺术性，这就完全值得人们进行收藏。

中国古典家具的审美与鉴赏

现代人喜欢传统家具，往往出自审美的喜好。但是无论是古人的作品，还是现代人的仿制，艺术水平都存在高下的差异，学会家具审美应该是入门必修。家具审美要看路份，所谓"路份"，是指家具美学、文物与实用这三种价值的总和。一般说正房、客厅陈设的家具比书房、卧室、厢房的家具更为精致一些。例如，书房画斋中的案桌，厅堂的座椅"路份"要高于卧房的镜台与厢房的炕案，费工又费料的罗汉床，就明显高于架子床。

对家具的艺术品质的判断也十分重要。造型的优劣、构件的比例关系是决定家具艺术价值的重要因素。王世襄先生提出的家具十六品用以概括各种家具的风格特点，即简练、淳朴、厚拙、凝重、雄伟、圆浑、沉穆、浓华、文绮、妍秀、劲挺、柔婉、空灵、玲珑、典雅、清新。同时又总结了八病来概括家具制作过程中在造型上存在的问题，即繁琐、赘复、臃肿、滞郁、纤巧、悖谬、失位、俚俗。掌握了家具的"品"和"病"，其造型的优劣和艺术价值的高下，自然也就分明了。

制作工艺的水平，是衡量古代家具价值的又一把尺子，主要可从结构的合理性，榫卯的精密程度，雕刻的功夫等方面去考察。中国的传统家具一向以结构合理著称，但在不少实例中，依然有着结构不合理的现象，即使是家具制作技艺达到顶峰时期制作的明式家具也不例外。如一些家具的腿足、罗锅枨等部件的造型，没有顺应木性，极易在转折处断裂，此类家具在确定其价值时，就难免要打折扣了。传世的古代家具，大多是优质木材制作，其榫卯的连接一般来说质量较高，但也不乏粗制滥造之例。鉴定的方法主要可从榫卯的牢固程度和密合程度来看，但一般来说，榫卯连接处紧固的，其做工一定比松动的要考究。此外，榫卯相交处的缝隙是否密合，不仅可反映制作时的操作水平，有时也可反映制作前对木材干燥处理是否草率。因为木材未经严格的干燥处理即用于制作，极易收缩、变形和豁裂，从而比榫卯及其他各方面俱佳的家具大为逊色。雕工的好坏，直接影响家具价值的高低。雕工的优劣，首先看纹饰形态是否逼真，对称的图案是否匀称，图案立体感是否强烈，层次是否分明；再看雕孔是否光滑，有无锉痕，根脚是否干净，底子是否平整。总的来说，在评价家具的雕饰时除考虑工艺的难易和操作的精确度外，关键是要从整体上看是否具有动人的质感和传神的韵味。

再有是材质。如果是通体构件均用同一种材质制作的古代家具，木材珍贵度可以确定它在用材方面的价值。用材的珍贵程度的一般顺序是：紫檀、黄花梨、鸡翅木、楠木、红木、乌木、铁力木、花梨木、榉木、榆木、柞木、楸木……但在大量的传世品中，有的往往只是在表面施以美材，而在非表面处如抽屉板、背板、穿带等，使用一些较次的材质；也有的把上等木材贴于一般木材制成的胎骨表面，即"贴皮子"；还有的家具干脆以多种不同木材拼凑而成。对这些家具用材价值的确定，一要看它良材与次材在使用材积上的比例；二是看在家具的主要部位施用良材的情况。一件家具的良材材积，如达到 50% 以上，一般就可以此种良材的名称命名该家具。

关注家具用材，紫檀、黄花梨等名贵木材自不必说，但是也应该注意到家具造型与材质的关系。材质的地域性特点也十分关键，不同的时期和地区，常会用不同种类的木材制作家具。也就是说，一些古家具所用的材质种类，会直接反映出该家具的产地和年代，这是判别古家具文物价值的重要依据。上世纪初，中国古典家具日益为世人所瞩目，大量珍稀的古家具外流。为此，中国政府有关部门就制定了五种木料所制的家具不准出口的保护政策，即紫檀、黄花梨、鸡翅、铁力、乌木五种珍稀木种所做的家具不准出口。这种"五木法则"在当时有其一定的合理性和可操作性。因为面对浩繁的各代传世古家具及其华彩纷呈的各路款式，在我国古家具学科尚欠发达的时期，一般人很难做到仅从外形上判其高下。据此原则，大量明至清前期的优秀家具有效地被保留在国内，但由于此原则过于简单,又使大量非五木的有珍贵文物价值的古家具流到海外。如有宋元风格的漆木家具,明代的楠木、柏木、榉木家具,清中期的红木、柞榛、杆榆等优秀家具流失海外者不计其数。

在这种只以木质定高下的简易法规的影响、误导之下,使许多人坠入了拜物的误区,认为惟有五木所制的家具才高尚,遇到一件年代和艺术均较差的五木家具,便激动不已,爱抚摩挲。对木质的崇拜感情,大大影响了其对整体造型品评的能力。作为中国古家具主体的非五木家具则一概被视为"柴木"。其实,每种木材盛行之时,总会有一种款式、工艺与其相对应,即使是同一款式的家具,不同种木材所制往往有着不同的工艺结构特点,只有细心的鉴赏者才会发现。因此,以木质定高下的做法显然与家具审美的目的背道而驰,应当引以为戒。

在判断家具的过程中工艺标准和完整程度也是十分重要的,尤其应该注意硬木家具和髹漆家具的打磨工艺是否完美。明清家具有"雕一铲二磨三功"之说,购藏者除了细致观察其磨功是否到家之外,关键之处在于审度其是否完整。古家具修复的标准为"按原样修复"和"修旧"。但为了提高家具的身价,投机者有时任意更改原有结构和装饰,这些不得不注意。

古典家具的辨识

这两年最具升值潜力的明清家具中的精品在一般的古玩市场上已很少见到,有一部分被沉淀在收藏家手中,还有一些只能在大型拍卖会上才能看得到,目前市场上能见到的明清家具以常见品、赝品居多。在辨别一件老家具时,一定要由表及里,仔细观察,不能放过任何细节痕迹。

家具辨识既要了解作伪手段,又要掌握年代判定。

(一) 古代家具的作伪手法

古代家具与其他门类的文物一样,也有作假现象。目前,在市场价格不断提高的刺激下,作伪的手法越来越高明,赝品屡屡应市。部分投机者,甚至不惜破坏珍贵的古代家具原物,以牟取高额利润。古代家具的作伪,已成为家具收藏者、爱好者及研究者无法回避的棘手问题。现将一些常见的作伪手法介绍如下,供鉴定时作参考。

1. 木材作假

材料的价值在硬木家具中占有很高的比重,因此,作伪者往往在材料作伪上打主意,利用硬木家具的材质种类不易分辨的特点,以较差木材制作的家具,结合染色处理,混充较好木材制作的家具。传统家具的制作材料,如紫檀、黄花梨、花梨、铁力、红木等,虽在比重、色泽、纹理等方面有其特有的物理性质,但由于生长地的不同,生长年代的差异,木料所处位置的转移(如边材、芯材),以及开料切割时下锯的角度变化,就会出现与书本上的标准木样图相悖的现象,在自然色泽和纹理上极易混淆,以致让作假者有可乘之机。此外,即使自然色泽与高档木料不一致,投机商也会改变木色,冒充高档家具。由于不同时期所崇尚的家具风格的不同,大约在清中期至上世纪30年代,因受宫廷权贵、封建文人雅士的青睐,硬木家具贵黑不贵黄,所以作假的木料大多被刷成黑色,以冒充紫檀。上世纪30年代开始,人们对家具的审美观有所变化,开始崇尚自然色泽和纹理,黄花梨木色受到大众的追捧,于是又有了漂亮木纹的方法。家具材质的冒充与改色,家具商也是将草花梨木染色处理冒充紫檀,又将白酸枝或越南花梨冒充黄花梨的。还有红酸枝木,若论木质不亚于紫檀,于是又有人将缅甸木、波罗格等说成是红酸枝木。在修复和仿制古典家具中,大部分作伪者用南洋杂木,有的甚至是一般木头,放到有色水中煮染上颜色。红色是苏木煮汁,黄色为槐花煮汁,黑色和灰色为黑矾。硬木和高档木材家具非常重,超乎个人所能承受的重量感觉,而作伪的木材则大多较轻。

传统家具用材一般广义上统称红木,现代学者将红木标准归类列出五属八类,即紫檀属、黄檀属、柿属、崖豆属及铁力木属,以及紫檀木类、花梨木类、香枝木类、黑酸枝木类、红酸枝木类、乌木类、条纹乌木类和鸡翅木类,而且要注意的是红木指的是这五属八类的芯材。现代仿古家具中使用的安哥拉紫檀、非洲紫檀还被称为高棉花梨和红花梨(或印尼花梨),为非红木的亚花梨类硬木。另外,产于南美洲的蚁木被称为巴西紫檀,产于非洲的古夷苏木被称为巴西花梨或巴西酸枝,产于东南亚、美洲及非洲热带地区的葱叶铁木豆等树种被称为红檀等,这些都是硬木,是很好的家具材料,但不是传统意义上的红木,使用这些新品种所制的家具应该称为硬木家具,而不应该称为红木家具。

以黄花梨为例,黄花梨自唐代即有记载,原称"花梨",古又有"花榈"、"花狸"之称。清晚期进口新花梨后,才有黄花梨和花梨之别。黄花梨产海南、越南一线,大致分"油香"、"降香"两种。"油香"较"降香"色重、质轻、香味大,光下有木变石般的条斑闪动,含油脂较多,无黑髓线,外观常与浅色红木相混。"降香"则色浅质重,常有鱼肉纹似的"人"字形排列綮眼。黑髓线多,形态动感强,边缘清晰,细小处可细如毫发,并呈鬼脸状。鬼脸多,香味小,外观易与新红木混。黄花梨家具遇阴雨天会发出阵阵幽香,用利刃切削或燃其木屑则有浓郁的芳香。黄花梨光斑常有粗细变化,有强烈的木变石琥珀般的光感,而易与其相混的浅色红木则不但没有香味,反而有酸味。黄花梨较轻,而红木则较重。老家具行中还有"老花梨"之说,其实这只是商人为求善价所创造的名称,它是指形态近似黄花梨的普通花梨。

目前市场中,黄花梨的赝品时有出现,主要是以越南黄花梨、草花梨来充当黄花梨,但这些木质只要仔细辨认,就能发现它与真正的降香黄檀有很大的差别。辨别真伪可以从以下几个方面入手,一是黄花梨的稳定性比较高,色泽亮丽,油性大,在材质加工上比较易于雕刻;二是从纹理上辨别,黄花梨的鬼脸是它一个很重要的特征,它的纹理细腻、立体感强,而且有始有终;三是从它的气味上辨别,黄花梨木边材的木质是白蚁最喜欢的食物,芯材由于有一种辛辣味,得以保留下来,因此这种味道也是极特殊的,而作伪的黄花梨所散发出来的则是一种俗香味。

2.拼凑改制

许多古代家具往往因保存不善,构件残破缺损严重,极难按原样修复,于是就有人大搞移花接木,移植非同类品种的残余结构,凑成一件难以归属、不伦不类的古代家具。例如,把架子床改成罗汉床。架子床因上部的构件较多,且可拆卸,故在传世中容易散失不全。家具商常用截去立柱后的架子床座,三面配上架子床的床围子,仿制罗汉床出售。再比如,把软屉改成硬屉。软屉,是椅、凳、床、榻等类传世硬木家具的一种由木、藤、棕、丝线等组合而成的弹性结构体,多于椅凳面、床榻面及靠边处,明式家具较为多见。与硬屉相比,软屉具有舒适柔软的优点,但较易损坏。传世久远的珍贵家具,有软屉者十之八九已损毁。所以,古代珍贵家具上的软屉很多被改成硬屉。硬屉(攒边装板有硬性构件),原是广作家具和徽作家具的传统作法,有较好的工艺基础,若利用明式家具的软屉框架,选用与原器材相同的木料,以精工改制成硬屉,很容易令人上当。这些改配非驴非马、既少实用价值又缺收藏价值的古代家具,一般人极易上当受骗。

还有的改制就是要把常见古代家具品种改制成罕见品种,是因为"罕见"是古代家具价值的重要体现。因此,不少家具商把传世较多且不太值钱的半桌、大方桌、小方桌等,纷纷改制成较为罕见的抽屉桌、条案、围棋桌。实际上,投机者对古代家具的改制,因器而异,手法多样,如果不进行细致的研究,一般很难查明。为适应现代生活的起居方式,迎合现代社会坐具、卧具高度下降的需要,把高型家具改为低型家具,将传世的椅子和桌案改矮,以便在椅子上放软垫,及沙发前作沙发桌等,这些迎合世风的改制行为对古家具简直就是毁灭性破坏。

3.化整为零

将完整的古代家具拆改成多件,以牟取高额利润。具体做法是,将一件古代家具拆散后,依构件原样仿制成一件或多件,然后把新旧部件混合,组装成各含部分旧构件的两件或更多件原式家具。最常见的实例是把一把椅子改成一对椅子,甚至拼凑出四件为堂,诡称都是旧物修复。此种作伪手法最为恶劣,不仅有极大的欺骗性,也严重地破坏了珍贵的古代文物。我们在鉴定中如发现被鉴定的家具有半数以上构件是后配的,就应考虑是否属于这种情况。

4.更改装饰

为了提高家具的身价,投机者有时任意更改原有结构和装饰。如有人认为,凡看上去比较"素"(无装饰、雕饰)的明式家具,年代可能较早,所以就把一些珍贵传世家具上的装饰故意除去,以冒充年代较早的家具。这种作伪的行为,同样也是一种人为破坏。

5.贴皮子

在普通木材制成的家具表面"贴皮子"(即包镶家具),伪装成硬木家具,待价而售。包镶家具的拼缝处,往往以上色和填嵌来修饰,做工精细者,外观几可乱真。需要说明的是,有些家具出于功能需要,如琴桌为了获得良好的共鸣效果,需采用非硬木做框架,还有采用包镶工艺制作的器物,或是其他原因,不得不采用包镶法以求统一,不属作伪之列。

6.做旧处理

长期使用的家具表面会形成"包浆",这是作伪做不出来的特点,原因在于硬木无漆家具年久,表面木质会在阳光和空气的影响下发生改变,再加常年使用擦拭,表面会形成精光内敛的独特效果。漆木家具的表面漆层不出现剥落,也会有断纹出现,这些断纹往往具有一种天然的美。包浆和断纹是作伪者人工做不出来的。家具作旧是把新做的家具经过烧碱水浸泡处理后使其看起来很陈旧,也有的用锅底灰、黑墨汁或其他涂料将其涂脏。另外为了显示其破损,精明的造假者还故意磕掉或磨掉一些边边角角。判断家具的磨损程度十分容易,新老家具的区别也是很明显的。老家具经过多年的使用，许多部位变得圆润光滑，当初制作时工具留下的痕迹很多已经看不到了，残留下来的，经过多年的磨损，看上去也是不规则和自然的；而后仿的这些家具，许多地方看上去比较生硬，见棱见角。如果仔细观察的话，有的还可以看出制作时刀斧留下的痕迹。此外，从木质的收缩程度上，也可以看出新仿家具的一些破绽。老家具经过多年的流传，木质已经自然风干，木料的韧性都已经没有了。因此在90度拼角上，开胶一般是上下平行的，但是新仿的家具木料一般是烘干的，虽然表面上干了，但是内部结构并没有彻底干透。由于木材收缩所造成的小的裂缝都是里边大外边小。在老家具里，我们是看不到这样的裂缝的。

（二）家具的年代鉴定

家具的鉴定，最重要的内容是确定年代。目前，要准确鉴定家具制作的绝对时间尚有困难，但从总体风格、用材、品种、形式、构件造法及花纹等方面进行综合考察，判明其相对年代还是可以的。目前流行的中国古代家具的断代标准偏早，也过于简单。许多家具拥有者都将自己的家具制作年代提早一个世纪，实际上很多被认为是明朝的家具，往往是清前期甚至清中期的。

家具在用材方面有鲜明的时代特点。因此，辨别木材是鉴定家具年代首先要注意的问题。传世的明清家具中，有不少是用紫檀、黄花梨、铁力木等制作。然而上述木材在清代中期以后日见匮乏，成为罕见珍材。所以，凡是用这四种硬木制成而又看不出改制痕迹的家具，大都是传世已久的明式（包括明代及清前期）家具原件。虽说此类名贵家具近代仿制的也有，终究因材料难得及价格昂贵，为数极少。今存的传世硬木家具中，也有不少是使用红木、新花梨制作的。由于这几种硬木是在紫檀、黄花梨等名贵木材日益难觅的情况下方被大量使用，所以，用这些木材制作伪家具，多为清代中期以后直至晚清、民国时期的产品。如有用红木、新花梨做的明式家具，因其材料的年代与家具的形式不相吻合，大多是近代的仿制品。值得注意的是，有大量传世的榉木家具，不能以材料、种类来判断年代。因为它在明清两代均被广泛用于制作家具，并在形式上也较多地保持了一致性。许多清代中期乃至更晚的榉木制品，依然沿袭着明代的手法。所以，对于榉木家具的断代，应更多地依靠其他方面的鉴定。

家具的附属用材，在一定程度上也可反映家具的制作年代。如家具上使用的大理石与岩山石和广石有些相似，但前者的开采使用，远比后两者为早。此外，铁质、白铜饰件一般要早于黄铜饰件。凡有原配的铁质、白铜饰件，形制古朴，且锈花斑驳自然的家具，其制作年代一定较早。

家具的品种往往与年代有密切的关系。有些较早出现的家具品种，常在清代后就不再流行。所以，除了极少数后世有意仿制的外，其制作年代不应晚于它们的流行年代。也有一些家具品种出现的时间较晚，器物的本身就很好地说明了它们的年代。如圆靠背交椅，入清以后已不流行，从传世品来看，多用黄花梨制作，很少有红木或新黄花梨制品，其造型和雕饰风格也较早，故传世的圆靠背交椅基本都是明式家具。又如茶几，本身就是为适应清代家具布置方法而产生的品种。它是由明代的长方形香几演变而来，传世的大量实物中，多为红木、新花梨制品，未见有年代较早的，显然茶几是一种清式家具。类似的情况还有很多，如架几案是清初才出现的；独柱圆桌最早是清代雍正时期出现的；博古架主要是清后期和民国时期比较流行；高花几是清代道光、咸丰时期出现的；组合式梳妆台、带玻璃门的书柜等则是清末民国时出现的等。了解这些可以基本掌握家具断代的上限。

家具的样式是断代的重要依据。许多家具的年代都可以从形式上的变化来判断。如坐墩的形式，即经历了一个由矮胖到瘦高的变化过程。凡具有前者特征的坐墩，年代一般要早，形体适中者多为清中期以后的广作家具，苏作家具中也有仿制。在扶手椅中，凡靠背和扶手三面平直方正的，其制作年代大多较早。从罗汉床床围子的形式变化来看，三块独围板的罗汉床，要比三块攒框装板围子的早；围子尺寸矮的早于尺寸高的；围子由三扇组成的，比五扇或七扇组成的要早。凡围子形式较早的罗汉床，其床身造法也较早；反之，则较晚。

鉴定明清家具的年代早晚，有时也可根据某些构件的具体造法来判断。但这种方法必须结合整体造型和其他构件造法。现将某些构件的造法介绍如下：

1. 搭脑

凡靠背椅和木梳背椅的搭脑（靠背顶端的横料）中部有一段高起的，要比用直搭脑的晚；靠背椅的搭脑与后腿上端格角相交，是一统碑椅的特点，为广作家具的传统造法。苏州地区造的明式椅子（灯挂椅），此处多用挖烟袋锅榫卯，时代较早。

2. 屉盘

明清家具的椅凳和床榻的屉盘（座盘），有软硬两种。软屉用棕、藤皮或其他动植物纤维编成。硬屉则用木板造成，一般采用打槽装法。考究的明及清前期家具，大都是16世纪至18世纪初苏州地区的产品,屉盘多为软屉,少有硬屉。今存完好的传世软屉家具,大多可视为苏州地区制造,而硬屉家具则很可能是广州或其他地区所造。而硬面贴席的做法则是清末粗制滥造的做法,这里值得注意的是,软屉容易朽坏,后人修补改制的可能是存在的。

3. 牙条

桌几牙条与束腰一木连做的,要早于两木分做的;椅子正面的牙条仅为一直条,或带极小的牙头,为广作家具的造法,时代较晚。苏州地区制造的明式家具,其牙条下的牙头较长,或直落到脚踏枨(赶枨),成为券口牙子。夹头榫条案的牙头造得格外宽大,形状显得臃肿笨拙的,大多是清代中期以后的造法。

4. 枨子

凡罗锅枨的弯度较小且无圆婉自然之势、显得生硬的家具,制作年代较晚;明式家具的管脚枨都用直枨,而清中期后管脚枨常用罗锅枨,晚期的苏作家具更是流行此做法。这是区别明式和清式家具十分重要的特点。

5. 卡子花

明式家具上常用双套环、吉祥草、云纹、寿字、方胜、扁圆等式样。清中期以后的卡子花渐增大且趋于繁琐,有些做出花朵果实,有些造成扁方的雕花板块或镂空的如意头。根据卡子花的式样,可有效地判别明式和清式家具,并确定其大致年代。

6. 腿足

明式家具除直足外,还有鼓腿膨牙、三弯腿等向内或向外兜转的腿足,其线条自然流畅。清中期的家具腿足常作无意义的弯曲,略显矫揉造作,在清晚期的苏式家具中,这种做法尤为突出。其造法通常是先用大料做成直足,然后在中部以下削去一段,并向内骤然弯曲,至马蹄之上又向外弯出。这种做法大至大椅,小至案头几座,无不如此。

7. 马蹄

明式家具与清式家具的马蹄区别显著。前者是向内或向外兜转,轮廓优美劲峭,体态略扁;而后者则呈长方或正方,并常有回纹、如意、灵芝雕饰。

明清家具上的花纹,是鉴定家具制作年代的最好依据。家具花纹与其他工艺品的花纹一样,具有鲜明的时代性,因此在鉴定家具时,有确切年代的其他工艺品上的花纹,是很好的参照物。但在参照时,宜采用题材相同或接近的加以对比,这样较容易判断年代,而且准确率高。例如,明中期时,麒麟一定为卧姿,即前后腿均跪卧在地;而明晚期至清早期,麒麟一定为坐姿,前腿不再跪而是伸直,但后腿仍与明中期相同;进入清康熙朝以后,麒麟前后腿都站立起来,虎视眈眈。上海博物馆藏明式黄花梨木麒麟纹交椅,靠背板中间纹饰为麒麟洞石祥云纹,麒麟为站姿,作回首状。制作时期应当为清康熙,这比通常认定的年代迟了100年。再比如,灵芝纹是家具上常见的纹饰,明朝灵芝纹远不如清代生动,康熙晚期至乾隆早期,灵芝纹比比皆是,运用极广,尤其以雍正一朝使用为最多。博古图案在清朝流行过两次,一次是康熙时期,一次是同治、光绪时期,两次博古图案,前者提倡优雅清闲,后者推崇金石味道。同为博古,内涵有异,形式区位不同,稍加比较可以很容易地将前清博古与晚清博古分开。

家具绝大多数没有年款,其鉴定向来是一项复杂的工作。上述鉴定方法,除根据花纹可以相对较准确地断代外,其他的大都只能区分大体的时代,所以上述鉴定方法最好还是综合使用,切不可生搬硬套。传世的家具有时在用材、品种、形式、造法及花纹上,极易混淆。其原因有的是沿袭传统,有的是刻意仿造,也有的是以假乱真。总之,对家具的年代鉴定是一项严谨、科学、细致的工作,来不得半点马虎。

中国古典家具的修复与保养

家具的保存状况,尤其是修复情况,对其价值的确定是不可忽视的环节。判定古代家具保存是否良好的原则,主要是看它的结构是否遭到破坏,破坏的程度如何,零部件是否丢损,丢损的数量多少。其价值高低,要看修复后主体结构的保存情况。

古家具修复的标准,应是"按原样修复"和"修旧如旧"。家具修复是一项特殊的工艺技术,是还其以完整,而不是粉饰与做作。业内有一句话叫"包浆亮",就是指家具上历史遗留下来的各种痕迹都应完整地保留下来。虽然新旧材质和新旧工艺不太相同,但一件家具修复完以后,如果不是仔细观察,一般应看不出明显区别。要达到上述修复标准,一定要采用传统的工艺、原有材质和传统辅助材料,再加上过硬的操作技术。鉴定古代家具的修复质量,首先可看原结构和原部件的恢复情况。凡结构、形式、风格、材质种类和做工与原物保持一致的,可视作高质量的修复。而那些在修复中已"脱胎换骨"、"焕然一新"和做工粗糙,依靠上色、嵌缝的,则属失败之作,原物价值受损。其次,要检查修复中是否采用了传统辅助材料,如竹钉、竹销、硬木销、动物胶等,并看是否被铁钉、化学粘合剂等现代材料所取代。这对保持古代家具易于修复的特点,以及珍贵传世家具的保护，具有重要意义。

能拆卸，能修复是一件好的古典硬木家具所应达到的最基本的要求。所谓可拆卸，就是利用复杂的榫卯结构及鱼鳔胶（此胶粘合后仍可拆卸）来固定、连接家具各部件。一旦家具需要搬动或受到损坏需要更换部件时，便能将其拆开、修补。因为技术力量以及经济效益的限制，目前的很多新制家具将多头的榫卯结构简化为单头结构，再使用"绝户胶"将其粘牢。表面上看没有什么区别，但等到家具需要修补时，就会发现家具无法修补而不得不被淘汰掉。

日常家具的维护保养，主要应从以下几个方面着手：

除尘，家具表面的尘埃，可用软毛刷或狐狸尾帚除去，再用棉绸等柔软布料缓缓擦拭；也可用吸尘器吸收缝隙外及隐蔽部分的尘埃，残留的尘埃可再用消毒过的略湿的软布擦去。切忌用鸡毛掸帚掸扫明清家具，因为鸡毛掸帚划伤家具表面。

防蛀，蛀虫是家具的大敌，尤其是白蚁等害虫，会蛀食家具木纤维，损坏家具。为此，要定期检查，发现有蛀虫，应立即用药物杀灭。

防干、湿，干燥和潮湿是家具保护的大敌。如空气湿度过低，家具木材含水量不足，家具会翘曲变形，干裂发脆，缝隙增多、扩大，结构松动，强度降低。反之若空气湿度过高，会使木材膨胀。由于硬木内含有水，木材膨胀时各个方向不相同（横向膨胀为6%～13%，径向3%～5%，纵向0.5%～0.8%)，故家具也会产生扭曲变形。此外，温度过高，适宜霉菌及害虫的生长繁殖，使家具发霉、生虫、腐朽。为此，使用摆放时应该注意，不要放在过于潮湿或者过于干燥的地方，比如靠近火炉、暖气等高温高热处，或者过于潮湿的地下室等地方，以免产生霉变及干裂等。家具必须要有一个湿度适中的环境，根据家具的材料特性，空气的相对湿度应掌握在50%～65%比较合适。尤其是北方地区一年之中干湿变化较大，尤其需要注意。如果是平房地势较低的屋内或南方地区地面潮湿，须将家具腿适当垫高，否则腿部容易受潮气腐蚀。

防光，光线对古代家具有损害作用，光线中的红外线能引起家具表面升温，从而使家具过于干燥产生翘曲和脆裂。而紫外线的危害更大，它不但可使家具褪色，还会降低木纤维的机械强度。光照对木纤维的破坏作用是一种渐进的化学变化过程，即使停止光照后，在暗处它还继续起破坏作用。因此，要避免把家具放在朝南的大玻璃窗前。

防碰，在搬运家具的时候，一定要将其抬高，轻抬轻放，或用厚塑料泡沫包装严实后搬运，切莫在地面上硬拉硬拽，以避免对家具榫卯结构造成不必要的损伤。桌椅类不能抬面，容易脱落，应该从桌子两帮和椅子面下手抬，柜子最好卸下柜门再抬，可以减少重量，同时也避免柜门活动。如需移动特别重的家具，可用软绳索套入家具底盘下，将其提起再移动。家具表面应避免与硬物磨擦，以免损伤漆面和木头表面纹理，如放置瓷器铜器等装饰物品时要特别小心，最好是垫一块软布。如果出现磨损或脱漆甚至刮伤时，最好的办法是以蜡复旧。

房间内如地板不平，时间长了会导致家具变形，解决办法是用小木头片垫平。家具表面避免长期放置过于沉重的物品，特别是电视、鱼缸等，会使家具板面变形。桌面上不宜铺塑料布之类不透气的材料。热水杯等不能直接放置在家具表面上，会留下不容易去除的痕迹。有颜色液体，如墨水等要绝对避免撒在桌面上。

保养，是一个长期而细致的工作。湿布是古家具的天敌。因为湿布中的水分和灰尘混合后，会形成颗粒状，一经摩擦家具表面，就容易对其造成一定的损害。若家具沾上了污渍，可以沾取少量水溶性或油性清洁剂擦拭。

上蜡，上蜡要在完全清除灰尘之后进行，否则会形成蜡斑，或造成磨损，产生刮痕。蜡的选择也很重要，一般的喷蜡、水蜡、亮光蜡都可以，上蜡时要掌握由浅入深、由点及面的原则，循序渐进，均匀上蜡，每周上一次蜡。当然最理想的还是到专业厂家去烫蜡，也可以用少许核桃油，顺着木纹来回轻轻揩擦。

中国家具有实物流传至今的足有500年的历史，这些实物包括了漆木、硬木、柴木三大类，纷繁复杂的地域流派、品种样式、装饰制作，绝非短时间可以了解清楚的，需要在不断学习比较中积累经验。本书收集了十年来国内艺术市场中可以见到的大部分家具精品，分类加以介绍评述，希望可以有助于读者了解中国古典家具知识。由于笔者学识有限，加之部分作品没有亲睹原件，讹误之处一定不少，还望读者和同行不吝赐教，以便修正。

明式家具

中
国
艺
术
品
历
年
拍
卖
菁
华

家
具
卷
·
明
式

明式·床榻类

床榻类卧具家具是家具中形体最大的器物，明式卧具吸取我国传统建筑优美外形的神韵，无论从形式、装饰题材还是造型结构，都与我国传统建筑极为相似，有异曲同工之妙，特别是在床这方面尤为突出。床榻类包括榻、罗汉床、架子床、拔步床等。

榻一般指只有床身，其上别无装置的、比较小型轻便的卧具。有安放在室内和院子里固定的榻，也有利于外出携带折叠的榻。同时，还有软屉和硬屉榻面之分。

罗汉床是北方匠师通用的名称，是指一种床铺，在其床面上左右、后面装有围栏但不带床架的一种榻。这种榻一般陈设于厅堂之中，给人一种庄严肃穆的感觉。早期罗汉床的特点是五屏围子，前置踏板，有托泥，三弯腿宽厚，截面呈矩尺形。中期床前踏板消失，三弯腿一改其臃肿之态，腿足出现兽形状。到晚期仅三屏，这种罗汉床床面三边设有矮围子，围子的做法有繁有简，最简洁质朴的做法是三块光素的整板，正中较高，两侧稍矮，有的在整板上加一些浮雕图案，复杂一些的是透空做法，四边加框，中部做各式几何图案花纹，如卍字、十字加套方等，而用短材或花片攒接或斗簇成棂格状的围子，安在床上，有如栏杆，是明式罗汉床的又一种做法。罗汉床可分五围屏带踏板罗汉床、五围屏罗汉床、三围屏罗汉床等。

架子床，是明代尤其是在江南地区非常流行的一种床，通常是四角安立柱、床顶，除四角外在正面两侧通常设有二柱，为六柱床，柱子顶端承托床顶，因为像顶架，所以称架子床。有月洞门式架子床、带门围子架子床、带脚踏式架子床等，种类繁多。一般使用透雕装饰，如带门围子架子床。正面有两块方形门围子，后、左、右三面也有长围子，围栏上楣子板，四周床牙都雕饰有精美的图案。架子床造型好像一座缩小的房屋一样，床的柱杆如同建筑的"立柱"；床顶下周围有挂檐（又称楣子），很像建筑中的"雀替"；床下端有矮围子，其做法、图案纹样像建筑的柱子及栏杆。整个架子床从立面看如建筑的开间，所以说整个床的造型酷似一座缩小的房屋。

拔步床为明代晚期出现的一种大型床。拔步床自身体积庞大，结构复杂，从外形看好似小屋子。由两部分组成，一是架子床，二是架子床前的围廊，与架子床相连，为一整体，如同古代房屋前设置的回廊，虽小但人可进入其中，步入回廊犹如跨入室内，回廊中间置一脚踏，两侧可以放置小桌、凳、便桶、灯盏等。这种床整体布局所造成的环境空间犹如房中又套了一座小房屋。又由于地下铺板，床置身于地板之上，故又有踏板床之称。其兴起实与明代士大夫阶级豪华奢侈的生活习尚有关。有廊柱式拔步床，是拔步床的一种早期形态；围廊式的拔步床，为一种典型的拔步床。

明·黄花梨直足睡榻

　　睡榻的器型出现较早,在宋人的绘画中已经可以看到。此榻采用圆枨裹住圆腿做法,俗称裹腿,或圆包圆。裹腿枨采用罗锅枨加矮老形式,简洁实用。罗锅枨弯曲处尽可能接近腿部,使美观坚固的作用充分发挥。整榻狭长,细藤屉,式样古朴,是"清水山房"的旧藏。

估　价: RMB 200,000–300,000
成交价: RMB 0
尺　寸: 52 × 212.5 × 64cm　中国嘉德 1995.10.09

明·黄花梨三屏风攒接曲尺围子罗汉床

　　此罗汉床为鼓腿膨牙式样,大挖腿(俗称香蕉腿),床身舒展稳重。三扇围子为斗攒成曲尺形状纹饰,通透空灵与床身形成鲜明的对比,但二者又和谐统一,这正是明式家具的魅力所在。

估　价: RMB 0
成交价: RMB 110,000
尺　寸: 210 × 133 × 77cm　天津文物 2004.06.24

明·黄花梨罗锅枨睡榻

此睡榻为桌式造型，冰盘沿攒框装软屉榻面，小束腰，方材直腿直牙，顶牙装罗锅枨，足部内翻，整体简洁稳定，是明代苏式同类家具中的标准器。

估　价：RMB 200,000–230,000
成交价：RMB 330,000
尺　寸：不详 深圳市艺术品拍卖行 2003.12.28

明·黄花梨木百宝嵌纹罗汉床

"罗汉床"是北方的通称，南方没有。此床硕大庄重，围板上有螺钿、珊瑚、松石、象牙等名贵材料嵌龙纹四具，俗称百宝嵌。此种工艺在明末清初非常流行。四龙威猛飞扬，生动异常。中间嵌有火珠，构成二龙抢珠纹。三块围板均用整木，起线做成攒框效果，与镶嵌工艺呼应，可谓锦上添花。高束腰，鼓腿膨牙，用料壮硕，兜转有力，仅在转角衔接处加一角牙，实用而美观。百宝嵌因名贵且工艺复杂，加之大器不易保存，故传世极少。

估　价：RMB 500,000–650,000
成交价：RMB 0
尺　寸：102 × 223.5 × 118cm 中国嘉德 1995.10.09

明·黄花梨攒棂三屏式罗汉床

此床采用裹腿罗锅枨式样,床面为劈料垛边软屉面,四根圆腿落地,收分明显。高大的罗锅枨裹腿安装,三屏式围子两侧低中间高,围子使用圆材,采用笔管式攒棂手法,做工精密,造型简洁,保存完好,实属难得。

估　价:RMB 800,000–1,200,000
成交价:RMB 1,540,000
尺　寸:203.5 × 122 × 85cm 中贸圣佳 2001.05.21

明·紫檀全素三屏风独板围子罗汉床

　　此床宽窄介乎于榻与罗汉床之间，以独睡为宜，难得的是全用紫檀制成。床身为无束腰直足落地，加裹腿罗锅枨、全素的屏风式围板，三块围子为一寸厚的独板材，不加雕饰，十分整洁，仅后围拼一小条，这是紫檀缺少大料的缘故，用料如此，也属难能可贵了。厚板两段粘拍窄条立材，为的是掩盖断面色暗而呆滞的木纹，并有助于防止开裂。藤编软屉，榻板底边装饰"冰盘沿"，压边线一道。直腿外岔，增强了整体稳定性。从结构到装饰，都简练之极，充满隽永之趣，使人在视觉上得到满足与享受，但绝无单调之嫌，是明式家具中难得的精品。

估　价：RMB 1,500,000–2,600,000
成交价：RMB 1,540,000
尺　寸：193 × 96 × 65cm 北京翰海 1999.07.05

◀明·黄花梨雕龙纹罗汉床

　　此床为苏北地区产物，黄花梨制，木质精美，用料硕大，围子为三屏式，全部独板双面雕盘草龙。束腰，劈料打洼式样，是当时很讲究的工艺。腿为大香蕉腿，上雕两草龙。鼓腿膨牙，四面牙板也各雕两草龙，龙纹勇武有力，典型明代龙式样，极为精美。此床四面皆可观看。软屉床面已糟朽不存，床下三条穿带为榆木制作，因年代久远，有一条今已不存。

估　价：RMB 900,000–1,200,000
成交价：RMB 0
尺　寸：220 × 112 × 85cm 太平洋国际 2002.11.03

明·黄花梨独板三屏罗汉床

此床通体为黄花梨材质，用料豪爽，典型的明式风格。冰盘沿攒框软屉床面，带束腰，直腿，内翻扁马蹄足。沿牙板、腿足内侧起阳线。三屏式床围子为整块独板制成，围子内侧浮雕宝相花纹，刀工流畅，纹饰遒劲，藤制席面为新制，是一件难得的明代做工的大器。

估　价：RMB 8,000–12,000
成交价：RMB 0
尺　寸：193 × 96 × 65cm　太平洋国际　2001.11.04

明·黄花梨三屏式装云石罗汉床

此床造型新颖别致，打洼冰盘沿攒框软屉床面，床面直接坐于腿牙之上，省略了常见的束腰结构，直方腿子上粗下细，渐行渐收，扁马蹄足下设垫足。围屏为攒框装绿色云石，搭脑、扶手略向外卷。通体没有任何纹饰作装饰，既素雅古朴又简洁大方，是明代罗汉床中罕见的器物。

估　价：RMB 600,000–800,000
成交价：RMB 1,760,000
尺　寸：198 × 83.5 × 83.5cm　北京翰海　2004.11.22

明末清初·黄花梨六柱架子床

　　这件架子床代表了明式家具中最为瑰丽繁复的装饰风格。六柱间以罗锅枨相连，床身软屉高束腰，束腰间立竹节形短柱，分段嵌装浮雕草龙绦环板。牙板开挖成壹门形，其上浮雕草龙和缠草花纹，腿为三弯腿，足部内抱，腿子肩部雕兽头。挂檐和围栏均是攒框镶透雕草龙纹板，尤其是围栏的装饰更为复杂，上下隔成三层，上层嵌卡子花，中层为镂空草龙环绕的圆形开光，开光内为三足铜鬲纹饰，下层为奔走的草龙纹饰。在同期家具中体形高大，又综合使用了几种雕饰手法，豪华浓艳，充满了富贵气象。

估　价：RMB 800,000–1,000,000
成交价：RMB 0
尺　寸：157 × 230 × 222cm　太平洋国际　2003.11.25

明末清初·紫檀六柱架子床

　　这件架子床为带束腰形式,六根方柱撑起床顶,挂檐为透雕绦环板,其下又加装了一圈镂空挂牙。迎面四柱以罗锅枨相连。牙板开挖成壸门形,其上浮雕草龙和缠草花纹,腿牙膨出,足部内抱,扁马蹄形式。围栏是攒棂装卡子花。整体风格还是属于华丽的明式风格。

估　价: RMB 600,000–800,000
成交价: RMB 0
尺　寸: 高218cm 中国嘉德 1999.10.27

明式·凳椅类

明式凳子很多,大体可分为方凳、长条形凳和圆凳。以方凳最多,也称杌凳,它是杌子、凳子的总称。长条凳大的一般称为春凳。春凳是一种可供两人坐用、凳面较宽、无靠背的凳子,江南地区往往把二人凳称春凳,常在婚嫁时上置被褥,贴上喜花,作为抬进夫家的嫁妆家具。春凳可供婴儿睡觉及放衣物,故制作时常与床同高。民间无一定尺寸,多为粗木制作,一般用本色或刷色罩油。

杌凳不论是明式或清式,大都可分为无束腰和有束腰两大类。有束腰凳大部分都用方形材料,很少用圆料,而无束腰凳则方料、圆料都有。前者一般为直足,后者往往用曲腿,足端有兜转或外翻马蹄。而无束腰者腿足无论是方是圆,足端都很少作装饰。凳面所镶的面芯做法也不相同,有落膛与不落膛之别。

圆凳和墩常设在小面积房间里,而坐墩不仅在室内使用,也常在庭园室外设置。明式制作最精美的要数开光式坐墩,它源于宋代的坐墩。坐墩是坐具中很有趣的品种,一名鼓墩,因其保留着鼓的一些特征而得名,腹部大,上下两端小,一般在上下膨牙上也作两道弦纹和鼓钉,保留着蒙皮革、钉帽钉的形式。明代的坐墩形体上较清代稍大,做法是直接采用木板攒鼓的手法。为提携方便,有的在腰间两面钉环,或在中间开光,开光有开四、开五、开出或方或圆的透孔。

交杌,即汉末北方传入的胡床,今通称"马扎"。形制为前后两腿交叉,交接点作轴,上横梁穿绳代坐。其高度如一般杌凳者,明代尚流行,有的工料绝精。

椅子是高型家具的典型代表,经过宋元时期的发展,到明代,椅子不论在制作技术方面,还是在品类方面皆达到了前所未有的水平。明式座椅不是一种简单的抽象化实体,而是一种复杂的情感表现,一种传统上文化和地位的象征,往往融合了文人的思想观、价值观和艺术观。以太师椅为例所反映的是封建意识的秩序感,即正襟危坐的士大夫式坐姿,指向儒家恪守的伦理准则,表明的是一种对功利效益的认同,一种合乎儒学规范的抉择,一种凝固的家具造型式样。

因为明式座椅具有强烈的民族文化特色,有其高度的工艺价值和艺术价值。明式家具最大的特点就是功能设计合理。功能的实用性是一切家具的基本属性,家具的结构和形式设计首先要满足人们生活的某种使用要求。其各项尺寸与现代椅子几乎完全一样,从而反映出明式家具在确定各种关键尺寸时是以人体尺度为依据的。在明式椅出现以前的椅子靠背大多没有曲线,为平直形,但明式椅上的靠背不是直角,而是有一定的倾斜度和曲线,其倾角和曲线充分体现了其科学性。适宜人的颈背倾角和曲线,在今天看来是很平常的,但从家具发展史上考察,根据人体特点设计椅类家具靠背的背倾角和曲线,是明代匠师的一大创造。在自然状态时,人体脊柱的侧面呈"S"形。明代匠师根据这一特点,将靠背作成与脊柱相适应的"S"形曲线,并根据人体休息时后背的后倾度,使靠背具有近于100度的背倾角。这样处理的结果,人坐在椅子上,后背与椅子靠背有较大的接触面,肌肉就可以得到充分的休息,因而产生舒适感,久坐不易感到疲乏。

在明式家具中,以坐具椅子的种类和样式最为丰富。大体可划分为靠背椅、扶手椅、交椅、屏座椅等种类。

靠背椅,凡椅子没有扶手的都称靠背椅。靠背椅由于搭脑与靠背的变化,常常又有许多式样,如单靠椅、灯挂椅、梳背椅等。单靠椅也称"一统碑"椅,言其像一座碑碣,南方民间亦称"单靠"。明一统碑式的椅背搭脑与南官帽椅的形式完全一样。清式一统碑椅最有特色,基本保持了明式式样,但在装饰方面逐渐繁琐。灯挂式椅的靠背与四出头式一样,因其两端长出柱头,又微向上翘,犹如挑灯的灯杆,因此名其为"灯挂椅"。明式灯挂椅比宋代的灯挂椅更注重装饰结构的局部变化,如运用矮老、罗锅枨、霸王枨、托角牙子、步步高等手法,整个造型简洁清秀,是明式家具中的典型代表。

扶手椅样式也很多,大致分四出头官帽椅、南官帽椅、屏背椅、玫瑰椅、宝座、圈椅等,并常与茶几配合成套,以四椅二几置于厅堂的两侧对式陈列。在明式座椅中最典型和富有民族传统特色的扶手椅,当数"官帽椅",是由于学术界认为其像古代官吏所戴的官帽式样而得名的,所以座椅的搭脑形式有所谓"纱帽翅式"。以椅子的侧面来看,是前低后高,扶手略如帽子的前部,椅背略如帽子的后部,二者有几分相似。官帽椅又进一步分为两种,一种是"四出头官帽椅",所谓"四出头",是指椅子的"搭脑"两端出头、左右扶手前端出头。其标准的式样是后背为一块靠背板,两侧扶手各安一根"连帮棍"。这种四出头式椅是我国明式家具中椅子造型的一种典型款式。另一种是四处不出头的官帽椅,称为"南官帽椅"。南官帽椅的造型特点是椅的搭脑、靠背、扶手、座屈边沿等处都做得圆润细柔,在椅背立柱与搭脑的衔接处做出圆角,背板做出"S"形曲线。明末清初出现木框镶板做法，由于木框带弯，板芯多由几块拼接，中间装横枨，面下由牙板与四腿支撑座面。正面牙由中间向两边开壶门形门牙，这种椅型在南方使用较多，也是明式家具中椅子的代表样式。使用它时，通过细部触觉的舒适必然使人感到家具设计的完美和周到。明式家具表现出来的这种圆润特征有美学方面的因素，更重要的是掌握了家具微细设计原理所获得的理想结果。

四出头式官帽椅与南官帽椅的不同之处在于，椅背搭脑和扶手的拐角处不是做成软圆角，而是在通过立柱后继续向前探出，末端微向外撇，并削出圆头。但也有学者通过调查得出结论：将搭脑出头而扶手不出头的"二出头"扶手椅命名为"官帽椅"，将搭脑和扶手都出头的扶手椅称"四出头扶手椅"，而四处都不出头的称为"文椅"。

玫瑰椅实际上是南官帽椅的一种，南方无此名，在江南一带常称"文椅"，宋代名画中时有所见，是明式家具中"苏作"的一种椅子款式，一般常供文人书房、画轩、小馆陈设和使用。这种座椅非常精致美丽，有一种所谓"书卷之气"，故称为"文椅"。它的椅背通常低于其他各式椅子，和扶手的高度相差无几。在居室中陈设较灵活，靠窗台陈设使用时不致高出窗沿而阻挡视线，配合桌案陈设时又不高过桌面。椅型较小，造型别致，用材较轻巧，易搬动。常见的式样是在靠背和扶手内部装券口牙条，与牙条端口相连的横枨下又安装短柱或卡子花，也有在靠背上作透雕，式样较多，别具一格。

圈椅最明显的特征是圈背连着扶手，因此也称罗圈椅，圈椅是由交椅演变而来的。交椅的椅圈自搭脑部位伸向两侧，然后又向前顺势而下，尽端形成扶手，扶手两端向外翻卷，作"鳝鱼头"式的浑圆处理。人在就坐时，两手、两肘、两臂一并得到支撑，很舒适，故颇受人们喜爱，逐渐发展为专在室内使用的座椅。由于在室内陈设相对稳定，无须使用交叉腿，故而采用四足，以木板作面，四根直腿略向中心倾斜，和一般椅子的座面无大区别。明代晚期，又出现一种座下采用鼓腿膨牙带托泥的圈椅。明代圈椅的椅式极受世人推崇，以致当时人们把圈椅亦称为"太师椅"。

交椅，是从交机发展而来，前腿上截即座面后角上安装弧形栲栳圈，正中有背板支撑，人坐其上可以后靠，在室内陈设中等级较高。交椅不仅陈设室内，外出时亦可携带。交椅有直背和圆背两种，均流行于明代，不过这时直背交椅较少见。圆背交椅靠背和扶手是三节或五节榫接而成的曲线椅圈，非常流畅，并有光洁的背板，两足相交，有脚踏。直背交椅是一种没有扶手、靠背为直板的交椅，入清后制者日稀而终被淘汰。

明式座椅中还有一种屏背椅，所谓屏背椅是指把后背做成屏风式的靠背椅。常见的有"独屏背"和"三屏式"等。

明·黄花梨有束腰马蹄足罗锅枨长方凳

　　杌凳是指没有扶手和靠背的坐具，江南常称之为杌子和凳子的是其中两类主要品种。此凳使用方材，束腰与牙子一木连做，马蹄足为明式。四足并非完全垂直，下端略向内兜转，弧线柔和悦目。罗锅枨与腿子外皮交圈，使用的是格肩榫的造法。

估　价：RMB 60,000–70,000
成交价：RMB 0
尺　寸：40×20×50cm 太平洋国际 2002.11.03

明·黄花梨十字枨带束腰方机凳

　　此机凳在结构上改变了四面用枨子的习惯造法，而使用了椅凳中很少见的十字枨。十字枨的使用在明清家具中一般是在盆架上，其他家具上极为罕见。长方形凳面，四周牙条透雕云纹三组，沿边起阳线与腿足交圈，凳腿中部饰卷转花纹与牙条云纹相呼应，既与牙板上的花纹相呼应，又起到遮掩腿枨相交榫缝的作用，同时也加大了腿材，不至于因为在此处开凿榫眼而影响腿子的坚实。凳面为席贴面硬屉。黄花梨材质，纹理流畅，包浆完美，保存状态完好，在明式家具中十分罕见。此件已经收录于王世襄所著《明式家具研究》、《明式家具珍藏》等书之中。

估　价：RMB 250,000–350,000
成交价：RMB 275,000
尺　寸：46×55×49cm 中国嘉德 2002.11.03

明·铁力木二人凳

　　此凳明代又称为"春凳"，与条桌的形制基本一致，只是高矮有别。此凳为铁力木质地。用料粗硕，冰盘沿攒框平装芯板座面，下加小束腰、罗锅枨，直腿内翻马蹄足，马蹄足短粗。整体风格朴拙无华，端庄稳重。

估　价：RMB 3,500–5,000
成交价：RMB 0
尺　寸：98×46×52cm 太平洋国际 2002.11.03

明·黄花梨五开光弦纹坐墩

　　传世实物坐墩，石制的或瓷制的比木制的多。它又名"绣墩"，这是因为墩上多覆盖锦绣一类织物作为垫子，藉以增其华丽。坐墩的形制源于宋代，保留着来自藤墩的圆形开光和来自鼓腔钉蒙皮单的鼓钉的痕迹，在多数的明式木制坐墩上依然有这些痕迹，就是瓷制的坐墩也不例外。由于它像鼓，故又名"鼓墩"。明代坐墩实物传世极少，此器两只成对更是罕见，为五开光。墩的腹部开光作圆角方形，开光边缘及开光与上、下两圈鼓钉之间，各起弦纹一道。鼓钉隐起，非常柔和，绝无雕凿痕迹，是用"铲地"的方法起出来的，鼓钉较密，面芯装板采用平镶。腿子上下格肩，用插肩榫的造法与牙子相交，严密如一木生成，制作精良。此墩造型粗硕，文饰简朴，圆浑可爱，足以代表明代坐墩的基本形式。

估　价：RMB 300,000-500,000
成交价：RMB 330,000
尺　寸：直径43cm　北京翰海　1998.08.02

明·黄花梨八足鼓墩

　　此只鼓墩可视为圆凳和鼓墩结合的变种，它不像一般鼓凳具有鼓钉及腔体与座面相交的特点，而是独出心裁，以八根弧形担子支撑座面，两者相切，下设托泥。此凳整体采用双劈料做法，座面、腔体、托泥均做成双劈料，但略有不同。座面上厚下薄；腔体立柱中间细，两头渐粗；托泥上下厚度均等；尤其是腔体立柱，上为转珠，下呈铭状，韵味无穷。这种造型的鼓凳非常罕见，殊为难得。此作品收录于王世襄《明式家具珍赏》，原藏于北京硬木家具厂，也曾是"清水山房"的藏品。

估　价：RMB 200,000－300,000
成交价：RMB 495,000
尺　寸：49×38cm 中国嘉德 1995.10.09

明·黄花梨方材南官帽椅

　　此椅全身用方材，搭脑两端和扶手平直。靠背板攒框打槽装板，分为两段。上段锼挖出桃形镂空，下段为素板。扶手连梆棍做成方瓶状，椅盘下装平素券口，腿子收分明显，侧脚显著。整体造型和谐，既使人觉得形象稳重，又无呆拙之感。这种方形用材和造型的椅子在明式家具中十分罕见。

估　价：RMB 500,000－700,000
成交价：RMB 0
尺　寸：59×48.5×106.5cm 北京翰海 2004.11.22

明·黄花梨螭纹玫瑰椅（一对）

这是一对极为难得流传有序的明代黄花梨玫瑰椅，曾收录于王世襄先生《明式家具研究》(1989年由三联书店[香港]有限公司出版)一书。此椅的靠背和扶手使用横枨直接的造法，但枨下以双环卡子花代替矮老，枨上居中安高度图案化的透雕螭纹花板。曾被王世襄先生在其"明式家具的装饰"一文中作为典型实例加以介绍。在靠背的长方形框格的处理上，中间实而四角是虚的，椅盘下安带有浮雕的券口牙子，用料合度，正好体现出玫瑰椅轻巧玲珑的形象。此椅曾被各种家具书籍作为明代玫瑰椅典型实例发表。

估　价：RMB 500,000–600,000
成交价：RMB 1,320,000
尺　寸：不详　中鸿信 2005.05.18

明·鸡翅木方材四出头官帽椅

此椅不仅全身用方材，在造型上也和一般四出头官帽椅不同。搭脑两端上翘，突出椅背正中的高耸部分。鹅脖缩入另安，但上端探出较远，扶手和鹅脖间装有角牙。靠背板攒框打槽装板，分为三段，成"S"形弧度，上两段为平镶素板，下段挖成马鞍形的空当，作为亮脚。这个空当和耸起的搭脑、探出的扶手相呼应，就是安装在扶手上的角牙也是经过精心设计的，整体造型和谐。座盘使用素混面攒框装软屉，用料比一般椅子粗大，椅盘下正面为用到底的素券口牙子，两侧和后面用刀头牙，正面看既加重了下部的分量，又节省了材料。它侧脚显著，由足端一直收分到椅背的搭脑，使人觉得形象稳重，又无呆拙之感。

估　价：RMB 30,000–50,000
成交价：RMB 33,000
尺　寸：55.5×44.5×96.5cm　北京翰海 2004.11.22

明·黄花梨券口靠背玫瑰椅

　　玫瑰椅，江浙地区通称"文椅"，指靠背和扶手部比较矮，两者的高度相差不大，且与椅盘垂直的一种椅子。"玫瑰"的名称来源亦待考。论其形制是直接上承宋式的。玫瑰椅是椅子中较小的一种，用材单细，造型轻巧美观，多以黄花梨制成，其次是鸡翅木和铁力，紫檀的较少。从传世实物数量来看，它无疑是明代极为流行的一种形式。在明清书本中可以看到玫瑰椅往往放在桌案的两边，对面而设；或不用桌案，双双并列；或不规则地斜对着，摆法灵活多变。由于它的后背矮，在现代有玻璃窗的屋子中，椅背靠窗台置放，不致阻挡视线。但也因为它的后背不高，搭脑部位正当坐者的背部，倚靠时不是很舒适。这件玫瑰椅在靠背和扶手内距离椅盘约二寸的地方施罗锅枨，枨下加矮老。靠背在枨和外框所形成的长方形空当中，用板条攒成壶门式券口牙子，再施以极简单的浮雕卷草和拐子纹。牙子向下延伸交在横枨上。椅盘造成冰盘沿线脚。

估　价：RMB 80,000–100,000
成交价：RMB 0
尺　寸：57.5 × 45.8 × 85.5cm　中鸿信 2002.12.10

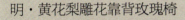

明·黄花梨雕花靠背玫瑰椅

此椅的靠背和扶手施横枨的造法如前例，但枨下以卡子花代替矮老，枨上居中安透雕拐子纹花板。在靠背的长方形框格的处理上，恰好和前例相反，中间实而四角是虚的。椅盘下安平素券口牙子，用料合度正好体现出玫瑰椅轻巧玲珑的形象。

估　价：RMB 200,000–300,000
成交价：RMB 275,000
尺　寸：57.6 × 45.6 × 90cm 北京翰海 2004.11.22

清·榉木圈椅

这只圈椅是典型的明式风格，椅盘素混面装板，简约大方。椅盘下正面装壶门券口，两侧和后面装刀头牙。椅圈三接，扶手处长长外探，鹅脖的弧度很大，与常见者略有不同。靠背为攒框分作三格，上面两格装减地浮雕花板。

估　价：RMB 4,800–7,800
成交价：RMB 0
尺　寸：58 × 44 × 92cm 太平洋国际 2003.07.09

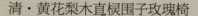

清·黄花梨木直棂围子玫瑰椅

　　这对椅子形制上最鲜明突出之处体现在扶手和靠背上，椅盘上后背采用攒框直栏式，上部装有双环卡子花，扶手两侧做法也与其相同。壶门采用攒格效果，呈直线，与扶手和靠背呼应，显得刚劲有力。此椅在玫瑰椅中不多见，装饰手法新颖，用材取平直圆材，尺寸不大，形体精巧，简约雅致，曾是"清水山房"藏品。

估　价：RMB 100,000－150,000
成交价：RMB 101,200
尺　寸：88 × 56 × 42.5cm 中国嘉德 1995.10.09

明·黄花梨四出头弯材官帽椅

　　此对椅子的整体风格还是明式风格，其特点在弯材的使用。它各个构件弯度大，可见当时下料一定不小，因而椅子本可以造得很粗硕，但却造得很单细，这是为了借用曲线来取得柔婉的效果。此对椅子使用黄花梨材质。椅盘下使用平素的券口牙子，也是经过有意识的选择的。背板光素，整只椅子没有一点装饰，但造型上仍然敦实稳健。可以判定它的制作年代应该在明末清初。

估　价：RMB 150,000－200,000
成交价：RMB 0
尺　寸：56 × 47 × 108cm 深圳艺拍 2003.12.28

明·榉木霸王枨方桌及四出头官帽椅

这是一套难得的"原来头"明式家具,桌子为典型的苏作明式带束腰霸王枨方桌,与同期优秀的黄花梨家具如出一辙。四把方材四出头的官帽椅除靠背板为光素独板外,其他与上面介绍的椅子形制大体相同,宽阔舒展,尺寸符合人体比例,造型简单而韵味十足。

估　价:RMB 18,000–25,000
成交价:RMB 0
尺　寸:91 × 91 × 81cm 太平洋国际 2001.04.23

明·圈椅(一对)

这是一对极富装饰性的圈椅,较之同类作品,它的特点在于繁复的装饰。与常见者的不同在于,这对圈椅椅盘以上的四腿两侧都装了站牙,增加了腿子的受力面和椅子上部的稳定性,靠背攒框装板,在椅盘下除了装刀头牙板外,还装了罗锅枨,这些都大大加强了椅子整体的装饰韵味,看上去更稳重、华丽。

估　价:RMB 22,000–38,000
成交价:RMB 0
尺　寸:64 × 63 × 96.5cm 太平洋国际 2003.11.25

清·六方形南官帽椅（一对）

　　此椅六方形，六足，是官帽椅中的变体，六方形南官帽椅一般都形制巨大。椅盘边抹采用素混面压边线，靠背板三攒框打槽装板，边框也刨出混面。下段为云纹亮脚。上段透雕云纹，故意将部位压低，使火焰似的长尖向上伸展，犀利有力。这对椅子的形制和王世襄先生《明式家具研究》中收录的一对基本一致。尤其是火焰似的云纹造型一致，这是吴县地区特有的手法，估计这两对椅子的产地应该都是江苏吴县地区。椅背搭脑横枨采用烟袋锅榫法安装，这也是苏式做工。椅盘以下，正面为直券口牙子，其余五面为素牙条。此椅的造型已经发现有相似的实例，其可贵在于虽是变体，但意趣清新、自然大方，无矫揉造作之感。

估　价：RMB 20,000–40,000
成交价：RMB 0
尺　寸：77 × 55 × 92cm　太平洋国际　2004.06.27

明·黄花梨木浮雕靠背圈椅

　　此椅前后腿一木连做，为圈椅制作的较早形式。椅圈三接，曲线流畅优美。连梆棍呈圆弧状鼓出，富有弹性感；券口采用刀子板形制，整体古拙和谐。靠背板整木素洁，仅在上方浮雕锦地龙纹，龙脊隆起，龙首折回，龙尾呈卷草状，生机勃勃。此椅靠背板装饰手法在明式家具中十分少见。此品收录于王世襄《明式家具珍赏》一书，原藏于北京硬木家具厂，后归"清水山房"。

估　价：RMB 150,000-200,000
成交价：RMB 107,800
尺　寸：93 × 54.5 × 43cm 中国嘉德 1995.10.09

明·黄花梨圈椅（一对）

　　这对圈椅的形制与上一件基本一致，只是细节部位略有变化，比如靠背板两侧装了浮雕角牙，靠背板上仿桃形开光中浮雕云蝠纹饰，鹅脖角牙直落椅盘，椅盘下三面装平素券口。这是一对十分典型的明式圈椅，具有很强的代表性。

估　价：RMB 150,000-300,000
成交价：RMB 154,000
尺　寸：59.5 × 45 × 100cm 北京翰海 2004.11.22

清·铁力木圈椅一对及铁力木行军桌

　　圈椅的造型为典型的明式形制,背圈弧线流畅,扶手出头,背板雕有一对螭龙,座面硬屉,应该是广式或北方的做法。罗锅枨加矮老,整体优美古雅。铁力行军桌素净光洁,带轴,可拆装,古时为行军之时使用。结构简洁合理,便于马背运输,因而取名为行军桌。

估　价:RMB 90,000–120,000
成交价:RMB 0
尺　寸:不详 中国嘉德 2004.11.06

明式·桌案类

桌案类包括炕桌、炕几、茶几、酒桌、方桌、圆桌、条桌、条案、架几案、画桌、画案、书桌等。桌案的造型有别，突出表现为腿足的位置，桌的腿足在四角，案的腿足不在四角，而在案的两侧向里收进一些的位置上。另外，人们一般习惯上把较大的称为案，较小的称为桌。桌类家具基本分为有束腰和无束腰两类，造型有方形、长条形、圆形等。

炕桌、炕几为矮型桌，均因在炕上和床榻使用而得名，故尺寸都比较矮。二者的区别是炕桌具备一定的宽度，正面与侧面的比例约为3∶2；炕几则窄而长，炕几板足足底带卷书者乃是明式。明式炕桌一般有束腰，多用托泥，如采用有束腰罗锅枨、有束腰鼓腿膨牙、高束腰三种形式。典型样式有外翻马蹄三弯腿炕桌和鼓腿膨牙内翻马蹄式炕桌。所谓"三弯腿炕桌"是指一般明式家具脚料或圆或方，但有将脚柱在上段与下段过渡处向里挖成弯折形，又向外来个急转弯，腿足有一处凸起的或外翻的足头，苏州工匠称之为"三弯脚"。所谓"鼓腿膨牙桌"，是指腿自拱肩处膨出后向里挖成弯折形后又向内收，足一般为内翻马蹄形，式样与三弯腿炕桌的上部基本相似。牙板因向外膨出，所以又有人称为"弧腿蓬牙"。

方桌，凡四边长度相等桌面呈正方形的桌子都称为方桌，桌有带束腰和不带束腰两种形式。有大小之分，尺寸近三尺者为八仙桌。明式的桌面有做成喷面的做法，明式方桌中最典型式样是"八仙桌"、"四仙桌"，帐子的样式也很多，有罗锅枨、直枨和霸王枨等样式。其中有一种"一腿三牙"方桌，其造型最具特色，为明式家具的典型式样。该桌四条腿中的任何一条都和三个牙子相接，三个牙子即两侧的两根长牙条和桌角的一块角牙，也就是说三个桌牙同装在一条桌腿上，共同支撑着桌面，俗称"一腿三牙"，这种方桌不但造型多变，而且坚实牢固。另有的为圆腿无束腰加矮老罗锅枨方桌，还有的为方腿带束腰加霸王枨方桌。霸王枨是用一斜枨，将它安在腿足的内侧，另一端与家具面子底部连接，可把桌面承受的重量产生分力，均衡地传递到腿足上来，俗称"霸王枨"。

长条桌桌面呈长条形，也就是说桌面的长度超过桌子的宽度，也有称"条桌"或"长桌"的。一般四腿与桌面为直线，马蹄足。其造型与方桌相同，亦有束腰和无束腰之分，有罗锅枨、矮老等装

饰，式样很多。

酒桌是一种小型的长方形桌案式家具，可上溯到晚唐、五代，常用于酒宴，明代特别流行，入清渐少使用。

圆桌一般面为圆形，有五足、六足、八足者不等。桌面制作很讲究，有用厚木板、影木的，也有用各种石料的，有的用各种天然彩石镶嵌成面，颜色丰富。明代多用两张半圆桌拼成。明式圆桌和半圆桌并不多见，也分有束腰和无束腰两种。其圆桌有些做成两张半圆形桌，并合成而用，单独的半圆桌俗称"月牙桌"，可以单独使用，迄今仍在江南民间流行。

明式案种类很多，由于案和条形桌在造型上有些相似，人们往往称大型的为案，小型的为桌。严格说案、桌是有区别的，其最大的区别是桌的四腿在桌面四角且成直角，而案的四足不在四角而缩进案面，且多夹头榫，两腿之间多镶有雕刻板芯或券口。案的装饰千变万化，具有特色的为平头案和翘头案，平头案一般案面平整，且四足缩进案面，两挡板多为雕刻纹饰。而翘头案案面两端装有翘起"飞角"，如同羊角一般，健壮优美，故称"翘头案"。翘头案的长度一般都超过宽度几倍以上，所以又称"翘头案"为"条案"。明式翘头案多用铁力木和花梨木制成，翘头的两端常与案面抹头连做，并施加精美的雕刻，由于挡板用料较其他家具厚，常作镂空雕。

架几案，清代亦名"几腿案"，由两几承架面板而得名。一般较高，大多是靠墙陈设使用。

画桌、画案是供人写字、作画的家具，故尺寸必须宽大。两者的区别也和条桌、条案一样，依腿足安装的部位来定名。

明式几类家具有香几、矮几、茶几、碟几等。以香几最具特点，香几为承放香炉用的家具，可置炉焚香，也可以置花尊插花，一般香几造型修长优美，有亭亭玉立之感觉，从香几的比例来看，略等于黄金分割。这些家具都给人们留下秀丽俊俏的印象，较高且多三弯腿，多为三弯式，自束腰下开始向外膨出，拱肩最大处较几面外沿突出。几面用大理石、玛瑙石等，足下有"托泥"。从使用功能看，这样的尺寸是合理和适用的。从造型看几面圆形，高束腰作圆形外凸，插肩榫与几腿相连，五条几腿作大曲率的"S"形状，足外

翻为卷叶纹，明代工匠称此为"螳螂腿"。整个几腿修长，腿下端踩圆珠与圆形托泥相接。托泥下有五个矮脚触地，使整体获得一种稳定感，为明式家具的上乘之作。

琴桌是一种弹琴专用的家具，其形制大约沿用前制。因为琴要置于琴几上，为了便于弹奏，故琴几要矮于一般的桌案。有的用郭公砖代替桌面，且两端透孔。使用时，琴音在空心砖内引起共鸣，使音色效果更佳。琴几有的只用三块板构成，造型简洁，琴几两端的挡板一般各开一椭圆形的亮洞，既减少一块整板给人的厚重和呆板感，也起到了画龙点睛的装饰作用。挡板式腿与几面交角处有的有一雕刻纹饰作为角牙，用以丰富琴几的造型和装饰，具有简洁精致、轻盈秀丽的审美效果。

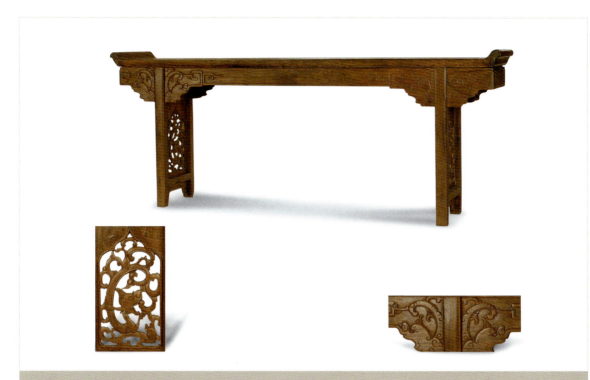

清·黄花梨雕龙纹独板大条案

　　这件大条案为夹头榫独板案面做法，案面两端装小翘头，以浮雕螭龙纹做牙头，辅以拐子纹饰。桌腿双起棱，两腿间以横枨相连，装券口和挡板，挡板为透雕螭龙纹，造型大方而有气势。整件器物用料硕大，造型朴实厚重，纹饰细腻而大气。为清中期所罕见的黄花梨大器。

估　价：RMB 1,800,000–2,500,000
成交价：RMB 0
尺　寸：244 × 42 × 90cm 天津国际 2006.06.21

明·黄花梨木卷草纹三弯腿炕桌

　　此桌面板为独芯，拦水线保存完好，冰盘沿优美，为明式炕桌标准形制。束腰与牙板一木连做，为明式家具常见手法。卷草纹牙板，以灵芝收尾。四角有转珠装饰。腿起弯，向内弯曲兜转，翻球收成足，俗称内翻球。足部外饰小卷草，妙趣横生，是"清水山房"的旧藏器物。

估　价：RMB 50,000–80,000
成交价：RMB 49,500
尺　寸：31 × 102.5 × 67cm 中国嘉德 1995.10.09

清初期·黄花梨雕花炕桌

这件炕桌形制秀巧，古朴雅致。桌面攒框装板并设拦水线，束腰与牙板一木连做，四面牙板剜成壸门式轮廓，起阳线，减地平雕缠枝西番莲花纹。腿为三弯腿形式，足部向内侧圈卷，并雕饰凹线云头如意状，此桌的式样为明式，制作时代不会晚于清初。

估　价：RMB 35,000–45,000
成交价：RMB 38,500
尺　寸：29.5 × 69.5 × 42cm 中国嘉德 2003.11.26

明末清初·柏木黑漆有束腰三弯腿炕桌

此桌造型为明式，光素无纹饰，线脚比较简单，桌面冰盘沿，牙腿起阳线这些都是常见的造法。惟马蹄外翻、扁短、粗拙而起棱，造型古朴，是明式风格。牙条上壸门弧线圆转自如，抑扬有致，亦见神采。通体黑漆，漆层有剥落，总体看这是一件明末清初的家具。

估　价：RMB 2,600–5,000
成交价：RMB 0
尺　寸：98 × 62 × 30cm 太平洋国际 2003.11.25

明·黄花梨云头牙子炕案

　　案式炕桌很少见，此炕案为插肩榫式样，案面为冰盘沿攒框装板，板芯为独板。整体虽无纹饰雕刻，但腿部正面打洼，背面裹圆，云头牙板起细阳线，双横枨间装有绦环板。这些装饰手法的使用，使整件器物看上去并不显得单调乏味，加之做工一丝不苟，选料考究，花纹优美，因此是一件难得的明式高档家具。

估　价：RMB 100,000–150,000
成交价：RMB 0
尺　寸：122 × 50 × 46cm 中国嘉德 1995.05.11

清·黄花梨单屉三弯脚炕几

　　此桌三弯腿，翻成球足作结束。束腰部分加一扁抽屉，抽屉即贴在炕桌面芯之下，有此装置十分罕见。抬高束腰，并加装抽屉，这是清代中期的做法。但其壶门牙子仍属于明式风格。它选料精美，造型古朴，线条雄伟有力，在明式炕桌中堪称佳制，但制作年代估计已经是清代中期左右了。

估　价：RMB 30,000–50,000
成交价：RMB 0
尺　寸：59.5 × 46 × 28cm 深圳艺拍 2003.12.28

明·黄花梨翘头炕几

这是一件形制十分罕见的炕几,板状几腿内抱成弧形,下装卷书式足,几面下装深浮雕云纹牙板,几面上装翘头,翘头高大,弧线流畅。整件器物素雅大方,造型胜过装饰,应该归入明式家具范畴。

估 价:RMB 50,000-80,000
成交价:RMB 66,000
尺 寸:长50.6cm 北京翰海 2004.11.22

明·黄花梨雕云纹炕几

这是一件纯粹的明式板足炕几,造型简洁,装饰适度,和谐完美。几的两侧板足微向外撇,与面板形成的角度大于直角。足底稍向内卷,略具"卷书"之意。在转角处,回纹板条下还安花牙子。板足中部凿方形开光,用透雕和浮雕相结合的方法刻出束绦、云头等花纹,两面造,里外如一,说明几置炕上,还可以从面板之下看到它的装饰。开光透雕也能破除整板滞闷的感觉。开光透雕和角牙浮雕纹饰大方,线条道劲,刀法犀利,是明代刻工。

估 价:RMB 800,000-1,000,000
成交价:RMB 0
尺 寸:95 × 28.2 × 37cm 北京翰海 2004.11.22

明晚期·黄花梨台几

　　这件台几作插肩榫式，案形结体，腿足与牙条平齐，内弯后外撇，与鼓腿膨牙相仿；挡板饰透雕如意云纹。案面独板，翘头及抹头一木连做。此案纵深比例和谐，具古雅精丽之气韵；正是《长物志》台几条中所述可置鼎彝之属的小型架具，用以摆设在大几案上，陈置文玩清供。本器有小中见大的艺术意蕴，且料精工良，简练合宜，符合明代文人的审美风尚。《文玩萃珍》中所载录的黄花梨翘头案形器座与本器形制相类，具同一时期的风格与特征。

估　价：RMB 80,000–100,000
成交价：RMB 48,760
尺　寸：不详 纽约佳士得 1998.11.03

明·黄花梨圆包圆方桌

　　全桌使用黄花梨材质，桌面为劈料攒框装桌面板，面板是三拼板，其中两块对剖，纹理如高山流水，精美罕见，十分难得。此桌以典型明式风格之圆包圆制作，即腿、枨、边抹均为圆形，构造精巧，在同类方桌中应属精品。

估　价：RMB 80,000–120,000
成交价：RMB 165,000
尺　寸：48.5 × 19.2 × 16.5cm 嘉德国际 2006.06.03

明·黄花梨双劈料圆包圆方桌

　　此方桌选料精致，通体用黄花梨根料制作，纹理丰富，似石似瘿，配以山水云石桌面，更加文雅动人。边抹腿枨使用双劈料，垛边圆包圆形制，为典型的明式风格，极具欣赏价值。

估　价：RMB 25,000–35,000
成交价：RMB 0
尺　寸：92 × 92 × 85cm 太平洋国际 2001.04.23

清·榉木霸王枨小方桌

此桌为苏作器物，冰盘沿攒框装楠木瘿独板桌面，束腰与牙板一木连做，设霸王枨，直腿内缘起线，腿子收分明显，加之内翻小马蹄，为典型明式，因为使用的材料为榉木，其制作年代在清代。

估　价：RMB 12,000—16,000
成交价：RMB 19,800
尺　寸：71×71cm　中国嘉德　1995.10.09

明·瘿木面黄花梨一腿三牙方桌

此方桌是一件标准尺寸的"八仙桌"，是典型的明代苏州地区制作的明式家具。除老瘿子木面芯外，均为黄花梨材质。素牙头、素牙条，罗锅枨亦为素混面，贴牙条安装。桌腿为方材，四角倒棱为圆，两个看面各起阳线两条，除了这两条装饰线之外，别无任何装饰。整体风格朴素大方，可以视为一腿三牙的基本形制，是明式同类器物中的佼佼者。

估　价：RMB 180,000—220,000
成交价：RMB 198,000
尺　寸：80×91×91cm　中国嘉德　2001.11.04

明·黄花梨一腿三牙方桌

黄花梨材质，一腿三牙形制，与常见一腿三牙方桌不尽相同之处在于桌腿也使用了方材，牙板雕如意纹。罗锅枨雕花卉纹，纹式简洁流畅。该桌材料硕大，雕琢讲究，厚重结实且不乏精巧细致。

估　价：RMB 30,000—50,000
成交价：RMB 0
尺　寸：101×84×84cm　中国嘉德　1996.04.20

明 · 黄花梨有束腰方桌

这是一件有束腰方桌,桌面冰盘沿攒框装板,下装小束腰,牙板锼成壸门并浮雕草龙图案,腿牙格角相交,下装罗锅枨,沿牙板腿子内缘起阳线,直腿外放,内翻马蹄足。从做工、装饰来看这是一件典型的明式家具。

估　价:RMB 150,000~250,000
成交价:RMB 440,000
尺　寸:99.2 × 99.2 × 87cm 北京翰海 2004.11.22

明 · 黄花梨铁力木面芯方桌

此方桌有束腰,黄花梨攒框装铁力木面芯,边抹牙腿边沿起灯草线,罗锅枨使用素混材,采用大进小出榫卯。榫头冒出腿面,这种做法为典型的明末清初广作手法。直腿内翻马蹄,极具历史价值。

估　价:RMB 18,000~25,000
成交价:RMB 0
尺　寸:90 × 90 × 85cm 太平洋国际 2001.04.23

明末 · 黄花梨方桌

此方桌为直枨小束腰形制。通体由纹理精美的黄花梨材料制作而成,造型工整,直枨加矮老,使整件器物显得规整稳定。四周腿枨间饰有飞燕型坠角,使此桌于严整冷峻之中,又显出玲珑活泼之气,为典型明代器物。

估　价:RMB 32,000~38,000
成交价:RMB 0
尺　寸:94 × 94 × 87cm 太平洋国际 2001.11.04

明·鸡翅木瓜棱腿方桌

此桌也是采用直枨做法。桌面为冰盘沿攒框装板，腿为劈料圆材，枨与腿直装。矮老、直枨用双线打洼，格子间装卡子花，下装云纹角牙，整件器物素雅简洁。

估　价：RMB 30,000–50,000
成交价：RMB 0
尺　寸：95 × 95 × 84cm 太平洋国际 2003.11.25

清早期·鸡翅木有束腰方桌

此桌从尺寸来看属于六仙桌，方材做成素混面，看起来典雅柔和，用料尺寸适度，不显得细弱或粗笨。束腰与牙子一木连做，小束腰、扁马蹄，这是典型的明式家具风格。四足并非完全垂直，下端略向内兜转，弧线柔和悦目。罗锅枨安装用格肩榫的造法。此桌为典型清初工艺，通体鸡翅木制成，典雅大方，风格简练。

估　价：RMB 7,000–9,000
成交价：RMB 0
尺　寸：77 × 77 × 82cm 太平洋国际 2002.11.03

明·紫檀长方桌

　　此桌采用直枨做法。桌面为素混面攒框装板，枨与腿直装，下设曲枨做角牙，枨上装矮老成隔，腿、枨、矮老为圆材，整件器物素雅简洁，浑厚朴实。

估　价： RMB 100,000–150,000
成交价： RMB 352,000
尺　寸： 92 × 35.5 × 35cm 北京翰海 1998.08.02

明·鸡翅木两屉桌

　　这件书桌形制特殊，桌面向两侧展开，既类似于夹头案结构，又接近于闷户橱结构，但又与二者有着本质的区别，腿牙交接构成托架，桌面直接坐落于矮老之上，看上去并非一体。通体鸡翅木制器，装两屉，抽屉托枨下装券口牙板，横牙和角牙更是采用镂挖工艺。直腿落地，腿子略有收分。书桌形制规整，光素简洁，别具一格。

估　价： RMB 200,000–300,000
成交价： RMB 220,000
尺　寸： 157.5 × 69 × 82cm 北京翰海 2006.06.26

明·黄花梨一腿三牙方桌

　　此桌为标准的一腿三牙结构,其造型是桌案类家具中最具特色者,为明式家具的典型式样。该桌圆腿,四腿外挓,收分十分明显。高拱顶牙罗锅枨,四条腿中的任何一条都和三个牙子相接,三个牙子即两侧的两根长牙条和桌角的一块角牙,也就是说三个桌牙同装在一条桌腿上,共同支撑着桌面,俗称"一腿三牙",这种方桌不但造型有变化不单调,而且坚实牢固。这是一件典型的明代苏州地区制作的明式家具,保存完好,十分珍贵。

估　价: RMB 30,000-50,000
成交价: RMB 51,700
尺　寸: 高82.5cm　中国嘉德 1998.10.28

明·黄花梨木马蹄足高束腰挖缺做条桌

此桌为高束腰式样。其最为优美的是牙板与腿部一气呵成的壶门曲线。一般来说，明式家具的壶门常用于床具、椅具下部，且另装。此桌牙板曲线与腿部曲线衔接，天衣无缝，在腿中部做一停留，然后至足处又翻起，悄然结束。腿部中间的花叶处与足处均采用挖缺做法，去拙取巧，美不胜收。所谓的"挖缺做"是指方材腿子朝内的一个直角被切去，腿子的断面呈曲尺形，也就是被挖缺而出现了缺口之意。挖缺的断面连同双双上翘的马蹄尖，可视为壶门遗留的痕迹。另外，桌牙的细部也有值得注意的地方，牙条尽端壶门弧线向下垂弯形成尖角，因为材料薄而木纹短，又系直丝容易劈裂。因此，牙条在裹皮不甚显著

的地方，留下新月似的一块不剔除，这样就对牙条的尖端起到了加固作用。这种做法说明工匠对木材性能的了解，并采用相应的措施来解决装饰与坚牢之间的矛盾，可谓完美无缺。此品收录于王世襄《明式家具研究》、《明式家具珍赏》，原藏于北京硬木家具厂，后归"清水山房"。

估　价：RMB 200,000-300,000
成交价：RMB 187,000
尺　寸：80 × 98.5 × 48.5cm　中国嘉德 1995.10.09

清早期·核桃木圆腿长桌

　　这件长桌是山西晋作家具中的典型代表。冰盘沿案面攒边装板，下加劈材衬料。圆包圆横枨，横枨上加矮老，其下有角牙相托。形制大方，气势磅礴。

估　价：RMB 35,000–55,000
成交价：RMB 0
尺　寸：201 × 43 × 88cm　太平洋国际 2004.06.27

清初·椴木红漆条桌

　　这也是一件带束腰装霸王枨的画桌，典型的明式家具，其马蹄足扁矮，束腰矮短，腿子外放明显，腿及桌面连以霸王枨，牙板锼成壶门并浮雕双螭纹，通体施红漆。该桌器型乖巧，雕工娴熟美观，最晚也应该是清代前期的作品。

估　价：RMB 12,000–15,000
成交价：RMB 11,000
尺　寸：84 × 107 × 56cm　中国嘉德 1996.04.20

明·黄花梨木霸王枨三屉翘头桌

　　采用三碰肩四面平形式，大边、抹头、腿三处汇一做棕角榫结构。装有暗屉三，抽屉扁小，明式家具中有见。内翻马蹄足，装有霸王枨，在明式家具中也是基本形制之一，但桌面两端又另装翘头，十为罕见。翘头小而巧，曲线缓而柔，应为专人所定制，在所见明代家具中，此桌式样为孤例。此品收录于王世襄《明式家具珍赏》第151页，图版第98号，原藏于北京硬木家具厂，曾是"清水山房"的藏品。

估　价：RMB 350,000–450,000
成交价：RMB 275,000
尺　寸：86 × 112.5 × 48.5cm 中国嘉德 1995.10.09

明·楠木四面平霸王枨条桌

　　此桌的结构是腿子与牙条格角相交，先构成一具架子，上面再和独板的桌面结合在一起。这样做避免了腿子、桌面和边抹三个主要部件在棕角榫处相交，稳固的效果要好得多，又可以避免看面单薄的视觉效果，这也是四面平器物结构的一种方式，入清以后这种做法就很少见了。加之马蹄短壮，因此这是一件明代的作品。

估　价：RMB 30,000–50,000
成交价：RMB 0
尺　寸：260.5×54.5×88.5cm 太平洋国际 2003.11.25

明·黄花梨条桌

　　整体为黄花梨材质，材质优良，取材以方材为主。桌面冰盘沿攒框装板，束腰窄浅，腿足间装棂格枨。直腿方材内翻云头足，牙条与腿足边沿起灯草线，全身光素简练，朴素大方，是一件纯粹的明式家具。

估　价：RMB 40,000–50,000
成交价：RMB 44,000
尺　寸：不详 北京翰海 1994.09.19

明式·柜架类

柜架类家具在明代种类也很多,包括架格、圆角柜、方角柜、亮格柜等。一般形体较高大,大体分横式和竖立式两种。竖式立柜较典型的有亮格柜、圆角柜、方角柜、四件柜等。横式矮柜也称矮柜,统称高不过宽的立柜为矮柜,其高大多在60厘米以下,包括钱柜、箱柜、药柜等。

明代架格有的完全光素,基本形式为四根立木组成框架,立木间装有多层格板,或在二层亮格下装有两个抽屉,或者是三层亮格,较常见的架格一般用来摆放图书,可称为"书架"或"书格"。有的雕饰颇繁,以十字和空心十字的楼格作栏杆,一律用短材攒接而成,榫卯精密无隙。但多为横向分层,尚未见到直向再分隔成格的。北京地区有一种后装背板、三面安装透棂以及四面均安装透棂的架格叫做"气死猫"。这种架格是一种民间常用的通风食橱,常用素面柴木制作。

圆角柜又称"圆脚柜",木轴门柜和面条柜,是一种有独特特征的明式家具。柜顶装有柜帽,柜顶转角削成圆弧形,柜的四足也用圆料,并有明显的侧脚。柜身上小下大,收分明显。柜门或两扇,或四扇,其两扇门之间往往装有闩杆,柜门安装不用合页,而安装门轴。圆角柜的柜门下和底枨之间一般设有一层柜膛,小型的圆角柜则常常省略这层空间,不设柜膛,加上简素的牙条、牙头,从造型

上看,圆角柜坚固耐用,稳重大方。

方角柜,柜身四边和腿足俱为方棱,无柜帽,腿足部分无向外撇出的侧脚。方角柜经常多件组合使用,单独的一件方角柜又称立柜,由于它像一部有函套的线装书,故又叫"一封书式"。我们常见的一封书式立柜上多安有小型的顶箱,底柜的长宽与顶柜的长宽相同,所以称其为"顶竖柜"。根据顶箱与立柜的数目,可分为两件柜(即一个顶箱加一个立柜)、三件柜(即两个顶箱加一个立柜)、四件柜(即一对两件柜)和六件柜(即四个顶箱加两个立柜,为一对三件柜)。四件柜较为常见,一般形体较大。靠墙的一组四件柜之间常常安放一张闷户橱,成为固定陈设。闷户橱因此又有"柜塞"的俗号。当然,四件柜不都是形体巨大的,小的四件柜还可以放在炕上靠一面墙摆放。

亮格柜,这种柜子本身就是亮格和柜子的组合,通常亮格在上,正面有挂牙子装饰,柜子在下,对开,内有分格板。既可陈设器玩,又可存储物品,一柜两用。亮格柜中有一种比较罕见的品种,是将亮格、柜子和矮几柜脚三者结合起来,便成为一种特定的亮格柜,柜脚为矮几,北京的木匠师傅称之为"万历柜"。亮格柜的亮柜有单层的,也有双层的,存世数量和使用广泛程度均不及圆角柜和方角柜。

明·黄花梨架格

此架格为三层，整体外面为四面光平，半敞开式样，黄花梨材质，全素方材外加整块素面背板制成。无券口、圈口、栏杆或透棂等配饰，只在足部安装了牙板和牙头。造型简洁明快，方材使用敦实厚重，与一般黄花梨家具用料纤细不同，是明代文人高雅的品味和极简风格的典范。

估　价：RMB 200,000–250,000
成交价：RMB 220,000
尺　寸：高175cm 中国嘉德 1998.10.28

明·黄花梨斗攒栏杆架格

这是一件风格华丽的明式架格，架格为四角攒框，四面平式样。共六层，这在传世的同类器物中是不多见的。六层格子最下两层为全敞开式样，中腰一对素脸抽屉，上面的四层格板装三面斗攒几何纹栏杆，腿足间装素牙，整件器物的框材通体两侧起阳线，线角分明，与栏杆上的花纹辉映成趣，此类器物实属罕见。

估　价：RMB 400,000–600,000
成交价：RMB 660,000
尺　寸：85.2 × 41.2 × 182cm 北京翰海 2004.11.22

明·榆木小架格

　　此架格为全敞开式样，与常见器物不同的地方是它取消了中腰的抽屉，在顶部加了帽子，架格的最下一层两帮立柱间装了开洞挡板，这既增强了整体的稳定性能，又使器物整体看上去不至于很单薄，整件器物除了在看面内缘起阳线外，别无装饰，风格简洁明快，落落大方。与同时代的硬木苏式工艺风格迥然有别。

估　价：RMB 15,000-25,000
成交价：RMB 0
尺　寸：72 × 35 × 166.5cm 太平洋国际 2003.11.25

明初·黄花梨带座圆角柜

　　这件柜子全器光素，为明式圆角柜典型风格，有柜帽和门闩杆。柜帽为冰盘沿口攒框，柜内有屉板一层和两个抽屉，攒框平装门板，木轴门，侧山板也是光素平装，素牙板。腿子及木柱一木连做，外圆内方。承座为小桌形制，装有暗仓和横枨，暗仓和横枨下分别装素牙板，座与柜整体呈上大下小的趋势，收分自然。

估　价：RMB 100,000
成交价：RMB 165,000
尺　寸：高178cm 天津文物 2002.06.27

明·黄花梨木带围栏亮格柜（一对）

　　在明式家具中，有一种架格和柜子结合在一起的式样，名为亮格柜，常见的式样是架格在上，齐人肩，便于观赏器物，柜子在下，重心平稳。此柜一层亮格，有背板，三面券口装饰变化较多，中间饰有明式家具常见的卷草纹，券口风格统一。围栏采取桥栏式，分三段有立柱冲出，栏杆下面装饰壶门，中间装有透雕对龙板芯。此格围栏富有建筑装饰之美。亮格以下四面平装柜门，平淡简洁。牙板中心浮雕卷草，两龙尾呈卷草状，龙首对峙与亮格纹饰和谐统一。从各个部位都能看出匠师的精心设计，尤其是以中部的平淡来间隔上下的华丽，匠心独运，是"清水山房"的旧藏。

估　价：RMB 450,000—550,000
成交价：RMB 495,000
尺　寸：190 × 109.5 × 55cm 中国嘉德 1995.10.09

明·黄花梨木带围栏亮格柜（一对）

此柜亮格三面有券口，角部过渡曲线富于变化，并左右各做一灵芝纹。与常见亮格柜不同的是亮格下部设有围栏，透雕梅花纹，成为此柜点睛之处。另外在柜顶装有小小的柜帽，这也是常见者所没有的。柜门与柜帮取四面平式，光素简洁。柜脚较高，牙板宽硕，柜足为内翻马蹄式，实属少见。究其这些特点，估计应该是清初作品，但整体上还是保留了明式的主要特点。

估　价：RMB 400,000–500,000
成交价：RMB 0
尺　寸：190 × 111 × 56.5cm 中国嘉德 1995.10.09

明·黄花梨方材大圆角柜（一对）

　　此柜是典型的明式苏作黄花梨家具，无门杆，硬挤门式样，柜门下设柜膛，柜帽打槽装板，穿带两根倒楞。柜门也是打槽装板，穿带四根倒楞，柜门内髹黑漆。腿足、柜帽的边抹、门框边及底枨、中枨的看面均为混面线脚，具有浑厚之美。此柜用料精选，柜门芯板、侧山板多是纹理流畅、花纹对称的实木整板，具有如此品相、格调，并成对保存完好的大型圆角柜十分难得，属传世的明代黄花梨家具重器。

估　价：RMB 2,600,000—3,000,000
成交价：RMB 4,400,000
尺　寸：109×54×187.5cm 北京翰海 2004.11.22

清·楠木圆角柜（一对）

　　这是一对乡村风格的圆角柜，柜子尺寸硕大，通体使用上好的楠木制成，柜内满红漆灰。素混面柜帽、立柱使用方材倒圆角，因此显得浑厚结实，没有装门闩杆，门板及侧板皆为独板制成，素牙直接落地几乎与足面平齐。风格古朴端庄，为少见的楠木大器。

估　价：RMB 120,000–150,000
成交价：RMB 0
尺　寸：高193cm 中国嘉德 1998.10.28

明·榉木圆角柜

　　这是一件典型的明式苏作家具，比例精确，做工讲究，装饰得体，选料精良。此柜的柜帽采用垛边装饰，四根立柱打挖成瓜棱状，木轴门，帮板和门板采用开槽平装，腿足较高，装刀头素牙。很讲究的是门板为对剖板，纹饰对称一致。此柜保存完整，白铜饰件无一缺损，十分难得。

估　价：RMB 15,000–25,000
成交价：RMB 11,000
尺　寸：168 × 93 × 50cm　中国嘉德 1996.04.20

明·黄花梨素面方角大柜

　　这只方角柜采用四面平式样。方角柜与圆角柜的不同之处在于圆角柜柜帽单装，而方角柜的柜顶板直接装在框材上，方角柜的上框与立柱格角相交，因此立柱是垂直落地的，不像圆角柜那样由于腿足的收分形成下大上小的柜体结构。此柜为对开硬挤式门，无门闩杆，柜膛内有屉板两层并有一根挂柱。高腿足，素牙子。铜面叶、合叶皆为素面圆形，整体简洁古朴，用料硕大。黄花梨大柜本身十分少见，此柜当是清初所制，除铜饰配件外，完全是明式风格。

估　价：RMB 250,000–300,000
成交价：RMB 275,000
尺　寸：204.5 × 108 × 58cm　中国嘉德 2004.11.06

明·柏木面圆角柜

　　此柜是典型的明式圆角柜,有柜帽、木轴门、四柱,收分明显, 只是省略了门闩杆。其内部构造很是特别, 分三层, 每层装有两只抽屉, 显然这对柜子的用途是充当书柜的。下部配卷云纹牙条, 加之木纹极美, 柜内的漆灰基本保存完好, 因此具有很高的收藏价值。

估　价: RMB 28,000–55,000
成交价: RMB 0
尺　寸: 93 × 55 × 174cm　太平洋国际　2004.06.27

明·黄花梨方角柜

　　此柜为黄花梨材质, 四面平方角柜式样, 有门闩杆, 硬挤式平镶门, 柜内有两抽屉, 腿足内翻扁马蹄, 顶牙罗锅枨是此柜装饰的惟一变化, 为简洁朴实的造型起到一定的装饰作用, 此柜为明式家具典型造型。

估　价: RMB 140,000–180,000
成交价: RMB 154,000
尺　寸: 87 × 112 × 50cm　中国嘉德　1997.10.25

明·黄花梨方角大药柜

　　此柜通体为黄花梨木所制,外形属四面平方角柜式样,外观比例精美,锼有云头的牙板极具古趣。门内柜膛满设抽屉,抽屉大小变化,位置错落,这是一件典型的药柜。除合叶及个别抽屉稍有补配,通体均为原装。

估　价: RMB 80,000～12,000
成交价: RMB 0
尺　寸: 68×40×93.5cm　太平洋国际　2001.04.23

清·榉木方角柜

　　此柜形体适中,收敛有度,是"一封书式"(即四面平方角柜式样)柜中比较秀气的一种。门板和帮板采用平装工艺,因此通体光素,仅依赖其合理的比例和匀净的线角产生高雅的格调。有闩杆,有柜膛,腿足较高是南方家具的制作特点。通体榉木,铜活保存完好。综合材料、形制和工艺判断,这件柜应该是清代中后期的南方家具,但风格上基本保留了明式家具的风韵。

估　价: RMB 6,000～8,000
成交价: RMB 0
尺　寸: 88×44×154cm　太平洋国际　2001.11.04

明·黄花梨小柜

　　这是一件典型的明式圆角柜，方腿木轴门，无门闩杆，无柜膛，腿子有明显的收分。柜帽顶部装板平镶。底枨下安光素牙条、牙头，柜内无抽屉，仅有屉板二层。此柜采用精致的黄花梨木，美丽的纹理，辅以完美的包浆，增加了家具的艺术感染力与自然情趣。

估　价：RMB 120,000–200,000
成交价：RMB 242,000
尺　寸：不详 无锡市文物公司 2006.06.15

明·黄花梨四件柜（一对）

　　四件柜又称顶箱柜,其结构是由方角柜上装顶箱构成。这对四件柜是典型的明式家具,有门闩杆和柜膛,满素四面平式样,使用黄花梨制作顶箱柜这样形体巨大的家具,非常少见,因此也就更加体现了这对柜子的珍贵性。

估　价: RMB 400,000-600,000
成交价: RMB 0
尺　寸: 高256cm 中国嘉德 1999.04.21

明·朱漆方柜

　　这是一只乡村风格浓郁的漆木家具，它采用有柜帽的柜子结构，由于柜子的看面呈正方形，在柜门的四周攒框形成柜膛，柜门使用明装，合页装在正中间，无门闩杆。柜门做成四抹装板式样，中间一块明显小于上下两块，如同腰板。四周的柜膛对应柜门攒框，这样就形成了上下与左右和谐对称的几何图案，使柜子的看面不显得单调乏味，柜子下部装透雕龙纹角牙，与牙条连做，极富装饰意味，风格也是明代的纹饰风格。

估　价：RMB 25,000-50,000
成交价：RMB 0
尺　寸：104 × 56 × 114cm　太平洋国际　2003.11.25

明·黑漆方柜

　　这也是一只具有浓郁乡村风格的漆木家具，它采用有柜帽的柜子结构，柜帽向两侧延伸，如同夹头榫的案面，柜子的看面呈长方形，柜面正中分设两对木轴对开门，在柜门的上下攒框形成柜膛，柜门两侧分装两扇与柜门一致的柜膛板，使柜子表面看上去如同六扇对开门。柜门使用五抹装板式样。四周的柜膛对应柜门攒框，这样就形成了上下与左右和谐对称的几何图案，使柜子的看面不显得单调乏味，柜子下部和上部柜帽两侧装吊牙。整体风格朴素，非常类似建筑结构。同类器物十分罕见。

估　价：RMB 38,000-58,000
成交价：RMB 0
尺　寸：187×56×151.5cm　太平洋国际　2003.11.25

明式·其他类

家具按功能分类，除了以上四类家具外，其他品种甚繁，如橱、屏风、箱、笼、箧、笥、架、镜台等。

现在我们日常生活中，常将柜橱连称，可见其功能是十分近似的。明代橱类家具也很发达，常见的有衣橱、碗橱、书橱、药橱、经橱、佛橱以及属案类结体的闷户橱等。在造型上比较有特点的闷户橱，虽以橱名，但它属于橱中的特例。它是一种具备承置物品和储藏物品双重功能的家具。外形如条案，是典型的案体结构，与一般桌案同高，其上面作桌案使用，所以它仍具有桌案的功能。橱面两端有的有翘头，橱的腿足与橱面一般用插肩榫连接，桌面下专置有抽屉，抽屉下还有可供储藏的空间箱体，叫做"闷仓"。存放、取出东西时都需取出抽屉，故谓闷户橱，南方不多见，北方使用较普遍。闷户橱设置两个抽屉的称联二橱，设有三个抽屉的则称联三橱，设有四个抽屉的称联四橱。闷户橱与带屉书案的根本区别在于它在抽屉下设有闷仓。此类家具非常具有实用价值，为大多数人所喜爱。

屏风类家具古已有之，到明代时在形体结构上基本与宋代没有太大的区别，但还是有新的变化。明式屏风较之宋代屏风不论在制作技巧或品种样式上都有较大的发展，可分座屏、曲屏两大类。曲屏属于无固定陈设式家具，每扇屏风之间装有销钩，可张可合，非常轻巧，一般用较轻质的木材做成屏框，屏风用绢纸装裱，其上或绘山水花鸟，或绘名人书法，具有很高的文人品味，其样式有六屏、八屏、十二屏不等。用于厅堂正中的座屏，入明后一部分已变成了直接落地固定的墙屏，较小的陈设在桌案上的有"砚屏"较为著名，座屏中的屏座装饰比以前制作更加精巧，技术也更加娴熟。明中期以后，屏座横木下沿逐渐出现了"披水牙子"（也称"勒水花牙"）。晚明时屏风底座更有加宽变复杂的趋势，部分座屏底座之间的横木上开始出现了"矮老加绦环板"，形式很像清代插屏的底座。到明代晚期出现了一种悬挂墙上的挂屏成组成双，或二挂屏，或四挂屏。

箱、笼、箧、笥同柜、橱功能一致，这几类家具都是储物的器具。箱最早的含义指的是车箱，以后便引申为现在的含义。清代李渔指出"随身贮物之器，大者名曰箱笼，小者称为箧笥"，并说明皮革、竹、木料是主要的制作原料，需配备铜制或铁制的饰件。按照储藏物品的不同，箱子可分为衣箱、书箱、药箱、百宝箱、印箱、轿箱和梳妆用的官皮箱等。其中，书箱为储存书籍所用，一般以楠木、紫檀、樟木、花梨等硬木制成，一端可以开闭。

它比较适合用来存放大部头的线装书，规格则视书籍的大小多寡随形而定，是所谓的"量身定做"。箱面通常都刻上藏书的名称、册数及藏书人身份等内容，便于检索。衣箱呈长方形，上开盖，多用防虫效果颇佳的樟木制成。大号衣箱又称躺箱，长二米余，高、宽各近一米，箱底带座或可推动的木轮。箱盖有全部打开的上开盖或半开式的马蹄盖两种形式。箱内安有樟木格屉，可分层储放衣物。箱身两端有粗大的铜环，面页大如面盆。这种躺箱是衣箱中的"巨人"，专门用来储放贵重的大件衣物。

明式箱保留着传统的样式，但不论在造型或装饰上都有所创新。有剔红、嵌螺钿、描金，且多数有纪年。有传统式上开盖的衣箱，正面有铜饰件和如意云纹拍子、蛐蛐等，可上锁。为了便于外出携带和挪动，一般形体不大，且装有提环，上锁，拉环在两侧。明代有特色的为带屉箱，箱正面有插门，插门后安抽屉，体积较大。明代宫廷大都采用此种高而方的箱具，与房内大床、高橱、衣架、高脸盆架等相协调，融为一体。

明式小体积箱类家具中尤其设计巧妙的要数官皮箱。它形体不大，但结构复杂，是一种体量较小、制作较精美的小型皮具。它是从宋代镜箱演变而来的，其上有开盖，盖下约有10厘米深的空间，可以放镜子，古代用铜镜。里面有支架，再下有抽屉，往往是三层，最下是底座，是古时的梳妆用具。抽屉前有两扇门，箱盖放下时可以和门上的子口扣合，使门不能打开。箱的两侧有提环，多为铜质。假若要开箱的话，就必须先打开金属锁具，后掀起子母口的顶盖，再打开两门才能取出抽屉，这便是官皮箱的特点。官皮箱适于存放一些精巧的物品，如文书、契约、玺印之类。这种箱子除为家居用品之外，由于携带方便也常用于官员巡视出游之用，所以也称为"官皮箱"。它不仅是明代常用的家具，同时也是清代较为常见的家具。

明式支架类家具非常发达，装饰制作也很精美，架类器物本身主要承载器物而存在，各式架子则为立体支撑承物。架子包括灯架、衣架、面盆架、镜架、火盆架、鱼缸架、鼓架、兵器架、花盆架、盆景架、鸟架、灯笼架等众多品种，其中灯架、衣架和面盆架是较为典型的传统家具品种。盆架是为了承托盆类器皿的架子，分四、五、六、八角等几种形式。面盆架分为高矮两种，六足矮面盆架一般可以折叠，也有上下为米字纹形的架子，架柱一般为六柱，分上下两层可放盆具。其中有一种盆架与巾架结合起来使用，上部为巾架式，上横梁两端雕出龙戏珠或灵芝等纹饰，中间二横枨间镶一镂雕花板或浮雕绦环板，制作非常精美。

衣架主要用于搭衣服而非挂衣服，通常为两根立柱加几根横材，立柱植入座墩中。较为复杂的雕花衣架会在最上面的一根横材(即衣架搭脑)下加装一块装饰性的横板，北京地区木工师傅称之为"中牌子"。明式衣架一般下有雕花木墩为座，两墩之间有立柱，在墩与立柱的部位有站牙，两柱之上有搭脑，两端出挑，并作圆雕装饰，中部一般有透雕的绦环板构成的中牌子，凡是横材与立柱相交之处，均有雕花挂牙和角牙支托。皇宫制品的面盆架一般都镶嵌百宝什锦等。这种技法在明代开始流行，到清初达到高峰。

明式镜台可分为宝座式、折叠式及屏风式三种，尤其是以宝座式和屏风式镜台装饰复杂，属明式家具中罕见的华丽风格的器物。

灯架又称灯杆、灯台，专用来承放油灯或蜡烛，是室内照明用具之一，与现代的落地灯相似，既可不依桌案，又可随意移动，还具有陈设作用。高型灯架中的固定圆杆，式样多为明式风格制品，固定式灯台其结构有十字形或三角形的木墩底座，中竖立柱作灯杆，并用站牙把灯杆夹住，杆头上托平台，可承灯罩。

明·黄花梨平头联三橱

　　有两只抽屉的闷户橱叫联二橱, 顾名思义联三橱就是有三只抽屉的闷户橱。这件联三橱橱面没有装翘头, 抽屉脸和暗仓板也没有施以纹饰, 只有橱面吊牙和腿牙有些许卷草纹饰, 基本属于素器, 是明式闷户橱的基本式样。其闷仓高度也较抽屉为宽, 与明式同类家具相比略显敦实。

估　价: RMB 300,000-400,000
成交价: RMB 550,000
尺　寸: 190.6 × 51 × 85.5cm 北京翰海 2004.11.22

明·黄花梨木官皮箱

　　此器通体用黄花梨木制成, 平顶式, 对开平装门, 内设五屉。下部圈足底座看面锼成壸门式样, 曲线优美。铜质圆形锁鼻、提手等饰件保存完好。整体器型规整, 保存完好, 其铜活均为原配, 为明代典型官皮箱作品。

估　价: RMB 20,000-30,000
成交价: RMB 0
尺　寸: 33 × 26 × 33cm 舍得拍卖 2006.06.11

明·黄花梨带翘头草龙纹联二橱

联二橱是闷户橱的一种形制，兼有承置和储藏两种功能，因为有两个抽屉故名联二橱。此橱橱面有翘头，闷仓高度较抽屉为宽，与明式同类家具相比略显敦实。其看面和背面全部有浮雕花纹，在正面闷仓面板上浮雕二龙抢珠纹，龙纹凶猛灵动，火珠硕大，充满空间。抽屉面板贴有券口，并饰卷草纹。牙板亦饰卷草，肥硕委婉。吊头下亦装有满雕纹饰挂牙，构成此橱富丽堂皇的统一风格，无松散之处。背面也有雕工，工艺考究。正面龙纹有翼，此即古代之"应龙"，在明式家具中极为罕见。明式家具大多数以光素简洁为上品，但也有表现华贵热烈成功者，此为一例，此器收录于王世襄《明式家具研究》，是"清水山房"的藏品。

估　价：RMB 350,000—450,000
成交价：RMB 330,000
尺　寸：86.5 × 199.5 × 52.5cm 中国嘉德 1995.10.09

明・黄花梨平顶官皮箱

　　官皮箱传世实物较多，形制尺寸差别不大，是比较标准化的一种箱具。名称从何而来，今尚待考，用途过去也无定论。近年，南方宋墓发现镜箱，看到了官皮箱的前身。《鲁班经匠家镜》一条讲到镜箱，其构造也与官皮箱相近。"官"字容易使人想到和官府文书有关，但传世实物甚多，说明是寻常人家常备之物，不像是衙署的专门用具；加上花纹题材，每用吉祥图案及鸾凤花鸟等，更像是闺房中所有。因此"官皮箱"实即妆奁或镜箱。此官箱为平顶样式，箱盖下为平屉。插门下缘入槽，上缘扣入盖口，门内设抽屉。平顶、插门式官箱比较罕见，可能是比较早的制作方法，后来才被对开门所代替。盖子上装锁鼻，插门四角包铜，箱的两侧装铜把手。箱子整体嵌入冰盘沿框足内。风格简约素朴。

估　价：RMB 16,000-22,000
成交价：RMB 0
尺　寸：25 × 32 × 30cm 太平洋国际 2003.07.09

明·黄花梨木官皮箱

此官皮箱为盝顶盖形制，通体光素，顶盖上掀开起，盖下设平屉。两扇平装对开门上缘留有子口与上盖吻合。上盖盖上，门就不能打开。门后设小屉。箱为平底座，看面挖成壸门花样。箱角加镶铜质包角，箱体两侧有铜质提梁把手。此箱为黄花梨材质，素雅文静，花纹美丽。

估　价：RMB 12,000–15,000
成交价：RMB 0
尺　寸：31 × 23 × 31cm 太平洋国际 2001.04.23

明·黄花梨顶盖官皮箱

官皮箱置于案头，意趣古朴。此官皮箱平顶式，对开平装门，内设六屉，下部底座看面镂空壸门，曲线优美，精巧实用。此品收录于王世襄《明式家具研究》、《明式家具珍赏》，原藏于北京硬木家具厂和"清水山房"。

估　价：RMB 30,000–50,000
成交价：RMB 22,000
尺　寸：46 × 38 × 27.5cm 中国嘉德 1995.10.09

明·黄花梨方角小柜式样官皮箱

　　这件小柜式样的官皮箱为桌上陈设器物，其形制完全与明式方角柜相同，可小中见大，四边起委角线，门与顶面采用平板式，两侧面板平装凹进，周边亦起委角线，从而避免呆板。内设六屉，精巧实用，此件小柜收录于王世襄《明式家具珍赏》，原藏于北京硬木家具厂，曾是"清水山房"的藏品。

估　价：RMB 30,000–50,000
成交价：RMB 41,800
尺　寸：37 × 35 × 23.5cm 中国嘉德 1995.10.09

明·黑漆嵌螺钿官皮箱

　　据学者研究，官皮箱是由镜箱发展而来，应是居家妆奁之用。此官箱箱盖内为一方形浅屉，门内分三层设抽屉，通体髹黑漆，嵌七彩螺钿，工艺精湛，盖及双开门饰庭院仕女婴戏图，两侧背面及内里饰折枝花卉图案。惜年代久远所嵌彩色螺钿多有剥落。箱上安装铜质饰件，箱体两侧装铜把手，底座为整板，此器形体简洁，装饰华丽，时代较早，可能是当年宫廷御用之物。

估　价：RMB 12,000–20,000
成交价：RMB 13,200
尺　寸：31 × 35 × 25cm 中国嘉德 2001.11.04

明·黄花梨嵌螺钿花鸟图案小箱

　　此箱上开盖式样，两侧装铜质提手，箱盖上装铜锁鼻，通体以螺钿镶嵌工艺作出画鸟花图案。这里使用的是硬螺钿镶嵌，即在木材上刻出图案凹槽，然后将螺钿打磨成花纹形状用鳔胶嵌装在凹槽中，最后通体打磨成型。这件小箱做工精巧，装饰华丽，纹饰精美，在明代同类器物中属上乘之作。

估　价：RMB 28,000
成交价：RMB 30,800
尺　寸：不详 天津文物 2004.11.15

明·黄花梨带抽屉带底座台箱

　　这是一件罕见的台箱，"一封书式"，造型方方正正。底座挖壸门式曲线，柜内由上而下，第一、二、五层为屉板，第三层为两具抽屉，第四层为三具抽屉。纯无雕饰的做工，加之黄花梨的天然纹理，榫卯结构好，配以铜饰件点缀，充分体现明式家具的简练、淳朴、厚拙、妍秀、典雅、柔婉的特点，品相完好。

估　价：RMB 120,000－180,000
成交价：RMB 220,000
尺　寸：50 × 29 × 56cm 无锡市文物公司 2006.06.15

明·紫檀首饰箱

这件小首饰箱使用紫檀材质,上开盖箱式结构,箱盖与箱体间有子母扣衔接,箱体四角包铜,箱盖上的铜饰被锼镂成如意云纹,箱盖上装有圆形合叶状提手,箱体上装蝙蝠状铜质暗锁。整件器物比例和谐,铜木工艺均属一流,在当时也属高档小件。

估　价:RMB 1,500–7,000
成交价:RMB 0
尺　寸:13×8×7cm 太平洋国际 2001.04.23

明·黄花梨包铜角书箱

小箱一般为长方形，多为黄花梨、紫檀所制，其他硬木材料则很少见，其用途主要用来存放文件簿册和珍贵细软物品。此箱箱体比例协调，代表了明制的基本形式，全身光素，只在盖口和箱口处起两道灯草线，此线起到加厚的作用，因为盖口要踩出子口，外皮如不起线加厚，便欠坚实，故此线不仅起到装饰作用，更有加固的意义。立墙四角、箱顶钉云纹铜饰圆面叶，拍子云头形，两侧安装提环。整个器物质地精雅、完美，为明清之际的典型器物。

估　价：RMB 5,000–8,000
成交价：RMB 0
尺　寸：38 × 21.5 × 17cm　太平洋国际　2002.04.22

明·金漆彩绘箱

此箱为上开盖式样，两侧装铜提环，正面箱盖上装铜质锁鼻，后面装铜质合页，箱体所有边缘部位均包装铜角。箱体上髹漆，以金漆绘人物故事图案，整体风格华丽浓艳，保存良好，十分难得。

估　价：RMB 5,000–8,000
成交价：RMB 0
尺　寸：39 × 22 × 11.5cm　太平洋国际　2001.04.23

明·黄花梨提盒

　　这件提盒为正面插门式样,门面起阳线开光为饰,盒体上部装铜质提梁,四角包铜,铜木工艺结合得非常完美,为明式同类器物中的绝精之品。

估　价:RMB 10,000–12,000
成交价:RMB 0
尺　寸:高17cm 中鸿信 2001.06.29

明·黄花梨三层提盒

　　提盒是自宋代就开始流行的器物样式,此盒用长方形攒框造成底座,两侧竖立柱,有站牙抵夹,上装横梁提手。构件相交处均嵌装铜叶加固,盒子两撞,连同盒盖共三层,下层盒底落在底座槽内。每层沿口均起灯草线,意在加厚子口。盒盖两侧立墙正中打眼,用铜条贯穿,以便把盒盖固定在两根立柱之间。铜条一端有孔,还可以上锁。由于盒子各层有子口相扣,上锁后绝无错脱开启之虞。

估　价:RMB 8,000–12,000
成交价:RMB 0
尺　寸:35 × 20 × 22cm 太平洋国际 2001.04.23

明·金漆包铜二层圆提盒

　　这件提盒是在竹编胎体上里外髹漆，在提盒的中间和底部打金胶花纹，在提梁和提梁与盒体结合处包镶镂空铜饰。这件提盒集合了竹编、大漆描金、包铜等多项工艺，工艺之精美十分罕见。

估　价：RMB 4,000-6,000
成交价：RMB 0
尺　寸：高17cm 太平洋国际 2001.04.23

明·黄梓木雕草龙天平架

　　天平是称银两等用的小秤，在以白银为主要货币的时代，它是一种常用的衡具。为了重量称得准确，天平挂在架上，是一件下有台座抽屉，上植立柱并架横梁的家具。天平随着货币的变革而消失，传世实物很少。此天平架的下部为屉箱，箱内设抽屉两层，存放银两、砝码及凿白银用的锤凿等工具，并可加锁。有的抽屉还装暗锁，钥匙孔被锁销遮挡，故不外露。贴着抽屉箱的两侧端竖立柱，用站牙抵夹。立柱上端安搭脑及挂天平的横梁，并镶透雕草龙绦环板和角牙。

估　价：RMB 6,000-8,000
成交价：RMB 0
尺　寸：39 × 22 × 11.5cm 太平洋国际 2001.04.23

清・黄花梨镜架

　　这是一具"拍子式"折叠镜架, 攒框镜托盘,
表面方材倒圆, 下部装荷叶托, 下部为方框型盒
体。通体黄花梨材质, 制作精细, 朴素大方。

估　价: RMB 6,000–8,000
成交价: RMB 6,820
尺　寸: 28 × 28cm　中鸿信　2002.12.10

明·黄花梨宝座式镂雕龙纹镜台

　　镜台又称梳妆台，明式有折叠式、宝座式、五屏风式三种，而宝座式镜台又是由宋代扶手椅式镜台发展而来。这件镜台黄花梨材质，宝座式围栏，背面攒框分成六部分装芯板，透雕各式龙纹，两侧也分上下透雕龙纹，风格统一。雕工圆熟，虽透雕却追求圆雕效果，上部双螭作奔走状，两边及中间回转身躯，动感十足。角牙亦对称做双螭纹，中间嵌有荷叶隔挡，以便放置铜镜。搭脑与扶手处出头，圆雕回首龙头，正中上嵌有火珠，体态硕大，造成视感中心。下部设置一大二

小三屉，铜饰件完整，牙板与足喷出，以增强稳定感。因此类镜台易损，故保存如此完整，实为难得。这是著名的古代家具收藏者"清水山房"的藏品。

估　价：RMB 60,000-80,000
成交价：RMB 71,500
尺　寸：79 × 52.5 × 29.5cm　中国嘉德 1995.10.09

清早期・紫檀镜台

　　此镜台为折叠式样,上层边框内为支撑铜镜的背板,可平放,也可以支成60度的斜面。背板为攒框镶透雕螭龙纹花板制成,分界成三层八格。下层正中一格安装荷叶式托,可以上下移动,以备支架大小不同的铜镜。中层中间方格安装角牙,斗攒成云蝠纹。中间空透可以系装镜钮,其余各格装透雕螭龙纹花板。装板有相当的厚度,且为"外刷槽",使图案显得分外饱满。台座箱体镶硬挤式对开门,门板平镶,门后为抽屉,四角为直腿内翻马蹄,造型低扁,劲峭有力。整件

器物设计严谨,雕刻精到,保留了明式家具的工艺特点。

估　价:RMB 20,000-30,000
成交价:RMB 0
尺　寸:42 × 42 × 24cm 太平洋国际 2003.11.25

明·黄花梨盆架带白铜山水纹折沿盆架

　　此盆架通体黄花梨制，为五腿不可折叠形制。五腿下部直枨相互交错连接而成，上部亦然，其下各有一曲枨作顶牙状，同类者可参见艾克《中国花梨家具图考》。另配一折沿铜盆，内满工雕山水楼阁、亭台人物；折沿雕卷草纹样，古朴大方。全套保存完好，极有收藏价值。

估　价：RMB 20,000–30,000
成交价：RMB 0
尺　寸：不详　太平洋国际　2004.06.27

清早期·黄花梨盆架

　　这是一件典型的明式六足带毛巾架高面盆架，它的装饰比较繁复，加之为黄花梨材质，应该不是一件普通的作品。盆架搭脑出头，装饰着圆雕龙头，搭脑直接与盆架的后两足相交。吊牙锼雕成草龙图案，搭脑以下空间安装壸门券口，中间牌子镶嵌透雕花纹板。整体而言这是一件比较华丽的器物。

估　价：RMB 60,000–80,000
成交价：RMB 0
尺　寸：51 × 42 × 165cm　太平洋国际　2003.11.25

明末清初·黄花梨透雕龙纹四曲围屏

　　围屏多扇，可以曲折，比较轻便。又因下无底座，所以陈置时需要把它摆成曲齿形。如中部有几扇摆成直线，则两端要兜转得多一些，成围抱之势，使之能摆稳，围屏之名，则由此而得。围屏屏扇多成偶数，或四、或六、或八，乃多至十二，更多的则罕见。古代最简单的围屏底平无足，直落到地，现在日本仍然流行。稍复杂一些的也只在每扇之下设绦环板一块，下有两足着地。更复杂的则为隔扇式，由隔芯、绦环板、裙板、亮脚等部分构成，外加边框及抹头，实渊源于宋代的"格子门"。此屏共四扇，隔扇为五抹，扇与扇之间有搭扣连接，隔扇从上到下依次是顶

板、隔芯、腰板、裙板、亮角牙板，其中除了隔芯箅子缺失、牙板是锼壸门素板外，其余均透雕龙纹图案，风格华丽。围屏的边框和抹头使用的是素材，与装饰华丽的芯板形成强烈的对比。

估　价：RMB 50,000-80,000
成交价：RMB 0
尺　寸：高224cm 天津国拍 2000.11.07

明·黄花梨浮雕花卉四曲围屏

　　此屏共四扇，每扇为四抹，扇与扇之间有搭扣连接，构成四曲围屏。此屏隔扇的隔芯较大，基本上是常见隔扇隔芯与腰板的面积，因此也就取消了腰板的设置，同时亮角牙板也较常见者加宽了许多，这是比较独特的地方。隔扇从上到下依次是顶板、隔芯、裙板、牙板，均是在开光内减地浮雕折枝花卉图案，刻工细腻，花卉真实大方。围屏的边抹使用的是素材，与装饰华丽的芯板形成强烈的对比，同类明式围屏十分罕见，遗憾的是有一扇的亮角牙板缺失了。

估　价：RMB 300,000－400,000
成交价：RMB 660,000
尺　寸：46.5×175cm 北京翰海 2004.11.22

清早期·黄花梨透雕龙纹六曲围屏

　　此屏黄花梨材质，六扇，为五抹隔扇，左右两扇边缘隔扇的隔芯旁设有侧面绦环板。用料豪气，形制之大，为黄花梨隔扇之特例。一般隔扇仅绦环板透雕，此隔扇的顶部、腰部的绦环板与裙板、牙板皆透雕龙纹，风格之豪华在明清围屏中是不多见的。

估　价：RMB 120,000-180,000
成交价：RMB 319,000
尺　寸：不详 中国嘉德 2003.11.26

清·黄花梨透雕螭纹八曲围屏

　　这是一套八扇围屏，体量庞大，用于大房间分隔空间之用，每扇单屏之间由挂钩连接，可开合。单屏为攒框分隔形制，五抹，由上至下分别是上部绦环板、屏芯、下部绦环板、裙板、下部边框镶有亮脚牙，左右两条边屏的屏芯旁设有侧面绦环板。上下绦环板及裙板为透雕双螭纹和麒麟图案，雕工规整，带有明代风韵，为清中期以前家具的标准工艺。屏芯一般有软木框算子用以裱糊画芯，遗憾的是此算子已经遗失。

估　价：RMB 300,000—500,000
成交价：RMB 0
尺　寸：40×192cm　太平洋国际　2003.11.25

明·黄花梨隔扇（一对）

　　这是一对隔扇残件，只保留了隔芯、腰板、裙板部分，其上下的绦环板已残失，隔芯为十字攒格，可以裱糊纸绢等材料。腰板分作上下两块，一块为满素实板，一块为透雕螭龙纹板，与裙板的纹饰风格统一，满彻黄花梨隔扇十分难得，即使残件也是如此。

估　价：RMB 20,000–40,000
成交价：RMB 0
尺　寸：180×55cm 太平洋国际 2002.11.03

明·楠木浮雕人物故事图案隔扇（五扇）

　　这五扇隔扇为建筑室内装修使用的隔断门，六抹，隔扇顶部和底部分别装绦环板，板上开光内浮雕博古和神兽图案，隔芯使用攒花透棂，腰板和裙板开光内浮雕人物故事图案，隔扇做工精良，刻制细腻，在同类器物中属上乘之作。

估　价：RMB 50,000–70,000
成交价：RMB 0
尺　寸：255×65cm 太平洋国际 2003.11.25

明·黄花梨双面透雕"寿"字挂屏（一对）

此挂屏为黄花梨材质,可能是隔扇屏的雕花裙板改制而成,温润细腻。芯板以青铜器回纹为边饰,中间镂雕寿字纹和夔龙纹。花纹构图繁密,雕琢工艺流畅,整体风格富丽高雅,是难得的精品。

估　价：RMB 26,000-35,000
成交价：RMB 82,500
尺　寸：56×62cm 中国嘉德 2002.11.03

明·黄花梨云石砚屏

这件座屏明代称砚屏,是案头陈设器物。此屏为屏芯与座足一体,制作时代较早。明末的座屏喜欢在屏芯四周攒框装绦环板,而屏芯板装在子框之内,以增加看面的变化与装饰效果,这件砚屏就属于这种做法。屏芯直接坐落于墩座之上,由站牙抵夹,墩足间装有镂挖壶门的披水牙,整件座屏风格华丽,明式砚屏传世极少,因而十分珍贵。

估　价：RMB 250,000-300,000
成交价：RMB 1,100,000
尺　寸：95.5×37cm 北京翰海 2004.11.22

清式家具

清式·床榻类

清式床榻结构基本上承明式，但用料粗壮，形体宏伟，雕饰繁缛，工艺复杂，技艺精湛。皇宫贵族喜欢用高档稀缺的紫檀木料，不惜工时制作大型床榻。清式床榻的特点是追求庞大豪华，与明式床榻的简明风格形成鲜明的对比。

清式罗汉床在结构上与明式床榻没有大的区别，三弯腿不再流行，取而代之的是马蹄足的运用，有的腿足下设托泥。但在用料上粗硕者为主流，比较重视施用装饰，雕饰较繁，在床围子上装饰豪华。有的镶嵌玉石、大理石、螺钿，有的贴竹黄、嵌木或金漆彩画，多种工艺手法结合使用，争奇斗艳，不一而足。

民间所制在床体上也盛行四处雕龙画凤，特别是架子床顶上加装有雕饰的飘檐，木雕艺人在落脚架床罩及楣板、围栏上雕刻了式样各异的图案，如"松鹤百年"、"葫芦万代"、"蝙蝠流云"、"子孙满堂"等寓意福禄寿禧的吉祥图案。有的在床下装抽屉柜，就是腿足的纹饰变化也很多。以至清末出现了无处没有雕刻，且越来越精细的极品雕花床——"千工床"。

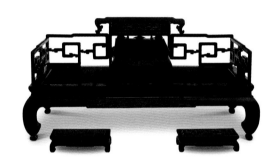

清·花梨木雕草龙睡榻

此榻花梨木制作，造型极为特别，床面上无任何榫眼，围子为落地式与床体连做，两扇围子有独立的支腿，围板也较高，并且减掉一侧围子，呈两面曲尺状，在床榻中很少见。榻体为鼓腿膨牙，榻面为冰盘沿攒框软屉，下设高束腰。围子中再设攒框分格雕龙纹围板，格子上部为浮雕草龙图案，下部为透雕草龙，两层围框间设卡子花加以连接，极具虚实对比之美。此榻尺寸较小，应为使用者自己设计订做之物。床榻的制作工艺为粗头大料，雕刻虽然精湛，但略显朴拙，不够精细，应该是民间乡村制品。

估　价：RMB 30,000-60,000
成交价：RMB 0
尺　寸：103 × 163 × 95cm 太平洋国际 2003.07.09

清·榆木垛边圆包圆榻

此榻采用裹做工艺，榻面垛边攒框装细藤软屉，圆材直腿落地，罗锅枨裹腿安装，枨上装双矮老。整件器物具有很浓郁的明式风韵，只是料头较大，给人以朴实稳重的感觉。

估　价：RMB 15,000-18,000
成交价：RMB 0
尺　寸：45 × 200 × 89cm 中国嘉德 1996.04.20

清·黄花梨攒棂围子三屏式罗汉床

　　此床的围子为攒棂,又称为"笔管式"或者
"直棍式"。床面用材厚重,冰盘沿起线脚攒框软
屉床面,下装圆形直腿,腿间以直枨相连,枨上
装矮老承托床面,整件器物造型简洁,线条清晰,
不失为素雅的典范。

估　价:RMB 12,000–15,000
成交价:RMB 0
尺　寸:210 × 142 × 81cm　太平洋国际 2001.11.04

清中期·花梨木三屏风独板围子罗汉床

　　这是一件朴质简练的三屏式罗汉床,采用有
束腰鼓腿膨牙式,大挖马蹄,兜转有力。三块独
板围子,上角有柔和的委角。素冰盘沿攒框床面,
牙腿沿边起灯草线。乍看边抹似嫌偏薄,和整体
不协调。但体会制者意图,似在用束腰作一分界,
取衬托的手法,减轻上面的分量,使下脚显得愈
加雄厚,收到极其稳重的效果。最为难得的是围
子独板选用了纹理生动醒目的花梨。迎面的一
块围子,有风起云涌之势,使任何精美的人工雕
饰都不免失色。

估　价:RMB 40,000–60,000
成交价:RMB 0
尺　寸:111 × 200 × 77cm　太平洋国际 2003.11.25

清中期·紫檀五屏罗汉床

此床通体紫檀制作，用料之大极为罕见。为五屏、鼓腿膨牙式样，床面为攒框软屉，有束腰。床身整体：围屏、束腰、托腮、腿子、牙板直至马蹄足均饰以浮雕图案。雕刻极其精美，团鹤、夔龙、事事如意，纹式繁多，寓意丰富，使用者的身份地位绝非一般。保存完好，极为难得。

估　价：RMB 200,000–450,000
成交价：RMB 0
尺　寸：210 × 150 × 100cm　太平洋国际　2002.11.03

清·紫檀贴皮雕瑞兽花卉罗汉床

清代罗汉床一般作客厅陈设，故而较明代罗汉床体量宽大，雕做繁复。此床使用紫檀贴皮工艺，为五屏无束腰式样，床围四边打槽攒框，中心装贴皮雕板，左右围板上雕花卉纹，正中之围雕麒麟瑞兽纹，纹饰雕刻精美流畅。两侧屏头加装雕花角牙，也是罗汉床中不多见的结构。床芯为落膛软藤屉，无束腰，牙板也是攒框装芯雕板，床腿为落地大方材直腿，材质厚重，直腿外缘起阳线，回纹马蹄。此件作品最大的特点在于制作者合理地利用少量的长材和大量的短材制作出一件布局规整、雕工考究、气度稳重的大器。

估　价：RMB 120,000–150,000
成交价：RMB 682,000
尺　寸：110 × 194 × 116cm　中国嘉德　2003.11.26

清·红木嵌云石螺钿罗汉床

　　此床是清末的典型器物，为五屏风式样，围子攒框作开光状镶云石，围子上缘做弧线，美观大方。床面为冰盘沿攒框平装板硬屉面，下设打洼小束腰，床身为鼓腿膨牙形制，牙子垂肚挖花，腿子做三弯腿。通体镶有螺钿纹饰，装饰华丽，气度非凡。

估　价：RMB 40,000
成交价：RMB 96,800
尺　寸：210 × 139 × 118cm　天津文物　2001.12.08

清·红木五屏式罗汉床、炕几（一套）

　　此罗汉床为五屏鼓腿膨牙式样,围子由攒框
打槽装云石板构成,素朴简约。攒框床面下装束
腰,束腰上装饰鱼门口,牙板上锼出垂肚,腿子
向外膨出,角度有些夸张,足下设垫足。炕桌为
三弯腿有束腰式样。整套器物没有装饰浮雕,朴
拙大方。

估　价：RMB 45,000–65,000
成交价：RMB 0
尺　寸：114×29cm　天津国拍 2000.11.07

清·红木素围子罗汉床

罗汉床采用独板三屏风式，围子板厚而光洁，充分体现了红木材质的素雅。腿部采用三弯外翻足，外翻足成云头状，灵巧有加，使壮硕的大床又多出几分灵动。此床用料讲究，具有浓厚的福建地方风格。附带有两件平板带罗锅枨足踏。

估　价：RMB 150,000–200,000
成交价：RMB 0
尺　寸：宽214cm 中国嘉德 2000.11.06

清·榆木椅式罗汉床

此床造型别致，结构采用扶手椅结构，通体用圆材。素混面攒框细藤软屉床面，腿子与扶手、靠背的立柱一木连做，以双闭关竖棂为装饰。床面下装直横枨，正面与背面装双矮老与靠背装棂相呼应。两侧横枨上装圆形透雕卡子花，正面腿足间另装横枨一根，枨子两边挂装角牙。此器物通体浑圆，空灵有致，为晋作作品中少有的风格。

估　价：RMB 15,000–25,000
成交价：RMB 0
尺　寸：198 × 75 × 77cm 中国嘉德 1997.04.18

清早期·榆木开光浮雕夔龙纹罗汉床

　　罗汉床是北方匠师通用的名称,是指一种床铺,其左右、后面装有围栏但不带床架的一种榻。这种榻一般陈设于王公贵族殿堂,给人一种庄严肃穆的感觉。罗汉床床面三边设有矮围子,围子的做法有繁有简,最简洁质朴的做法是三块光素的整板,正中较高两侧稍矮,有的在整板上加一些浮雕图案,复杂一些的是透空做法,四边加框中部做各式几何图案花纹,如卍字、十字加套方等,而用短材或花片攒接或斗簇成围子,安在床上,有如栏杆,是明式罗汉床的又一种做法。清式罗汉床雕饰较繁,主要在围子上崇饰增华。此床独板圆形开光内浮雕双龙纹饰,床身是牙条与束腰一木连做,素混面床沿,直腿,扁马蹄兜转有力,有明式工艺痕迹。

估　价:RMB 5,000–8,000
成交价:RMB 0
尺　寸:220 × 122 × 85cm　太平洋国际 2003.11.25

清早期·榉木松竹梅罗汉床

　　此床床围采用了不规则形镂雕松竹梅图案,有别于常见的对称做法,床体雕竹节装饰,刀法娴熟舒展。床面为埪边攒框软藤屉,圆腿罗锅枨加矮老,整件器物构思巧妙,堪称是罗汉床中的绝品。

估　价:RMB 200,000–300,000
成交价:RMB 0
尺　寸:87 × 207 × 116cm　中国嘉德 2002.11.03

清早期·核桃木狮子滚绣球缠枝花罗汉床

罗汉床采用独板三屏风鼓腿膨牙式,围子独板打洼浮雕狮子滚绣球缠枝花纹,垂肚牙板也装饰同类题材的花纹。束腰打洼是一种非常讲究的工艺。腿子采用三弯外翻马蹄足,下设支足,灵巧有加,使壮硕的大床又多出几分灵动。此床用料讲究,具有浓厚的山西地方风格。

估　价：RMB 22,000~42,000
成交价：RMB 0
尺　寸：103×163×95cm　太平洋国际 2003.07.09

清·黑漆三屏式有束腰罗汉床

此床带有明式风范,床围子为独板三屏式样,后围子设搭脑。床面为攒框硬板,下设束腰。腿子粗壮,挖成卷云状,牙板挖成壶门式样,浮雕卷云纹饰。腿牙制作最具地域特色,是山西家具较早的风格。沿围板边缘起一圈拐子纹饰,整体装饰简洁,稳健庄重。从木质判断,此床使用的是柞榛木材。通体髹朱漆,上罩黑漆,应该是清中期以前山西所制。

估　价：RMB 30,000~40,000
成交价：RMB 0
尺　寸：197×90×88cm　太平洋国际 2003.07.09

清·柞榛木罗汉床、炕几及脚踏（一套）

　　罗汉床三面围子皆是攒斗拐子龙构成，靠背中间设后仰式搭脑结构，素混面攒框床面，床面下有高束腰，鼓腿膨牙，足下设球型垫足。另有炕几及脚踏相配，木质及雕饰图案与罗汉床一致，为原配的一套，较为难得。

估　价：RMB 100,000－150,000
成交价：RMB 0
尺　寸：97 × 215 × 120cm　中国嘉德 2001.11.04

清·金漆木雕罗汉床

　　床为三围屏式样，软屉床芯，通体髹黑漆，加描金彩绘，并在细节部位浮雕繁复的纹饰。这种金漆家具流行于清代时期的福建和广东地区，具有鲜明的地域特色。尤其是其腿、牙、围屏部分雕刻制作最为精良。围屏一般做成展开的手卷形式，卷头是两个扶手的尽头，整个围屏为展开折叠的手卷，分隔成若干个开光，施以描金图画，卷子的边缘和卷头部位或以金漆木雕为装饰，或以金漆彩绘为装饰。牙板做成垂肚形，垂肚上施以繁复的浮雕金漆彩绘纹饰，腿足做成镂空卷草形，有球足与下边的狮座相连，黑地金花，华丽异常，是中国古典家具中少见的富丽风格。

估　价：RMB 35,000－45,000
成交价：RMB 0
尺　寸：210 × 113 × 90cm　太平洋国际 2001.04.23

清·攒框五屏式罗汉床

此床为攒框五屏风式罗汉床,床身的制作手法与传统做法不同,没有束腰结构。床面为板装硬屉,腿子采用扁方材,床面直接坐落在床腿之上,前后腿子之间有横枨相连,床面和横枨之间加一对镂空卡子花,正面床腿和床面之间加挂超大型牙板。围子较高,为方材攒框装板,与床身体量协调一致。从此床结构简化、料头宽大、装饰简朴等特点来看,这是一件清末以后的乡村家具。

估　价: RMB 13,000–25,000
成交价: RMB 0
尺　寸: 180 × 108 × 110cm　太平洋国际　2001.11.04

清·黑漆三屏式有束腰罗汉床

此床带有明式风范,床围子为独板三屏式样,围板上有圆形开光浮雕纹饰,后围子设搭脑。床面为攒框棕藤软屉,下设束腰。腿子粗壮,内侧挖成弧状,直牙素板。整体装饰简洁,稳健庄重。通体髹黑漆,应该是清前期山西所制。

估　价: RMB 6,000–10,000
成交价: RMB 0
尺　寸: 215 × 128 × 78cm　太平洋国际　2004.06.27

清·黄花梨四柱架子床

　　此四柱架子床为单人制式，软屉，为中西合制式样，比较独特少见。它的腿部内缩显得没有床盘大，这种形制是皖南和浙江早期较典型的特点。床盘为攒框镶床芯，材料比较狭薄，但下部牙板则非常宽厚，牙板开挖壸门。看面腿足缩进，三弯腿，足部外撇，后面的腿足为直方，两者由圆直帐相连，既稳定又省工，床围由四角起圆柱支起，床顶为简洁的攒框分格。侧面和后面下部围板分两部分构成，下部为攒框镶素面绦环板，上半部分装圆柱和锼空板。值得注意的是，此床的床架圆柱和围子上的立柱没有挂檐、吊牙、飘檐，是舍去传统配件的简化式样，因此床面以上的部分更具有西式风格。使用西式立柱和装饰手法决定此件床榻的制作时代不会早于清中期，甚至有可能是广东地区制作用于销往内地的家具。

估　价：RMB 38,000-88,000
成交价：RMB 0
尺　寸：198 × 127 × 216cm　太平洋国际　2003.07.09

清·小开门红木架子床

　　此床为六柱式架子床,用料粗壮,形体宏伟,雕饰繁缛,工艺复杂。床面为攒框硬板床屉,无床腿由两只双屉箱代替,床顶上加装有雕饰的飘檐(装楣板),正面立柱之间有透雕落脚架床罩。床之两侧及后面的柱间有斗簇攒花加卡子花围栏。此类装饰手法就是清末出现的极品"千工床"工艺。

估　价: RMB 28,000-35,000
成交价: RMB 0
尺　寸: 228 × 167 × 258cm　山东光大　2004.08.29

清·硬木嵌牙雕架子床

　　这是一件做工精细的带月洞门型四柱架子床，床面边框粗壮厚实，小束腰上开鱼门洞，鼓腿膨牙，腿子三弯，足做兽足。床柱为圆材，看面的挂檐直通柱底，挂牙有五块绦环板构成，下边的角牙成手卷式样，中间部分由透雕拐子纹相连，床的两侧以及后边的围板和挂牙都是攒框镶绦环板形制，每块绦环板均为嵌牙图案。此床的床盖最有特色，加有束腰，并且也开有鱼门洞与床面下的束腰对应。

估　价：RMB 10,000-30,000
成交价：RMB 11,000
尺　寸：220×123×224cm　天津国拍 2001.11.03

清·柏木六柱架子床

　　此六柱架子床为单人制式,在使用过程中后侧和床头、床尾紧靠墙体,因此它的腿部内缩显得没有床盘大。床盘为攒框镶床芯带束腰,材料比较狭薄,但下部牙板则非常宽厚,牙板看面洼膛起线。看面腿足缩进,开壸门券口,足部内收,带支足使整体显得轻盈,后面的腿足为直方,两者由直枨相连,既稳固又省工。床围由四角起圆柱支起,床顶四面围板为攒框分格镶带有鱼门洞的绦环板。正面迎门两柱直顶顶部围板,下部围板分做五块,后围子略高,但装饰手法一致。围板攒框由上至下分为三段式,上层为鱼门洞绦环板,中层透雕如意云纹绦环板,下层为亮膛壸门脚牙,正面柱间贴上围子镶刀头牙板。清代此类形制的架子床在民间比较流行。

估　价：RMB 30,000–50,000
成交价：RMB 0
尺　寸：201 × 115 × 211cm　太平洋国际　2003.07.09

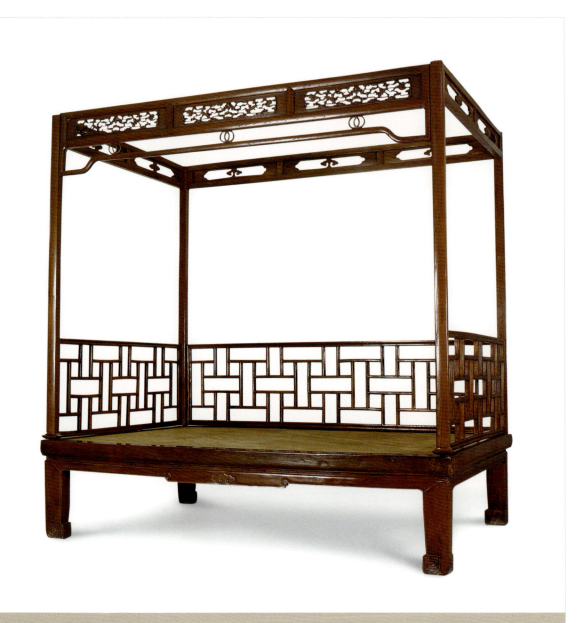

清·榉木直棂四柱架子床

　　此床用料粗重,四柱,应该属于朴素的乡村
家具类型。床面以下为方材,床面以上全为圆材。
床面为攒框软屉,床面下有小束腰,床腿为直腿
回纹马蹄足。三扇围栏为直棂攒成,特点是较一
般所见者为高。看面挂檐为攒框镶透雕绦环板,
下装罗锅枨,中间设卡子花与挂檐相连。两侧和
后边挂檐为攒框镶开洞绦环板作装饰。此床也有
床盖,估计是遗失了。

估　价: RMB 18,000–22,000
成交价: RMB 0
尺　寸: 215 × 142 × 215cm　太平洋国际　2001.11.04

清·榉木雕花架子床

　　这是清代中后期南方乡村家具的代表,为榉木材质,床体硕大,用料厚重。此床的腿部较有特色,本是鼓腿膨牙形制,但是取直后显得腿部兜转更加有力。床柱为圆材,下设柱础,这种保留建筑样式的做法是时代较早的南方工艺特点。正面挂檐绦环板、吊头牙、围栏绦环板为双层透雕花卉人物图案,尤其是正面下部围栏攒框镶成冰片纹加镶六角透雕花板,雕工精美,保存完好,十分少见。遗憾的是此床的盖子已经遗失。

估　价:RMB 15,000–25,000
成交价:RMB 0
尺　寸:218 × 154 × 210cm　太平洋国际　2001.04.23

清早期·紫檀六柱架子床

　　此床六柱式样,门柱与角柱之间由一字连方纹围子相连接,床围比一般床围要高十多厘米,在视觉上给人以舒服满足之感,上安攒框顶架。床的立柱、床围、顶架各部位均施用打洼工艺,做工考究。床面为软屉(已毁),直腿与边抹格交,四腿之间安有罗锅枨,腿足为内翻马蹄,床席下六根方横枨为黄花梨木材质。

估　价: RMB 2,600,000-3,200,000
成交价: RMB 0
尺　寸: 207×132×232cm 北京翰海 2006.06.26

清式·凳椅类

清代的凳总体造型大致延续明代风格，但有地域性区别。清代苏式凳子基本承接明代形式；广式外部装饰和形体变化较大；京式则矜持稳重，繁缛雕琢，并出现加铜饰件等装饰方法。有带托泥和不带托泥之分，并加强了装饰力度，形式上变化多端，如罗锅帐加矮老或直帐加矮老做法、裹腿做法、劈料做法、十字帐做法等。腿部有直腿、曲腿、三弯腿。足部有内翻或外翻马蹄、虎头足、羊蹄足、回纹足等。面芯有各式硬木、镶嵌彩石、影木、嵌大理石芯等。南北方对凳的称呼有异，北方称凳为机凳，南方则称为圆凳、方凳。清代还盛行铜套脚，套在家具足端，铜足可保护凳足，既可防止腿足受潮腐朽，避免开裂，又具有特殊装饰作用，为清式凳足部的一种装饰方法。春凳的形制在清代宫中制作时有一定规矩，有黑光漆嵌螺钿春凳等精品，这是值得注意的。

清式的鼓墩和圆凳很有特色，在造型和装饰方面处处翻新。入清后，鼓墩形体向瘦而高发展，并在开光内或其四周增添雕饰。有黑漆描金彩绘、雕漆、填漆以及各种木制、瓷制、珐琅制等，精美异常。另外，有一种瓜墩为清式坐墩精品，体形呈甜瓜形，并常在墩体下设四个外翻马蹄小足，还装上铜饰，更显示出古色盎然。凳面有圆形，也有变形的。乾隆年间所制圆凳又有海棠式、梅花式、桃式、扇面式、六角式、八角式、菱花洞、双圈洞、鱼门洞等多种形式。如梅花凳是一种颇有特色的凳子，其凳面呈梅花形，故设有五脚，造型别致，做工考究。梅花凳式样较多，做法不一，其中以鼓腿膨牙设置托泥的最为复杂。

入清以后，方形交机还出现了支架与机腿相交处用铜环相连接制作的，很精美。民间广泛使用的则多为低矮的小型制品。

清式椅子在继承明式椅子的基础上有很大发展，区别也较明显。用材较明代宽厚粗壮，装饰上由明式椅子的背板圆形浮雕或根本不装饰，变为繁缛雕琢。清式椅面喜用硬板，明式常用软屉。清式官帽椅较明式官帽椅更注重用材，但清代太师椅式样并无定式。人们一般将体形较大、做工精致，且设在厅堂上用的扶手椅、屏背椅等统称作"太师椅"。清代的扶手椅常与几成套使用，对称式陈列。总之，清式座椅制作比以前更加精美，雕饰更加豪华。

清式一统碑椅的背板一般用浅雕纹饰，在整体出现了繁缛雕刻和镶嵌装饰，这种椅变化最大的是广式做法，一般用红木制作。还有一种苏式做法，即所谓"一统碑木梳靠背椅"，用红木或榉木制作。宫廷中的也有黑漆描金彩画等装饰。清式灯挂椅形体像一统碑椅，只是靠背搭脑出挑的清式灯挂椅常省去前面踏脚帐、两侧帐下牙条和角牙，常用红木、榉木、铁力木等木材纹清晰和坚硬的材料做成，一般不上色，即所谓"清水货"。

清式玫瑰椅用材都较贵重，多以红木、铁力木制成，也有用紫檀的，脚面用剑棱线。尤其是乾隆时代的制品做工更精细，装饰也最华丽。

清式圈椅的足部纹饰最喜欢用回纹装饰，雕饰程度大大增加，椅背常用纹饰浅雕。清式圈椅和明式圈椅最大区别是基本不做束腰式，明式直腿多，清式有直腿也有三弯腿，常在直线腿部中间挖料，到回纹足上又挖去一小块，从而显得繁琐。

清式交椅演化出一种交足而靠背后仰的躺椅，亦称"折椅"，可随意平放、竖立或折叠，可坐可卧。到清末时，这种躺椅发展成不能折叠的样式，甚至在四足上安装弧形横木，类似于西方的逍遥椅。

屏背椅至清代其体形一般都较大。清式屏背椅常见的有独屏式、三屏式、五屏式，而将形体较大的又称"太师椅"。清式太师椅椅背基本是三屏式。而五屏式太师椅，椅背有三扇，扶手左右各一扇，扇里外有的雕饰花纹，有的嵌装瓷板，这种扶手椅整体气势雄伟，仅次于宝座。另外，清代达官显贵日常生活用的椅子也比一般民间生活用椅要宽大得多，称大椅，常雕镂精美。大户人家厅堂上使用的扶手椅，江南俗称"独座"，是吸取了大椅和宝座的特征。清代嘉庆、道光时期，太师椅的样式在南北逐渐趋于统一，一般是陈设于厅堂之上，用料较为粗厚、搭脑做得很大、腿子做成三弯形，有的椅子座面正面做成内凹形式，靠背还嵌有云石，通常装饰雕镂使用灵芝云头纹，甚至在看面上通体镶嵌螺钿，直至今日这种椅子在民间也被称为"太师椅"。

宝座是特制的大椅，造型结构仿床榻做法。尺寸远大于一般椅凳的坐具，常用硕大的材料制成。一般人家少有用这种大椅的，这种大椅很少成对。宝座明式的甚少，乾隆时期渐渐多了起来。宝座一般都施以云龙等繁复的雕刻纹样，髹漆镶嵌，极度富丽华贵。其扶手和后背采用框式围子，用走马销与座面结合，外形轮廓是屏风式，宝座常带有托泥并与脚踏配合使用。

清·紫檀有束腰马蹄足罗锅枨方凳

此凳方材，罗锅枨，用格肩榫与腿子相交。束腰与牙子、枨子均光素无纹饰，只是在枨子和腿牙内口起阳线，装饰简约大气。座面攒框平镶，足端内翻马蹄，高壮且直，造型劲快有力。这只方凳是清式有束腰杌凳的典型式样。

估　价：RMB 80,000–120,000
成交价：RMB 132,000
尺　寸：49 × 49 × 52.5cm 北京翰海 2004.11.22

清·紫檀有束腰大方凳

这件方凳的形体较大，用料粗硕，做工精细。座面板采用平镶、束腰打洼，腿牙内侧沿边缘起阳线，锼空的拐子纹装饰花牙代替了常见的枨子，这些都是清代家具中比较讲究的做法。素雅的器型和精巧的花牙构成和谐的一体，是清代广作家具中的典型器物。

估　价：RMB 70,000–100,000
成交价：RMB 0
尺　寸：高53cm 天津国拍 2000.11.07

清 · 紫檀方凳

　　这件方凳是清式造型，具备清代用料粗硕的特点，虽然整体装饰比较素朴，但从细节上看，做工还是比较讲究的，比如在束腰下加托腮、帐子，与腿、牙连接的内侧起阳线。卡子花的边缘也起了阳线，回纹马蹄减地起线，做工十分规整，估计应该是清代中后期的作品。

估　价：RMB 20,000-30,000
成交价：RMB 22,000
尺　寸：50.5 × 50.5 × 51.5cm 北京翰海 1996.11.16

清早期 · 鸡翅木杌凳（一对）

　　在北方语言中，"杌"仍惯用于众口，如称一般的凳子曰"杌凳"，称小凳子曰"小杌凳"等。传统家具，凡结体作方形的或长方形的，一般都可以用。"无束腰"或"有束腰"作为主要区分。有束腰的杌凳大多使用方材，足端有马蹄。此凳就是典型代表，方材罗锅帐，用格肩榫与腿子相交，通体鸡翅木，十分罕见。此凳座面略呈喷口状，束腰矮小，马蹄足属于明代矮扁兜转较多的扁马蹄，由此可以判断这对杌凳的式样是明式风格。由于直腿无外放，因此它又带有清代的风格。

估　价：RMB 5,500-8,500
成交价：RMB 0
尺　寸：59 × 59 × 50cm 太平洋国际 2004.06.27

清·红木长方杌凳

　　这件杌凳的造型十分少见，为箱式攒框结构，座面为落膛装芯板，四条直腿落地由罗锅枨连接，在座面下装有横枨并以矮老相承。整件器物造型简洁，比例匀称，朴实无华。

估　价：RMB 18,000—22,000
成交价：RMB 0
尺　寸：81 × 42 × 61cm　太平洋国际　2001.11.04

清·红木云石面大方凳（一对）

　　这对方凳是典型的清后期样式，它是由有束腰的方凳发展而来，简化了枨子，腿子镟挖成三弯样式，装饰主要做在牙板上，此凳牙板起阳线装饰卷云和回纹纹饰，足向外翻浮雕成卷云。束腰打洼，座面平镶云石，是一件做工规整的家具。

估　价：RMB 38,000—45,000
成交价：RMB 0
尺　寸：高51cm　天津国拍　2000.11.07

清·红木软屉机凳（六只）

这组方凳是有束腰形制，直材方料。束腰上每侧开鱼门洞，这是典型的清代中后期的装饰手法，腿子之间装直枨，并加矮老。足为回纹马蹄，这也是典型的清代足式。整套方凳造型朴实浑厚，估计应是出自民间匠人之手。

估　价：RMB 25,000–55,000
成交价：RMB 74,800
尺　寸：47 × 50 × 50cm 中国嘉德 2004.11.06

清·红木有束腰方凳（一对）

这对方凳的造型和装饰手段与上面介绍的紫檀大方凳基本一致，也是座面板采用平镶、束腰打洼，腿牙内侧沿边缘起阳线，镂空的卷云纹装饰花牙代替了常见的枨子，只是这对凳子的花牙做工更为讲究，花牙沿边缘起线，中间打洼，这种装饰工艺在传世家具中十分少见，因此也更为珍贵。

估　价：RMB 3,500–5,000
成交价：RMB 0
尺　寸：46 × 46 × 50cm 太平洋国际 2002.04.22

清中期·榆木浮雕方凳（一对）

这是一对北方乡村家具，造型纯朴，又透露着精细。座面为攒框软屉，座面下设束腰，束腰上开鱼门洞，牙板做垂肚，并且浮雕回纹作装饰，罗锅枨上缘打洼，这种装饰组合不多见。直腿上粗下细，呈渐收的趋势，使机凳的体式显得轻盈。内翻马蹄足，牙板、罗锅枨、腿子内侧起阳线。总之，这件看上去具有朴拙风格的作品，在细节装饰上还是十分精细的。

估　价：RMB 2,600–5,000
成交价：RMB 0
尺　寸：53 × 53 × 53cm 太平洋国际 2003.11.25

清早期·榆木有束腰三弯腿大方凳

　　凳子的体形巨大，边长达76厘米，在机凳中是超大型的，又被称为"禅凳"。机凳是最简洁的坐具，此凳因不用直枨或罗锅枨，而是采用"鼓腿膨牙"的造法。此种凳式在宋代或更早的绘画中早已出现。由牙条与腿足形成的壶门轮廓显得更加圆婉而完整，从这里也可以看到有束腰家具和隋、唐壶门床的渊源关系。为了保证坚实，采用了高束腰加托腮，束腰下的托腮明显超过腿牙的尺寸，加之座面为硬板屉，这些都是清代的风格特点。腿子内向的一角用倒棱法将直角抹去，出现了一个平面，这种做工是明式做工，清代很少使用。腿牙挖壶门是明式的，兽型足则是清代的。此凳使用痕迹清晰，包浆匀净，综合判断此凳应该是清代中前期的北方作品。

估　价：RMB 4,500–6,500
成交价：RMB 0
尺　寸：76 × 76 × 48cm　太平洋国际 2002.11.03

清·红木嵌瓷板方凳（一对）

　　这对方凳的造型与上一对方凳的造型一致，只是装饰手段更为华丽，浮雕与镶嵌结合使用。座面攒框的边抹上侧打洼，中间起阳线，下侧倒成冰盘沿，加之束腰打洼，束腰下装托腮，在很短的距离中形成优美的曲线变化，这在古典家具中是极为少见的。腿牙格角相交，压板有垂肚，垂肚正中镶描绘有西番莲纹饰的瓷板，瓷板纹饰风格与座面瓷板相一致。足部外翻雕成卷草式样，下装球足，这也是少见的式样。整体来看，这对凳子的制作时代应属清末，是同类家具中的精品。

估　价：RMB 36,000
成交价：RMB 0
尺　寸：高48cm　天津文物 2002.06.27

清·榉木有束腰方凳（一对）

　　此对方凳为榉木制，清代的式样。座面框板宽厚，用料宽大。有束腰，束腰上开鱼门洞，牙板垂肚浮雕回旋纹，这是清代中期以后较常见的装饰。明式有束腰的机凳，有的足下有"托泥"，横枨在邻近地面处与足相交，而托泥则在足下形成方框，承托着四足；而清代此类结构则发生了变化，简化成近腿足的地方装横枨，也就是横枨下移至腿足之间，这是二者的不同之处，也是时代风格的差异。这对方凳使用软屉座面，榉木材质，说明这是一件南方家具。

估　价：RMB 5,000–6,000
成交价：RMB 0
尺　寸：50×50×48cm　太平洋国际 2002.11.03

清·黑漆无束腰直足裹腿直枨加卡子花描金方凳（一对）

　　这是一对无束腰的机凳，这种方凳在清代已经不多见了，圆材直足、直枨是它的基本形式。其结构吸取了大木梁架的造法，四足有"侧脚"。所谓侧脚就是四足下端向外撇，上端向内收。在古籍中称之为"梢"，北京匠师则称之为"挓"。凳子的正面和侧面都有侧脚的叫"四腿八挓"。此凳的座面采用三层垛边，横枨为两层垛边，枨子上的矮老分成三格，每格里又加镂空矮子花。枨子下装镂空的角牙，整体装饰繁复异常，估计应该是清代山西民间用品。

估　价：RMB 8,500–15,000
成交价：RMB 0
尺　寸：409×44×53cm　太平洋国际 2003.11.25

清·红木圆凳（一对）

　　这是一对造型十分优美的圆凳，座面冰盘沿起线，束腰打洼，"S"形弧腿，造型优雅，腿间牙板为垂肚状，浮雕灵芝状卷云纹，足部外翻浮雕成"象眼"状，下装球足，使整个腿足既像兽头又像鹅头，独具匠心。腿子间装旋风枨。这是清末非常有特点的一对圆凳。

估　价：RMB 250,000–400,000
成交价：RMB 0
尺　寸：高45cm　天津国拍　2000.11.07

清·红木圆凳（一对）

　　这是一对清末的红木仿根雕圆凳，座面平镶云石，四腿随形雕成树根状，腿子与座面间装树根状角牙，浑然天成。使用树根、藤子制作家具的工艺流行于清代中期以后，但用硬木仿制这类天然趣味的家具在清式家具中并不多见。

估　价：RMB 5,000–8,000
成交价：RMB 0
尺　寸：37×37×43cm　太平洋国际　2002.04.22

清·榉木圆凳（四只）

　　这种样式的圆凳是清代中后期出现的家具新样式,在结构上可以算作有束腰方凳和圆几结合的变体。此凳有束腰,腿牙格角相交,牙板锼出垂肚,腿子为三弯形制,腿子间装罗锅枨,足端外撇装球足,虽然通体无纹饰,但弧线造型极具变化,可算是清代家具中有创造性的形制。

估　价：RMB 4,500–6,500
成交价：RMB 0
尺　寸：40 × 48cm 太平洋国际 2003.07.09

清·花梨木有束腰马蹄足滚凳

　　滚凳是保健健身用的小型家具,多和书桌配套,占有桌下一块方形的空间。此凳为鼓腿膨牙形制,属于制作较讲究的样式。有束腰,内翻马蹄,似炕桌而矮小。而被中枨分隔为两块,各留长方空当,安中间粗两端细的活轴四根。和《鲁班经匠家镜》图式比较,此凳没有装面板,清代脚踏一般不装面板而直接安活轴两根、三根乃至五六根,因此可以确认它是清代的样式。用材厚重,造型敦实,内翻马蹄扁矮,由此判断应该是清代中期的作品。

估　价：无
成交价：RMB 990
尺　寸：长60cm 中国嘉德 2004.04.11

清·紫檀木直棖鼓墩（一对）

　　鼓墩亦称绣墩，在居室陈设中装饰功能大于实用功能。此墩外形仿鼓造型，体形又细又高，带有明清之际的风格。上下两排鼓钉整齐规矩，腔体膨出，以24根弧形直棖攒成，实际上吸取了直棖窗和鸟笼的做法，整体空灵有致。座面平镶，底部另装六足，平稳而美观，造型别致。此品收录于王世襄《明式家具珍赏》，据王世襄先生的研究估计，应该是清代中期的作品，原藏于北京硬木家具厂和"清水山房"。

估　价：RMB 250,000~350,000
成交价：RMB 0
尺　寸：46×30cm 中国嘉德 1995.10.09

清·紫檀五开光鼓墩（四件）

　　此器两只成对，为五开光式样。座面为攒镶，墩腹微膨。墩的腹部开光作直方形，开光边缘及开光与上、下两圈鼓钉之间，各起弦纹一道。鼓钉隐起，非常柔和，绝无雕凿痕迹，那是用"铲地"的方法起出来的。腿子上下格肩，用插肩榫的造法与牙子相交，严密如一木生成，制作精良。此墩造型矬硕，纹饰简朴，圆浑可爱。在所见清代坐墩之中，虽说比较简洁，但它更多地保留了明代的基本形式和做工。其制作时代可能在清中期。

估　价：RMB 250,000~400,000
成交价：RMB 0
尺　寸：高45cm 天津国拍 2000.11.07

清·红木五开光鼓墩（一对）

　　此对鼓墩可算是清式风格，也为五开光式样。座面为平镶，墩腹膨出较大，造型比较敦厚。墩的腹部开光作圆角形，上下牙板均作垂肚状，腿子上下格肩，用插肩榫的造法与牙子相交，腿子两侧中间膨出镂孔，加强了对腿子的装饰性。开光边缘及开光与上、下两圈鼓钉之间各起弦纹一道。鼓钉较为突出，估计是用挖嵌的方法来栽镶的。墩下装六足，打洼外撇，既稳定又富有装饰美感。其制作时代可能在清中期以后。

估　价：RMB 38,000–45,000
成交价：RMB 0
尺　寸：33×54cm　太平洋国际　2001.11.04

清·红木鼓墩（五件）

　　这五件鼓墩的形制与上面所谈的一对基本一致，也为五开光式样。只是腿子中间两侧膨出，中间没有镂孔，而是改用浮雕纹饰作装饰。根据现存坐墩的数量，估计当时应该与圆桌相配套，遗憾的是圆桌遗失，其制作时代可能在清末期。

估　价：RMB 55,000–70,000
成交价：RMB 62,700
尺　寸：高36cm　天津国拍　2000.11.07

清·花梨木靠背椅（四只）

靠背椅选用圆材，座面使用素混面攒框，取其圆浑的效果，硬屉座面板本是落膛镶装，但中间膨起与边框平齐，增加了座面的装饰效果。此椅的搭脑、靠背和座盘横枨制作得最富特点，用圆材攒成云头状。另外，靠背立柱和靠背板做成一致的弧度，这在以往的家具中还很少见到。这四只椅子虽然在造型上保留着传统，但某些做工和装饰是以前所没有的，因此判断应该是清末的作品。

估　价：RMB 4,200–6,200
成交价：RMB 0
尺　寸：45 × 44 × 92cm 太平洋国际 2003.07.09

清末·花梨直背椅（一对）

这对直背椅比较罕见。椅背攒框装板如屏状，板上满饰浮雕宝相花纹，椅盘下装镂云浮雕大牙板，刻工圆润精巧。整件器物平正大方，加上富丽豪华的纹饰，更加烘托出其富贵雍容的气度。估计此椅绝非平常人家所使用。

估　价：RMB 60,000–80,000
成交价：RMB 0
尺　寸：高101cm 北京翰海 1994.09.19

清中期·花梨木雕人物靠背椅（一对）

　　这对靠背椅，硬屉平镶座面，造型是清末流行的样式。装饰极为复杂，锼花、攒框、浮雕并用，带有广式装饰趣味。此椅背板攒框分为三段式。上嵌开光花卉，中间为山水人物，下为锼花亮脚，椅背边框和椅盘下挂牙均为锼花攒框，正面脚枨下装角牙，背后有"巽房"二字刻款。

估　价：RMB 5,800–8,800
成交价：RMB 0
尺　寸：52×40×96cm 太平洋国际 2003.07.09

清·红木一统碑靠背椅（四只）

　　搭脑不出头的靠背椅，北京匠师称之为"一统碑"椅。广东珠江三角洲地区靠背椅常作一统碑式：搭脑与后腿格角相交，不用挖烟袋锅榫；椅盘下不用券口牙子而用直牙条；椅盘均用装板，未见有软屉者。这些可视为广东手法，与苏制不同。它们的用材非红木即铁力木。形制虽简洁，但时代最早恐亦在清中期。

估　价：RMB 10,000–20,000
成交价：RMB 0
尺　寸：52×42×105cm 太平洋国际 2001.04.23

清·红木靠背椅（一对）

　　这对灯挂靠背椅制作十分粗犷，满素，用材厚重，而且全用方材，估计是民间乡村制器。座面为素混面攒框装软屉，椅盘下三面装券口，迎面赶枨下挂牙板。这些都是比较纯正的明式风格，由此可见，传统家具制作工艺在民间具有很强的生命力。

估　价：RMB 5,000–8,000
成交价：RMB 0
尺　寸：高85cm　天津国拍 2000.11.07

清·红木方桌、椅（一套四椅一桌）

　　方桌四面牙板及椅座下牙板饰以透雕卷草花纹，椅背方材攒成拐子形，中间靠背板为攒框装雕花板，于方正之中更显空灵之态。椅背上方和搭脑处微微外倾，既可增加视觉的变化，又照顾到人体的舒适度。方桌做成喷面，束腰处暗设四个抽屉，四椅一桌组成一套，具有一定的实用性与陈设性。

估　价：RMB 22,000–32,000
成交价：RMB 0
尺　寸：桌高86cm，椅高91cm　中国嘉德 2000.11.06

清晚期·榆木靠背椅

这是一件造型非常精巧可爱的靠背椅，椅子整体结构简洁轻巧，椅背搭脑微微隆起，背板为"S"形整板，上部雕神仙人物，下部锼出亮脚。这件椅子最有特色的地方是椅盘下看面和两侧壸门的浮雕装饰，所雕花卉纹式繁复细腻，雕刻流畅，这种装饰手法在古典家具中是不多见的。

估　价：RMB 18,000–22,000
成交价：RMB 16,500
尺　寸：98 × 53 × 42cm 中国嘉德 1996.04.20

清·花梨木长方桌、灯挂椅（两套）

一桌八椅为一套，应该是饭厅使用的家具。桌椅的式样基本沿袭了明式的风格，花梨木材质，做工简洁流畅，用料精细考究，具有较强的实用性和陈设性。明、清时期，中国人日常生活中没有这种条形餐桌，估计这两套餐桌是清末受到西方生活方式的影响而制作出来的。

估　价：RMB 80,000–100,000
成交价：RMB 0
尺　寸：不详 中国嘉德 2003.11.26

清·红木灯挂椅（四只）

这四只靠背椅是清代最典型的灯挂椅样式，椅子的靠背和搭脑连做，靠背攒框分格，搭脑锼成回纹，二者结合增强了椅子整体的装饰性，但多少显得有些琐碎。这种在简洁的器物中添加装饰的手法是清式家具风格的整体倾向。

估　价：RMB 160,000–200,000
成交价：RMB 0
尺　寸：47 × 39.5 × 94cm 北京翰海 2004.11.22

清中期·榉木连桌、灯挂椅

整套家具为榉木材质，连桌六腿，似由两个方桌相拼，实为连体。桌面下，装打洼束腰，横枨加矮老，形制简洁朴素。这种连桌较少见，应为人口众多的人家使用。灯挂靠背椅以圆材为主，素混面的硬席椅盘，除了简单的刀头、牙板以外，别无装饰。整套家具简单实用，应该是清代中后期的作品。

估　价：RMB 35,000–55,000
成交价：RMB 36,300
尺　寸：81 × 188 × 94cm 中国嘉德 1996.04.20

清·红木方桌、灯挂椅（一桌四椅）

　　这套桌椅为红木材质，选料及做工都十分精细。方桌为冰盘沿攒框镶板，带束腰，桌子四面装有透雕拐子龙纹牙条，同时起到横枨的作用，方正略有变化。直腿、内翻回纹足。椅子袭用一统碑椅样式，搭脑为"弓"字形，两端下弯用所谓"挖烟袋锅"的造法与后腿相连。素面"S"形靠背板弧度柔和自然，更加符合人体的背部曲线。靠背立柱与后腿一木连做，椅盘以上是圆的，以下则为外圆内方，既便于和枨子相交，又能起到支撑椅盘的作用。椅盘也是冰盘沿攒框镶板硬屉座面，特别之处在于不是落膛镶板，而是平镶，框和芯一平。椅子腿由四根管脚枨相连，正面一根最低，后面一根最高，俗称"步步高"赶枨，两边则取前后赶枨中线安装。这样做的目的在于避免纵横的榫眼开凿在腿子的同一断面上，影响腿子的坚实。前面枨下镶素面牙条，整套桌椅装饰简洁，典雅大方，别具一格。

估　价：RMB 30,000–45,000
成交价：RMB 27,500
尺　寸：椅高108cm 中国嘉德 1998.10.28

清·紫檀雕花藤面靠背玫瑰椅（一对）

此椅座面抹边为素混面攒框，藤面，"步步高"管脚枨，椅的靠背和扶手内距离椅盘约二寸的地方施横枨，枨下以卡子花代替矮老，枨上居中安透雕螭纹花板靠背。椅盘下安浮雕螭纹券口牙子，用料宽，雕饰复杂。此对玫瑰椅全为紫檀制作，是清代留存至今品相完好、难得一见的传世佳品。

估　价：RMB 150,000—200,000
成交价：RMB 220,000
尺　寸：58×45×83cm 无锡市文物公司 2006.06.15

清·黄花梨蝙蝠纹玫瑰椅（四只）

这四只玫瑰椅又称作梳背椅，椅子靠背横梁呈罗锅形，扶手及靠背框内装细直枨，中间装圆形开光镂雕蝙蝠纹饰，椅盘以下为单做，鹅脖与前腿、后腿与靠背柱不是一木连做，椅盘下装有小束腰，腿子间装直枨加矮老，看上去稳重结实。明式的直枨梳背椅都没有开光纹饰，这是这四只椅子的一大特点。

估　价：RMB 300,000—330,000
成交价：RMB 352,000
尺　寸：61×46×99cm 深圳艺拍 2003.12.28

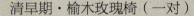

清早期·榆木玫瑰椅（一对）

　　这对椅子风格简约，工艺精美细腻，尽显简练、朴素之美。与明式特点不同，此椅采用方材，通体打洼起线。靠背上部装壸门券口，另在靠背下部、扶手内，于椅盘上五分之二处做横枨，枨下加矮老。椅盘下做壸门券口牙子，下配步步高管脚枨，管脚枨下带素牙条。从椅子的整体风格来判断，应该是清代北方的仿苏式家具制品。

估　价：RMB 28,000-55,000
成交价：RMB 0
尺　寸：55 × 43 × 86cm 太平洋国际 2004.06.27

清·榆木梳背玫瑰椅（一对）

　　此椅为玫瑰椅样式，后背采用直栏式，扶手两侧做法也与其相同。由于形似木梳，故又名"梳背椅"，明式风格，只是装饰简约一些。落膛木板硬席面，椅座加装壸门券口，显得刚劲有力。此种椅在玫瑰椅中不多见，整体工艺简洁古朴，韵味十足。榆木材质，料头宽厚，做工粗犷，这对椅子的制作年代不会晚于清中期，而且是北方乡间的做工。

估　价：RMB 3,500-5,500
成交价：RMB 0
尺　寸：56 × 43 × 90cm 太平洋国际 2001.11.04

清·黄花梨高靠背南官帽椅

官帽椅是因像古代官吏所戴的帽子而得名。从椅子的侧面来看，扶手略如帽子的前部，椅背略如帽子的后部，二者有几分相似。而所谓"南官帽椅"是搭脑和扶手四处无一处出头的。在传世南官帽椅中，高靠背的为数不少，此是所见较好的实例。它造型优美，工料皆精，浮雕开光，形态生动，刀法快利，寓遒劲于柔婉之中。此椅子与常见者不同之处在于座面下的明式椅子常见的壸门结构被省略了，除了连接四腿的赶枨之外，就是正面座板下加了小角牙，座面装板，这是明式椅子的清代变体，时代当在清初。

估　价：RMB 150,000—200,000
成交价：RMB 165,000
尺　寸：高109cm 北京翰海 2000.12.11

清中期·紫檀禅椅（一对）

此椅面宽大，直背，可盘膝而坐，故称"禅椅"。紫檀家具多尚雕饰，此椅造型简练，装饰无华，强调空间比例的深纵宽拓，为清代乾隆朝典型的装饰组合。禅椅存世稀少，紫檀所制更是罕见，目前这对椅子是仅见传世品，十分难得。

估　价：RMB 360,000—460,000
成交价：RMB 396,000
尺　寸：84×67×60cm 中国嘉德 2003.11.26

清·鸡翅木南官帽椅

　　此椅为鸡翅木制,平镶板硬屉座面,扶手和靠背使用圆材,扶手椅不用连帮棍,此是实例之一。整只椅子造型简约,除了椅盘下装素券口外,没有任何纹饰,朴素大方,同时也加重了椅子下部的分量,看上去端庄稳重,应是清初制品。

估　价:RMB 6,000-8,000
成交价:RMB 0
尺　寸:高110cm 天津国拍 2000.11.07

清中期·鸡翅木四出头官帽椅

　　此椅为鸡翅木制,使用直材,为明式四出头官帽椅样式。背板攒框,下留亮脚,没有多余的装饰,整体风格素朴大方。座面为硬屉,这是北方的工艺特点。不用连帮棍,座面下使用券口。椅子腿收分较大,这一切使它显得静穆凝重。结合以上的特点,此椅应该是清代中期北方仿苏式家具。

估　价:RMB 5,500-8,000
成交价:RMB 0
尺　寸:高96cm 天津国拍 2000.11.07

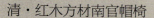

清·红木方材南官帽椅

　　此椅不仅全身用方材，在造型上也和一般南官帽椅不同。搭脑两端下弯，突出椅背正中的高耸部分。鹅脖缩入另安，并未减短扶手的长度。靠背板装浮雕牡丹图案的整板。此椅用料比一般椅子粗大，椅盘下正面用垂肚回纹牙子，减轻了下部的分量。它侧脚不显著，由足端一直收分到椅背的搭脑，使人觉得形象轻盈，无呆拙之感。这种南官帽椅子的形制是清代中后期很流行的样式，其特点就是造型规矩，用材不多，适合厅堂多组组合。

估　价：RMB 10,000－20,000
成交价：RMB 0
尺　寸：60×45×105cm 太平洋国际 2003.11.25

清·红木南官帽椅（一对）

　　此椅的形制与上面介绍的椅子基本相同，只是这对椅子的搭脑做成驼峰状，并加装了小角牙，同时这对椅子的扶手也比同类椅子略高，软屉藤面，攒框平镶靠背，工艺考究。从形制和做工上判断，其时代不会晚于清代中期。

估　价：RMB 280,000－300,000
成交价：RMB 308,000
尺　寸：45×46×112cm 北京翰海 2004.11.22

清·紫檀嵌瓷板南官帽椅（四只）

这套官帽椅通体使用直圆材,扶手和靠背取直,形制上近似于玫瑰椅。靠背攒框分作三格,上下两格装镂孔绦环板,中间装彩绘瓷板。椅盘下四面装罗锅枨加矮老,正面管脚枨下装曲枨角牙,与罗锅枨相映成趣。整套器物制作规整,方中见圆,全身光素,尺寸适中,是清代椅子中的精品。

估　价：RMB 480,000–680,000
成交价：RMB 0
尺　寸：高89cm 中国嘉德 1999.04.21

清 · 紫檀四出头官帽椅（一对）

这对椅子使用圆材制作,除必要弧度以外,整体基本呈直线形。鹅脖后腿不与前腿连做,省略了连帮棍。四出头为平截式出头,简洁直率。背板为攒框打槽装浮雕勾莲纹板,减地起花,地子去得很平,背板下部留出亮脚。座面为素混面攒框软席,椅盘下正面券口锼成勾云状,赶枨下装托牙。这对椅子选料和做工都堪称一流,是清式苏作的典型器物,非常难得。

估　价：RMB 70,000–90,000
成交价：RMB 110,000
尺　寸：54 × 45 × 97cm 中国嘉德 1995.05.11

清中期·红木扇面南官帽椅（四只）

　　通体圆材，硬屉，座面前宽后窄呈扇面形，这在椅具中较少见。靠背板整挖，浮雕"蝠磬有余"图案。椅子正面牙板作垂肚状，浮雕拐子纹饰，座面平镶装板，这套南官帽椅在清代同类作品中算是十分精致的器物，十分难得。

估　价：RMB 60,000—80,000
成交价：RMB 0
尺　寸：60 × 47 × 82cm 中国嘉德 1997.04.18

清·红木四出头南官帽椅 (一对)

　　这对红木椅子的形制是南方四出头式样，其特别之处在于搭脑与一般的四出头椅略有不同，呈曲线形，背板雕蝙蝠双鱼图案。用材精制，做工考究。

估　价：RMB 60,000—80,000
成交价：RMB 63,800
尺　寸：高114cm 中国嘉德 1998.10.28

清·榉木南官帽椅（四只）

这套椅子为南官帽椅形制,搭脑与立柱作圆弧状,以烟袋锅榫法搭接,圆润可爱。椅子用独板靠背,一对为圆形开光,一对为方形开光,开光内浮雕纹饰,雕工规制。鹅脖另木安装,弧度很大,不与前腿连做,做法比较特殊。连梆棍上粗下细,弧度也十分明显。扶手后部略高,椅盘以下正面用素直券口牙子,两侧改装刀头牙,比较常见。座面装板,是清代广作或北方的做法。此椅尺寸不大,而工艺细腻严谨,线脚明快利落,给人留下深刻印象。

估　价: RMB 3,500–6,500
成交价: RMB 0
尺　寸: 60 × 46 × 45 cm　太平洋国际 2003.07.09

清·柞榛木四出头官帽椅

这是一件典型的乡村家具,其样式基本沿袭明式。只是在用材上以圆材为主,突出了浑厚素朴的风格特点。椅子的靠背较高,搭脑两头上翘,扶手的弧度较大,椅盘以下装饰简约,只使用了刀头牙子,腿子下侧由圆横枨相连。椅盘为素混面攒框装软屉座面,突出了粗犷大气的特色。其时代当在清中期左右。

估　价: RMB 4,800–6,800
成交价: RMB 0
尺　寸: 57 × 48 × 111cm　太平洋国际 2003.07.09

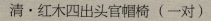

清·红木四出头官帽椅（一对）

　　此椅显著的特点在于弯材的使用上。它各个构件弯度大，可见当时下料一定不小，因而椅子本可以造得很粗硕，但却造得很单细，这是为了借用曲线来取得柔婉的效果。椅盘下用壸门券口牙子而不用罗锅枨加矮老，也是经过有意识的选择。背板透雕花纹，券口正中造出卷草纹，这一切使它和前例静穆凝重的风格迥然异趣。四腿外挓，保留了明式官帽椅的风格。

估　价：RMB 4,500-8,000
成交价：RMB 0
尺　寸：54×43×106cm 太平洋国际 2004.06.27

清·柞木雕花南官帽椅（一对）

　　官帽椅并不在于搭脑出头或不出头。椅子和官帽之间的联系应从形象的整体进行比较，而不宜拘泥于某一局部的似与不似。所谓"南官帽椅"是搭脑和扶手四处无一处出头的。通体柞木制器，方材，搭脑平直，与后腿格角相交，靠背板攒框装浮雕绦环板，绦环板上浮雕如意、草龙纹饰，下部留亮脚。牙板上浮雕拐子纹饰，扶手鹅脖下装"U"形托，大马蹄，牙板垂肚，有束腰。这些特点说明它是清代中后期北方所制。

估　价：RMB 4,500-6,000
成交价：RMB 0
尺　寸：57×44×89cm 太平洋国际 2002.04.22

清·榉木一腿三牙方桌配四出头官帽椅（一套）

这套桌椅造型端庄，装饰纯朴，工艺粗犷，具有很强的乡村韵味。桌子的角牙突出桌面，这在同类桌子中很少见。椅子在搭脑下装镂空横牙和角牙，以及在座盘下把券口改装成透雕式样，这都是这对椅子在装饰上的与众不同之处。椅子座盘下侧面没有装圈口，而是装了两根横枨，既节省了材料又增加了椅子的稳定性，这是乡村家具常见的做法。

估　价：RMB 6,000–8,000
成交价：RMB 0
尺　寸：长100cm、长59cm 太平洋国际 2002.04.22

清·榆木攒背雕花南官帽椅（一对）

这是一对极具乡土气息的椅具，风格朴实而又华丽。椅子的搭脑略微突起，两边与立柱格角相交处又略上翘，这在传世作品中是少见的。背板攒框而成，镶透雕草龙及花卉纹板，纹饰繁复，雕琢精湛。椅盘下部结构也很独特，不但装了束腰，而且腿足做成内翻小马蹄。这些特点都是不多见的。

估　价：RMB 12,000–15,000
成交价：RMB 11,000
尺　寸：112 × 45 × 59cm 中国嘉德 1996.04.20

清早期·榆木雕龙官帽椅、桌（一套）

此套桌椅榆木质地，显然是民间实用器物，由一对官帽椅和一张一腿三牙方桌三件器物组成。官帽椅，靠背板攒框分三段，上雕圆形开光龙纹，中段雕方形开光龙纹，下镂拐子花亮脚。搭脑、扶手作挖烟袋锅式榫，靠背板、扶手有明显向外的曲线，中间配以鼠尾式连梆棍。椅盘下配卷草纹壸门口，步步高脚枨，椅子两侧是加双枨。一腿三牙式方桌，攒框装板桌面，极为厚重，牙板和吊角牙起线镂花，罗锅枨上顶牙条，惟罗锅枨四个曲点处带工，与其他的略见不同。四腿八挓使整张桌子显得稳重大方。

估　价：RMB 6,000–10,000
成交价：RMB 0
尺　寸：不详 太平洋国际 2004.06.27

清·黑漆靠背彩绘官帽椅

这只靠背椅体形巨大，四出头官帽椅式，搭脑为驼背形，两头上翘，扶手呈"S"形，造型夸张。椅面为攒框平镶，下设高束腰，束腰上开镂花洞，腿为方腿内翻马蹄足，这在椅子中并不常见。椅子整体髹黑漆，靠背板饰浮雕并髹朱、黄漆，色彩艳丽。背板下端镂出亮脚，与镂空束腰相呼应，强调装饰效果，具有浓郁的福建地域特色。

估　价：RMB 15,000–25,000
成交价：RMB 0
尺　寸：高116cm 中国嘉德 2000.11.06

清·黑漆南官帽椅（一对）

　　这对椅子是明代形制，搭脑的形制很特别，靠背攒框装浮雕花板，座面平镶座板，座盘下正面装壸门券口，两侧装双横枨，通体髹黑漆，是同类乡村家具中的精品。

估　价：RMB 15,000–25,000
成交价：RMB 0
尺　寸：57.5 × 44.5 × 1.7cm　太平洋国际 2003.11.25

清·红木圈椅（一对）

　　这是一对十分典型的清式圈椅，其特点在于靠背为攒框装板形制，券口上装饰卷草和回纹纹饰，加之靠背板上的浮雕均是典型的清代风格，综合判断这是一对清代中期以后的作品。

估　价：RMB 35,000–50,000
成交价：RMB 0
尺　寸：高98cm　天津国拍 2000.11.07

清·红木圈椅（一对）

　　明式圈椅中有扶手不出头而与鹅脖相接的制式。此椅靠背扶手较高，背板浮雕"蝠磬"纹，椅盘以下用"垂肚"回纹牙子以代替券口，这是清代常见的装饰造法。使用红木材质，颜色已呈枣红色，是清代中期以后制作的。

估　价：RMB 45,000–55,000
成交价：RMB 0
尺　寸：59 × 44 × 102cm　太平洋国际 2001.11.04

清·黄花梨圈椅（一对）

这对圈椅为黄花梨材质，典型的苏式圈椅样式，鹅脖与前腿连接，椅圈扶手不出头。椅子的靠背板攒框分做四格，一三层开光，二层透雕卷草龙纹，第四格装牙子并留出亮脚。椅圈较常见者略高一些，因此看上去更为富丽豪华。靠背柱加曲形副柱，既牢固又起到装饰作用，椅盘为冰盘沿起线攒框装软屉，椅盘下配罗锅枨加矮老。前面"步步高"赶枨下装牙条。总之，这对椅子在清代装饰风格下保留有更多的明代韵味。

估　价：RMB 100,000—150,000
成交价：RMB 0
尺　寸：60 × 46 × 102cm　太平洋国际 2004.06.27

清·鸡翅木圈椅

明式圈椅多用圆材，用方材的少见。这只椅子为鸡翅木所制，座盘以下为带束腰的直枨杌凳样式，这种做法的圈椅不多见。椅圈三接，所用的榫卯是极为巧妙的"楔钉榫"，圆中略带扁形。靠背板为光素立板，除小束腰和阳线以外，常见的具有装饰效果的托角牙子底座下的圈口在这里都简化或取消了。软屉座面为原装，估计这只椅子最晚也是清中期的作品。完全靠椅子的构件来突出形体美，就艺术价值而言，堪称少见。

估　价：RMB 6,000—8,000
成交价：RMB 0
尺　寸：高94.5cm　天津国拍 2000.11.07

清・楠木圈椅（一对）

圈椅的扶手一般都出头,不出头而与鹅脖相接的少见。圆形的扶手,鲁班馆匠师称之曰"椅圈",清代《则例》则称之曰"月牙扶手"。它的造法有三接或五接之分。术语称前者为"三圈",后者为"五圈"。三圈可以减少两处榫卯结合,但须用较大较长的木料才能制成,所以是比较考究的造法。这对圈椅尺寸较大,背板圆形开光浮雕草龙纹饰,下部锼出亮脚,亮脚的弧度与椅盘下壸门口的弧线辉映成趣,整只椅子虽装饰不多,但仍有雍容华贵的气度。

估　价: RMB 16,000–18,000
成交价: RMB 16,500
尺　寸: 100 × 67 × 50cm 中国嘉德 1996.04.20

清・榉木雕龙圈椅

圈椅之名是因圆靠背其状如圈而得来,宋人称之为"栲栳样"。明代《三才图会》则称之曰"圆椅"。"栲栳",就是用柳条或竹篾编成的大圆筐,圈椅古名栲栳样乃因其形似而得名。它的后背和扶手一顺而下,不像官帽椅似的有梯级式高低之分,所以坐在上面不仅肘部有所倚托,腋下一段臂膀也得到支撑。据清嘉庆间编印的《工部则例》可知,当时的圈椅造法和明式的没有多大差别,直到现在民间还继续生产,广泛使用。其中用竹子或柳木造的圈椅尤为常见。此圈椅形制规整,做工考究,椅圈三接,圆中略带扁形。背板曲线适合人体的比例,端坐舒适。前后腿和扶手相交处都有托角牙子。椅盘下的券口牙子曲线方中带圆。这只椅子软屉座面为原装,估计最晚也是清中期的作品。就艺术价值而言,此椅属清代苏式圈椅中之精品。

估　价: RMB 5,000–8,000
成交价: RMB 0
尺　寸: 不详 太平洋国际 2001.11.04

清乾隆·瘿木根雕圈椅（一对）

以天然木根制作家具是清代新兴的一种手法，要求成器后浑然天成，因此对拼接的技巧要求极高。这对椅子的靠背和扶手利用天然木根拼接攒成。座面也是以木根做成围框，铺以木板做成。座面下的牙子、腿子也是以木根攒成。整体攒镶工艺天衣无缝，造型奇特，古朴高雅，十分难得。

估　价：RMB 300,000–500,000
成交价：RMB 330,000
尺　寸：高105cm 天津国拍 2000.11.07

清·黄花梨扶手椅（一对）

这对扶手椅的椅背和扶手也是采用拐子攒接的做法，座盘下没有装束腰，以透雕牙板和横枨连接腿子，靠背中心装瘿木板，中间圆形开光，与周围拐子形成的矩形空间辉映成趣。这对椅子选料精良，做工精细，以黄花梨为材质的同类器物非常罕见。

估　价：RMB 18,000–22,000
成交价：RMB 0
尺　寸：高33cm 中国嘉德 1998.10.28

清中期·黄花梨雕花鸟纹扶手椅（一对）

这对太师椅通体以黄花梨制作，这在同类器物中是不多见的。此椅的特点在于椅盘以下构件敦实、简洁，素混面攒框落膛硬屉座面，素方腿、素牙板、素横枨，除了椅盘下装一小束腰外，没有任何装饰。椅盘以上部分则做工细腻、繁复，直杆搭脑在稍后的作品中大多被改装成波浪形状，透雕花鸟纹靠背板体量较大，刀法纯熟，刻制精细。靠背和扶手的边框曲线优美自然，以走马销相连，拆装方便，便于搬运。值得注意的是此类椅子的搁臂处一般做得都比较宽，这种扶手椅是清代时出现的，大多陈设于厅堂，因此有的称之为"太师椅"，属于清式太师椅中较为简洁的样式。

估　价：RMB 16,000–18,000
成交价：RMB 16,500
尺　寸：100 × 67 × 50cm 中国嘉德 1996.04.20

清·黄花梨雕花扶手椅（一对）

这对椅子用料宽硕，使用黄花梨材质制作，制作者的地位肯定非同一般。椅子带束腰，牙板做成垂肚状，并满布浮雕花纹，直腿落地由直枨相连，四足挖成回纹马蹄。靠背做成屏状，中间突起，下挖亮脚，屏芯为浮雕花板，扶手为拐子攒接，与靠背形成完美的虚实对比。从做工看，可能是清宫造办处的作品。

估　价：RMB 16,000–26,000
成交价：RMB 0
尺　寸：62 × 47 × 108cm 太平洋国际 2003.07.09

清中期·老鸡翅木拐子扶手椅（一对）

这种扶手椅是清代特有的椅子样式，其基本结构是在方机上另装攒接的扶手和靠背。这对扶手椅子由精美老鸡翅木制成。攒板靠背弧形外倾，背板开光，分作椭圆环形和方形，下部锼出亮脚。简化的拐子搭扶，方材素面。椅子各部分结构以直方为主，逢折角做内外圆，制作水平很高。素混面攒框，落膛硬屉座面，面下束腰。方材直腿，腿足内翻，腿间安四面平底枨。整体造型简洁朴素，风格庄重沉稳，成对保存，极为完美。

估　价：RMB 30,000－55,000
成交价：RMB 55,000
尺　寸：高82cm 中国嘉德 1998.10.28

清·花梨木双螭拱璧纹扶手椅（一对）

这对椅子扶手和靠背攒框，有走马销与椅盘相连，椅盘为平镶面，椅盘下装束腰，腿子做成三弯形，腿子间由横枨相连，牙板下装透雕联璧纹饰花牙，靠背为透雕双螭拱璧纹花板，靠背上横梁锼成波浪状，从这对椅子的装饰风格来看，应该是清末制品。

估　价：RMB 8,000
成交价：RMB 0
尺　寸：100×66cm 天津文物 2002.06.27

清·紫檀木嵌瘿木扶手椅（四只）

五屏风式，中间椅子背凸起，搭脑为卷书式，攒框上镶紫檀浮雕海水龙纹芯板，中间镶有瘿木高浮雕山水人物芯板，下部留有亮脚。其余依次递减，呈台阶状，内装券口也随外形而做。牙板壶门采用方形花牙，做工讲究，管脚枨四面等高，稳定性能良好。此椅扶手以走马销连接，拆卸自如方便。尤其靠背板芯采用分色做法，紫檀的乌黑凝重与瘿木棕黄形成反差。背板高浮雕人物，在家具中极为少见。雕工采用玉器减地雕法，地子极平，纹饰凸起，醒目突出。此椅四具一堂，保存完好，殊为难得，曾是"清水山房"藏品。

估　价：RMB 400,000–600,000
成交价：RMB 385,000
尺　寸：98.5 × 65.5 × 50cm 中国嘉德 1995.10.09

清·紫檀扶手椅（一对）

这对紫檀扶手椅的形制与上面介绍的几件属同一类型，只是座盘较低，座盘下除了束腰外简化了其余的结构，它在牙板上锼出垂肚，在腿子内侧锼双弧，并以减地浮雕刻出回纹和云纹，背板上的福寿纹更强化了整体的装饰主题。此紫檀制器在清代同类器物中已属难得。

估　价：RMB 50,000–80,000
成交价：RMB 0
尺　寸：高91cm 天津国拍 2000.11.07

清乾隆·紫檀福庆如意纹扶手椅

　　此椅为五屏风式样，卷书式搭脑，靠背中间一屏浮雕蝙蝠、石磬和如意图案，意为"福庆如意"，这是清宫典型的装饰图案，其他两屏及扶手两屏高浮雕拐子几何纹和如意纹，座屏与椅盘由走马销连接。椅面由冰盘沿攒框平镶芯板，束腰平直，方腿直牙，牙板下挂装拐子纹花牙，腿子内侧起阳线，装四面平管脚枨。同样的椅子故宫博物院也有收藏，应该是乾隆年间宫内造办处的制品。

估　价：RMB 120,000-150,000
成交价：RMB 132,000
尺　寸：高108cm 中国嘉德 1999.10.27

清·紫檀扶手椅

　　这是一只造型独特的扶手椅,椅子前面为半圆形,后面为三边形,根据这个造型判断估计是放置在房间角落处的椅子。椅子的靠背和扶手采用直枨梳背的形式,座面下采用的是垛边圆包圆半桌的形式。通体使用圆材和扁圆材,做工精细,风格素朴浑圆,在传世家具中这是仅见的一例器型,十分珍贵。

估　价: RMB 25,000-35,000
成交价: RMB 37,400
尺　寸: 高71cm 北京翰海 2001.12.10

清·紫檀雕花扶手椅（一对）

　　这对扶手椅椅盘以下装饰简洁，除了束腰和角牙以外基本是光素的，而椅盘上方的扶手和靠背则极尽装饰之能。椅盘为冰盘沿攒框平镶板座面，扶手和靠背攒接成屏式。上缘挖成卷云状，沿内侧周镶镂雕花牙，靠背板浮雕福庆有余图案，整体风格华丽异常，应该是清代中期的做工。

估　价：RMB 300,000–500,000
成交价：RMB 330,000
尺　寸：64 × 49.5 × 108cm　北京翰海　2004.11.22

清·红木嵌扶手椅（一对）

　　中间靠背板高高凸起，搭脑为浮雕花卉纹卷书式，攒框镶浮雕花卉纹靠背板，下部留有亮脚，其余呈台阶状拐子纹攒框。座面下设高束腰，束腰上开鱼门洞。牙板看面垂肚装饰浮雕拐子纹，做工讲究，管脚枨四面等高，稳定性能良好，回纹马蹄。此椅扶手以走马销连接，拆卸方便自如。这是一对典型的清式北方扶手椅。

估　价：无
成交价：RMB 5,500
尺　寸：68 × 52 × 110cm　天津文物　2004.06.24

清·红木拐子寿纹扶手椅（四只）

这是两对时代比较早的攒框扶手椅，其整体风格是椅盘以上比较繁杂，由攒框做成的拐子纹饰和"寿"字纹共同组成靠背和扶手，搭脑处雕成卷云状。椅盘以下则比较简洁，直腿近足处雕饰成回纹，束腰很小，牙板做成垂肚并装饰回纹。整器纹饰搭配合理，典雅大方，估计应该是清代中后期的作品。

估　价：RMB 40,000–50,000
成交价：RMB 0
尺　寸：高102cm 天津国拍 2000.11.07

清·红木嵌螺钿扶手椅（一对）

这是一对典型的清后期广作扶手椅，镶云石座面，框板逢角挖圆，做工讲究。椅子的透雕靠背板、透雕扶手板以及正面椅盘下的束腰、牙板、腿子上镶嵌螺钿纹饰，整体风格较华丽，但又不琐碎，在同类器物中属上乘之作。

估　价：RMB 10,000–15,000
成交价：RMB 0
尺　寸：60 × 46 × 97cm 太平洋国际 2002.04.22

清·柞木镶瘿木芯扶手椅（一对）

　　这对椅子的形制基本同于上面介绍的一对，只是有些细节不同。首先中间靠背上装卷书状搭脑，腿子下挖马蹄足直落地，没有装落地枨。虽结构简洁，几无装饰，但用料硕大，仍体现出雍容富贵的气息。

估　价：RMB 7,000–10,000
成交价：RMB 0
尺　寸：58 × 44 × 81cm　太平洋国际　2002.04.22

清·榆木扶手椅（一对）

　　这对扶手椅的靠背和扶手以方材攒格子构成，中间靠背板为攒框装雕花板，上装向后仰的搭脑，从最高的搭脑到扶手端形成五个梯级。座面为板装硬面，座盘下三面装壶门券口。虽是乡村家具，但做工精细，一丝不苟，是难得的清代中期北方乡村家具。

估　价：RMB 22,000–38,000
成交价：RMB 0
尺　寸：64 × 63 × 96.5cm　太平洋国际　2003.11.25

清·铁力木五屏式扇形椅

　　这是一只形制特殊的椅子，俯瞰座面呈扇形，与一般扇形椅不同之处在于此椅前小后大，与常见前大后小者正好相反。此椅全部选用圆材，五屏高低由后向前依次递减，屏框间装直枨，靠背一屏装攒框靠背板，下留亮脚。椅盘下装罗锅枨加矮老以及直枨，软屉座面，座面框为劈料成型。整体风格圆浑自然，装饰简约，是清代椅具中非常独特的一件。

估　价：RMB 100,000–150,000
成交价：RMB 99,000
尺　寸：73 × 44.5 × 96cm 北京翰海 2004.11.22

清·红木盘肠纹云石太师椅茶几（一组）

这组太师椅和茶几使用的是红木材质，太师椅直腿直枨，平装硬屉座面，座盘下装小束腰，牙板做出垂肚，造型平整简洁。椅盘以上使用圆材，搭脑、扶手攒成盘肠纹式样，靠背攒成圆框装云石，整体效果是上圆下方。茶几则使用三弯式样，与众不同的地方在于腿子上方下圆，近足处没有向外翻出，而是向内收回，这种腿子的形态着实少见。几面攒框装云石，除了高束腰外，还在几面下装了一层屉板。整组家具的制作意图是在方圆之中寻求和谐。

估　价：RMB 15,000–25,000
成交价：RMB 0
尺　寸：65 × 47 × 100cm　太平洋国际 2001.04.23

清·红木绳纹太师椅（一对）

这是一对清代嘉庆、道光时期京作的太师椅，直腿直枨，平装硬屉座面，座盘下装小束腰，造型平整大方。驼峰状搭脑，背框上装饰一点线刻的云纹，同样的纹饰也出现在看面的牙条上。靠背上装饰着镂空的如意绳纹是这对椅子最大的装饰看点。整只椅子的装饰并不很多，但看上去文雅大气，是同类作品中做工比较精致的。

估　价：RMB 8,000–12,000
成交价：RMB 0
尺　寸：62 × 48 × 97cm　山东光大 2004.08.29

清·红木方桌、太师椅（一组）

　　这组家具中的椅子与上面介绍的几件太师椅在形制上基本一致，只是在椅背的装饰上更为复杂一些。靠背上透雕的宝瓶图案和搭脑上的蝙蝠纹饰构成了"太平有福"的寓意，是清代中期极为流行的装饰。方桌为直材三弯腿式样，高束腰，牙板上装饰卷草纹饰，在腿牙内侧装透雕的螭龙纹角牙，腿子下为兽足。从椅子和方桌的造型和装饰来看，不是一起制作的，而是后配的。

估　价：RMB 15,000–30,000
成交价：RMB 0
尺　寸：68×51×99cm 太平洋国际 2001.04.23

清·黄花梨七屏风式椅子（一对）

　　此对扶手椅是典型的苏作家具，通体使用圆材，花梨材质。靠背、扶手仿窗棂灯笼锦式样，靠背三屏，左右扶手两屏，共七屏。座围子采用攒框和活榫拼接，使椅子背垂直。卷书式搭脑高出椅背，座板下安罗锅枨加矮老，足端安四面平管脚枨，下安牙条，各种部件相交处均为挖圆做，这是非常讲究的做法。座围子采用攒框和活榫拼接，座面素混面、上下起阳线，座芯为板芯硬屉，这是北方或广式做工的特点。椅子整体圆润、空灵、自然，是明式家具向清式家具风格的转化。故宫博物院有一对与此椅造型相同的藏品。

估　价：RMB 40,000
成交价：RMB 0
尺　寸：高106cm 天津文物 2004.06.24

清·红木雕花太师椅（四只）

　　这四只雕花太师椅从做工和纹饰上判断应该是嘉庆、道光时期的制品，搭脑处取平，靠背透雕繁复，略显琐碎。扶手框内攒拐子纹饰，座盘下牙板和赶枨下均锼成波浪形壶门券口，以呼应座盘上方的纹饰。椅子的料头不大但做工精细，直腿略向外放，显示出一种灵动轻巧的韵味，这在同类器物中是少见的。

估　价：RMB 25,000–35,000
成交价：RMB 0
尺　寸：高115cm 中国嘉德 1999.04.21

清·花梨木嵌云石一路连科纹太师椅（一对）

　　这对太师椅是清代末期流行最广的厅堂坐具样式。无论是纹饰刻工还是做工，都具有典型的清代晚期苏州家具的特点，椅子的扶手、搭脑、靠背均为攒框加透雕莲花纹，搭脑中部雕蝙蝠，靠背正中圆框中镶云石。椅盘为落膛安装，下部装束腰，束腰下装托腮，椅盘正面内凹，牙板设垂肚，浮雕如意纹，腿子为三弯腿兽爪足，四根脚枨连接四腿。这对椅子的总体装饰纹饰搭配非常罕见，风格华丽，做工精细，雕刻完美，是清末上乘工艺。椅子保存如此完好，是十分难得的传世精品。

估　价：RMB 7,000
成交价：RMB 0
尺　寸：102×68cm 天津文物 2002.06.27

清·红木雕福禄纹云石方桌、太师椅（一套）

这对红木太师椅和方桌是清末制品，是厅堂陈设家具。整组家具以方材为主，端庄方正。椅子的座面、靠背以及方桌面镶嵌大理石，桌面下的透雕挂牙和椅背上的卡子花以缠枝葫芦纹饰为主，寓意"子孙绵延"，三具一堂属同类器物中的佳品，保存十分完好。

估　价：RMB 25,000–35,000
成交价：RMB 0
尺　寸：桌62×48×98cm 太平洋国际 2001.11.04

清·红木嵌云石灵芝纹太师椅（一对）

这对适合陈设于宽大厅堂之中的太师椅是清代末期太师椅流行最广的样式。无论是比例、榫法、纹饰，还是做工，都具有典型的清代晚期苏州家具的特点。椅子的扶手、搭脑、靠背均为攒框加透雕灵芝纹，搭脑中部外撇，靠背正中圆框中镶云石面，云石花纹，一山一水，这是很讲究的搭配。椅盘平镶座面，下部装束腰，椅盘正面内凹，牙板设垂肚，浮雕双龙，腿子为三弯腿兽爪足，四根枨连接四腿。椅子整体给人感觉富贵而端庄。

估　价：RMB 40,000–50,000
成交价：RMB 4,400
尺　寸：66×51×140cm 天津国拍 2004.11.18

清·硬木嵌螺钿太师椅（一套）

　　这组太师椅和茶几的组合是清末最为典型的厅堂椅具样式，在清末民间广泛流行，保存下来的器物很多。座面、靠背、茶几面装云石，椅盘和几面下的挂牙均做成锼花状，雕刻与螺钿装饰结合使用，华丽富贵，是这类太师椅的共同特点。

估　价：RMB 45,000
成交价：RMB 0
尺　寸：不详 天津文物 2002.06.27

清·硬木嵌螺钿太师椅（一对）

　　这是一对清末广式螺钿太师椅，由方机形椅盘、靠背和扶手组成。椅子的座面为攒框装云石，其下装有小束腰，直牙方腿，足部阴刻回纹，四腿由横枨相连，看面横枨下装角牙。椅盘以上攒框锼成盘肠图案，圆形开光镶云石靠背，两只椅子的云石图案分别近似于"山"、"水"。椅子的靠背、扶手、看面牙板均镶嵌螺钿花纹，极具装饰趣味。

估　价：RMB 12,000-25,000
成交价：RMB 15,400
尺　寸：66×49×100cm 天津国拍 2001.11.03

清·红木太师椅、茶几（两组）

这套太师椅及茶几适合陈设于宽大厅堂之中，两椅一几为一组，共两组。椅子的扶手、搭脑、靠背，以及茶几的牙条为透雕盘枝纹，搭脑中部雕饰一蝙蝠，寓意"福寿绵延"，靠背正中洼膛减地平雕团龙纹。落膛硬屉座面，座面前缘中部内收。椅下半部为三弯腿虎爪足，使椅子的体态显得厚重、敦实、富丽，从而突出主人的气魄。茶几风格与四椅统一，只是在四足间镶一屉板，栏格成四块，配以透雕盘枝纹装饰。这种民间使用器物能够成套传世，保存完好，十分难得。

估　价：RMB 60,000—80,000
成交价：RMB 96,800
尺　寸：不详 中国嘉德 2000.11.06

清早期·松木靠背条椅

这种长凳子是厅堂和廊子上的陈设坐具，又有"阁老凳"、"庙椅"之称，相传为寺庙中大殿外上香的信徒休息之用。此凳凳面厚且长，为攒框攒棂子式样，和腿子为插肩榫结构，腿子缩进，凳面探出带吊头。靠背设五根柱子，栏框间镶有素绦环板，搭脑和柱子间为卡子花装饰。腿部饰卷草纹样，风格粗犷，非常有特点。

估　价：RMB 20,000—40,000
成交价：RMB 0
尺　寸：227 × 44 × 77cm 太平洋国际 2004.06.27

清·黄花梨长椅

长椅又称三人椅,这只长椅的形制取自明式梳背式玫瑰椅,全部使用圆材,直枨直棖,座面冰盘沿攒框,软席座屉,四腿收分明显。造型简洁质朴,古雅大方,富有浓郁的"书卷气"。

估 价:RMB 100,000–150,000
成交价:RMB 0
尺 寸:高68cm 中国嘉德 1998.10.28

清·红木三人椅

此椅选用直材,格角相交的形制。靠背和扶手接榫与座面相连,座面为落膛装板,靠背攒框装板,另装后倾的搭脑,椅子下部为直腿,装镂云纹大牙板。椅子的整体风格倾向是朴素、端庄,强调了器物的整体稳定性,是清末、民国流行的样式。

估 价:RMB 7,000
成交价:RMB 0
尺 寸:180cm 天津文物 2004.11.15

清中期·铁力木三人椅

这是一件由五屏式扶手椅发展来的三人椅，
为冰盘沿平镶座面，打洼小束腰与鼓腿膨牙相结
合，内翻大马蹄向内收抱，足间有罗锅枨相连。
座盘上的靠背和扶手由攒框拐子纹组成，与牙板
上的浮雕回纹辉映成趣。

估　价：RMB 20,000–30,000
成交价：RMB 22,000
尺　寸：高100cm 中国嘉德 1999.10.27

清·红木镶云石宝座

这件宝座为屏椅式样，这在宝座形制中是
很少见的。座面为落膛装板，直接坐于腿牙之
上，省略了常见的束腰，整个座面与牙板看面
内凹，形近于清末的太师椅，腿子为三弯腿，
外翻大马蹄。靠背攒框镶云石，状如座屏，云
石中间一块为主，云山图案十分精美，两边的
云石为素色，仅起装饰作用，屏与座面之间由
攒框回纹站牙连接，简洁大方。整个宝座的装
饰性远远大于其实用性。

估　价：RMB 40,000–60,000
成交价：RMB 0
尺　寸：高111cm 天津国拍 2000.11.07

157

清·红木三屏式宝座

　　此为高束腰宝座，但靠背和扶手又比常见的宝座矮一些，如同小型的罗汉床。但看面整体内凹，又与清后期流行的太师椅形制近似，此等形制的双人椅子十分罕见。座围框板宽厚，装云石，腿子粗直，下为大型回纹马蹄。牙板正面装饰蝙蝠纹饰，整体风格厚重稳定，是清末椅类家具中的精品。

估　价：RMB 15,000–25,000
成交价：RMB 0
尺　寸：高63cm 天津国拍 2000.11.07

清晚期·榉木大宝座及脚踏

　　宝座为高束腰马蹄腿形制，座面下束腰上开鱼门洞。靠背与扶手仿罗汉床五屏式样，卷书式搭脑高出两侧面较多。宝座靠背为红木攒框，中间镶影木。通体器型规整，简洁庄重。前置榆木攒格脚踏，以细木攒斗成踏面，工艺讲究，通体灵透。

估　价：RMB 22,000–25,000
成交价：RMB 22,000
尺　寸：87×110×65cm 中国嘉德 1996.04.20

清·红木躺椅

　　躺椅是外来家具样式，因此到清代后期才出现在中国家具类型之中。这件极富中国风格的躺椅设计十分巧妙，充分照顾到使用者坐、卧的舒适度。座面采用双层抽屉式，下层座面既可推入成座椅，也可以抽出成榻。椅子的靠背倾角较大，搭脑较为宽大，形同小枕，并设双层扶手以满足坐、卧时手臂的需要。椅子的整体装饰简洁，突出实用功能，是清末硬木同类家具中制作较精者。

估　价：RMB 10,000–15,000
成交价：RMB 0
尺　寸：112 × 58 × 47cm　太平洋国际　2001.04.23

清·五屏拐子纹宝座

　　此宝座式样由清式太师椅发展而来,座面为攒框落膛装板,设小束腰,直牙直腿,腿子上粗下细,取渐收的趋势,至足部为扁的内翻大马蹄足。座面正中为内收,既便于坐姿端正,又增加了看面视觉上的变化。座面以上为攒框围子,五屏风式样,正中靠背板镶浮雕拐子龙纹板,其余四扇围子均是攒框拐子纹。整体料头宽大,做工、刻工十分精细,绝非俗工所为。

估　价:RMB 15,000-18,000
成交价:RMB 0
尺　寸:130×50×90cm 太平洋国际 2002.04.22

清·柞榛木直背交椅

　　交椅有直背和圆背两种,均流行于明代,没有扶手的直背交椅在明代就已经较少见。此交椅靠背为圆材攒框,中间靠背板装素板,弧度非常流畅,下边锼出亮脚。在近座面处装了一块镂空绦环板,增加了椅子的装饰效果。座面以下形近一件大的交杌,座面为绳编软屉,并装有脚踏。

估　价:RMB 8,000-10,000
成交价:RMB 0
尺　寸:高108cm 天津国拍 2000.11.07

清式·桌案类

清代桌案和明代桌案的明显区别主要体现在马蹄上，明代多用大挖马蹄，而清代则多用直角回纹马蹄。明代桌案常用壶门式牙板，清代则绝少采用。清代中后期，对桌案的腿子着力颇多，尤其是开始盛行三弯腿，几乎达到了无处不有的程度。清代家具就桌案而言，其用料普遍较明式家具要大，装饰也更复杂，制作更加精美，品类繁多，装饰手法千姿百态。

清式家具中炕桌、炕几比较发达，运用比较广泛，尤其是在北方地区，传世的数量非常多，其造型也并未完全脱离明式。可折叠的炕桌是清代宫廷的特制家具，是此类器物中的精品。

清式方形桌基本沿袭明式的结构，其中的八仙桌品种较多，装饰手法千姿百态，最常见的一种桌面镶嵌大理石，一般都有束腰，且四面有透雕牙板。

清式条桌除了装饰更为复杂之外，更喜欢加装抽屉。

圆桌在清代很流行，尤其是在清代后期发展出许多新式样。而一种桌面完整，下以一柱居中支撑的圆柱式独腿圆桌是清代才开始出现的，其中雍正年间宫中制作的独梃座可旋转圆桌、方桌最具特色。清式半圆桌也是清式家具中常见的家具品种之一。

清式案比明式案装饰更加繁缛，造型大的如翘头案、平头案、卷书案、画案，造型较小的有炕案、条案等。案发展至清代，形式基本上无大改变，但形体上变得较为高大，结构上也有了较固定的做法，并常施以精美的雕饰，如拐子纹大香案、夹头榫翘头条案。而大型卷书条案比明代案有变化，该案两头像卷书一般，非常形象，很有特点。

茶几清代始盛行，是从香几演变出来的。清式几类繁多，有高有矮，有圆有方，形体各异，有香几、花几、盘几、茶几、天然几、套几等。天然几是厅堂迎面常用的一种陈设家具，苏州园林厅堂中都是用天然几作陈设。最有特色的是从大到小套叠起来的一种长方或方形套几，有三几、四几不等，故又称"套三"、"套四"。套几可分可合，使用方便，便于陈设。

清式琴桌透雕繁复，下部为木架，上为空心屉，可置琴，奏琴时会发出共鸣。有的清式琴桌为攒斗而成，为清式家具中的特色式样。

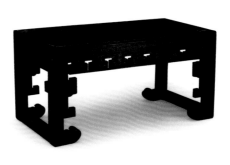

清·黄花梨抽屉式炕桌

此炕桌造型简洁，装饰华丽，黄花梨材质，用料考究。桌面为攒框装板，下设束腰，束腰与牙板为一木连做，桌子正面沿束腰和牙板开一洞，设一内置抽屉。四面牙板浮雕双螭纹，牙板与腿足格肩相交处雕兽面纹，三弯形腿，四足作兽爪握球状。其装饰图案具有明显的清初家具的特征。

估　价：RMB 25,000－35,000
成交价：RMB 33,000
尺　寸：宽80cm 中国嘉德 2000.11.06

清早期·黄花梨有束腰小炕桌

此桌造型古雅，基本没有任何雕饰。尺寸虽小，用料却不薄，全黄花梨材质，面子下设穿带二根。牙条宽厚，腿子起肩稍收，做外翻腿式样。桌面、桌腿多处包裹铁镀金加固饰件，显然这是一件供外出活动携带且特别坚固耐用的家具。清雍正朝造办处活计档中有此类炕桌的制作记载。此桌虽为明式，但在清代初制造量最大，宫廷中所谓"宴桌"多为此式。

估　价：RMB 15,000－25,000
成交价：RMB 50,600
尺　寸：高23.2cm 中国嘉德 1998.10.28

清·花梨木炕桌

　　此桌正方形，三弯腿带束腰方桌形制。冰盘沿攒框装板桌面，高束腰，每面束腰上有三段阳线装饰，牙条锼出垂肚，浮雕回纹，桌腿挖成三弯腿，近足脚处向外翻出，浮雕灵芝纹饰，足下设有一层垫足。从造型上看这是一件清代晚期的家具，做工精良，器型规整大方。

估　价：RMB 8,000–12,000
成交价：RMB 0
尺　寸：87 × 87 × 37cm　太平洋国际 2001.04.23

清·紫檀炕桌

　　这是一件带束腰炕桌式棋桌，桌面下设高束腰，用以装承棋盘，束腰上装饰着雕花纹饰，鼓腿膨牙，腿子渐行渐收，最后落于托泥之上，桌子腿间装罗锅枨，牙与枨之间各装卡子花一只。此桌具有明显的乾隆间装饰风格和做工，比较罕见。

估　价：RMB 30,000
成交价：RMB 33,000
尺　寸：78cm　天津文物 2002.06.27

清·紫檀西番莲纹炕桌

　　这件高束腰的炕桌与故宫收藏的同型条桌极为近似，高束腰上浮雕卷草纹饰，牙板锼出垂肚，雕刻西番莲纹饰，纹饰与腿肩纹饰连成一体，极具西方装饰韵味。腿子下半截挖缺，足外翻并装饰云头浮雕，整体风格富贵华丽。有可能是清代广作器物。

估　价：RMB 100,000–150,000
成交价：RMB 176,000
尺　寸：87 × 48.5 × 36cm　北京翰海 2004.11.22

清雍正·紫檀漆面炕桌

今人称之为炕桌，以为是北方炕上使用的小桌，其实这种矮桌原先就是江南地区使用的一个品种。此炕桌紫檀材质，造型十分特殊，为"褡裢式"，对面设抽屉，桌面髹黑漆，内里糊纱、挂灰、髹朱漆。独特的拐子形腿装饰卡子花，这在古代家具中十分罕见。透雕小角牙，腿脚为回纹马蹄，所有的横竖材相交处均挖牙嘴，圆润过渡，

与现存于故宫等处的多件雍正时期紫檀髹漆家具工艺做法相同，由此可见应为清代宫中之用器。

估　价：RMB 80,000–120,000
成交价：RMB 132,000
尺　寸：宽96cm 中国嘉德 2000.11.06

清·紫檀直枨炕桌

这件炕桌带束腰形制，通体方材取直式、直枨、直腿、直牙、直矮老，但所有构件的看面都做了打洼处理，由此显示出这件看似简洁的器物，实际上是一件颇费制作者心力的杰作。

估　价：RMB 30,000–50,000
成交价：RMB 44,000
尺　寸：35.3 × 17.7cm 北京翰海 2000.01.09

清·紫檀炕桌

这件带托泥的炕桌结构比较复杂，造型也比较罕见。其最有特点的地方在于桌面框材较常见者为薄；在打洼束腰上开鱼门洞；腿子与足攒斗而成；托泥自成一个整体，也是使用攒斗手法做成。以上这些特点足见这件器物的罕见之处了。

估　价：RMB 15,000–25,000
成交价：RMB 0
尺　寸：34.4 × 15.5cm 北京翰海 2001.12.10

清·鸡翅木瓷板面炕桌

此为带束腰、带托泥、鼓腿膨牙式炕桌。选料精良，以上好的鸡翅木制作，桌面攒框装带暗花的青瓷板，小束腰上打洼，牙条镂出垂肚，桌腿向内环抱，坐于托泥足上，整件器物制作规矩精细，从瓷板装饰花纹判断应该是乾隆时期的作品。

估　价：RMB 28,000–38,000
成交价：RMB 30,800
尺　寸：34.6 × 29cm 北京翰海 2001.12.10

清·红木云石面有束腰马蹄足罗锅枨炕桌

此桌正方形桌面，有束腰炕桌制式，桌面镶嵌云石，束腰双打洼，是非常讲究的做工。矮老上端需与牙子交圈，故多用格肩榫。此桌每面双矮老，和上下的构件都用格肩榫相交。传统家具中凡是横竖材相交而又在一个平面上的，只有用格肩榫相交才是正规的造法。这件方桌料头粗硕，器型敦实，是典型的清式家具。

估　价：RMB 5,500–6,500
成交价：RMB 0
尺　寸：60 × 60 × 53cm 太平洋国际 2002.11.03

清·红木圆形炕桌

圆形炕桌在炕桌中十分少见,此件炕桌为六足,带束腰,鼓腿膨牙,腿牙为插肩榫结构。束腰打洼,牙板上镂出垂肚,并浮雕卷草纹饰,沿牙边阳线在腿子肩部结成浮雕小花,十分精巧可爱。足部做成卷足。总之,这是一件做工一流,素朴大方而又不失富贵气息的家具。

估　价:RMB 12,000–15,000
成交价:RMB 13,200
尺　寸:高40.5cm 天津国拍 2000.11.07

清早期·黑漆小桌

素混平桌面,漆层表面为黑漆,底漆为紫漆,通身有断纹,几面如蛇腹间流水,为年代久远所致。高束腰,束腰上开长圆鱼门洞,正面两个,侧面一个。鼓腿膨牙,兜转有力。牙子挖壶门式轮廓,沿边起灯草线。造型优雅而古趣,是典型的明清之际的明式家具。

估　价:RMB 15,000–25,000
成交价:RMB 176,000
尺　寸:12.5 × 50.5 × 30.5cm 中国嘉德 2003.11.26

清·黄花梨夹头榫撇腿翘头炕案

此案明式造型，古朴自然，两边微翘，结构
比例均匀，简洁庄重。最引人注目的地方是向侧
面撇出的腿足，不仅线条优美，而且增加了稳定
感。牙头透挖云头，挡板部分云头向上翻出，都
使此案生色不少。

估　价：RMB 30,000–50,000
成交价：RMB 0
尺　寸：126 × 32.5 × 32.5cm　天津国拍 2004.06.24

清·榆木雕草龙四屉炕案

通体以榆木制作，案面装翘头，下设抽屉四
具，抽屉脸雕花，正面牙条、角牙起线铲地雕卷
草纹，工艺繁复。案的长度近两米，可在炕上靠
墙摆放，亦可摆在成对大柜前的地面上。民间使
用的带抽屉炕案年代也有较早者，而且淳朴可
爱。它们多用一般木材制成，造型有两屉、三屉
者，四屉者不多见。四腿垂直，没有外放，这是
清代常见的做法。

估　价：RMB 5,000–8,000
成交价：RMB 0
尺　寸：164 × 44 × 41cm　太平洋国际 2001.11.04

清·紫檀嵌鸡翅木炕几

　　这是一件乾隆时期的包镶家具,整件器物的边抹腿足构件格角衔接,风格规整端庄。几上的挂牙采用青铜纹饰,在雕刻中辅以镶嵌,古朴而生动。包镶家具制作工艺复杂,要求制作者一丝不苟,此件传世几百年,保存完好,没有一点镶嵌脱落的现象,可见其制作工艺之精。

估　价:RMB 100,000-150,000
成交价:RMB 176,000
尺　寸:36×18cm　北京翰海 2004.11.22

清·黄花梨炕几

　　这是一件腿子做成双下卷式样的炕桌,桌面与下卷的挡板相连,形成优美的弧线桌面,其下接连卷成半圆的弧线腿子,足部回卷。整体结构稳定,线条弧度自然,除了牙板装饰垂肚以外,通体以阳线作装饰,此类器物制作特殊,传世很少。

估　价:RMB 30,000-50,000
成交价:RMB 66,000
尺　寸:93×40×35cm 北京翰海 2004.11.22

清·紫檀镶铜包角炕几

这只炕几造型极为单纯,几面为攒框打槽装板,面板是一板裁开对拼,几面下装小角牙,腿足和穿带均为方材倒棱,为典型紫檀做工。四周錾花铜包角及足套保存完好。

估　价: RMB 25,000–35,000
成交价: RMB 46,200
尺　寸: 宽77cm 中国嘉德 2000.11.06

清·紫檀有束腰马蹄足鼓腿膨牙炕桌

此炕桌为鼓腿膨牙式样,有打洼束腰,冰盘沿攒框桌面拦水线,肩部向外膨出,扁马蹄足底向内兜转弧度之大超过一般的同式家具。牙条雕饰光素简单,壶门弧线圆转自如,整器光素无纹饰,只沿着牙腿的轮廓起阳线,抑扬有致,典雅大方。

估　价: RMB 25,000–40,000
成交价: RMB 41,800
尺　寸: 80×50×31cm 无锡市文物公司 2006.06.15

清初·紫檀嵌鸡翅木炕几

此桌形制近似于清代可以装腿的炕桌, 霸王
枨, 圆腿宝瓶足。但装饰比较华丽, 小束腰上雕
饰波浪纹状阳线, 牙板挖成壶门状并浮雕龙纹,
牙腿间装透雕龙纹角牙。

估　价: RMB 200,000–250,000
成交价: RMB 0
尺　寸: 76.7 × 76.2 × 85cm　中鸿信 2002.12.10

清·核桃木黑漆炕几

这是一件下卷式炕几, 几面、几身、几腿、
几足如一块独板弯成, 几腿上开空镂出灵芝纹
饰, 几足做成卷书式样。通体髹以黑漆, 风格
简约大方。

估　价: RMB 4,500–5,500
成交价: RMB 0
尺　寸: 26 × 40 × 50cm　太平洋国际 2002.11.03

清·黄花梨直枨方桌

　　此方桌实际属于带束腰方桌的形制，但束腰十分矮小，横枨与直牙间装矮老，腿牙上挖线作劈料状，直腿无足直接落地。值得注意的是腿子和横枨间榫头探出，这是明清之际广作方桌的一大特点，因此可以判断这件方桌应该是清初制器。

估　价：RMB 35,000–55,000
成交价：RMB 35,200
尺　寸：90 × 90 × 86.5cm　中鸿信　2001.06.29

清初·黄花梨方桌

　　此桌从尺寸来看属于六仙桌，通体以黄花梨木制作，木质纹理优美，桌面攒框装板，边抹起阳线，桌面直接坐于腿牙之上，省去了常见的束腰，牙板锼成壶门，罗锅枨为缩入安装，直腿小马蹄。制作讲究，整体形制规整。

估　价：RMB 25,000–35,000
成交价：RMB 0
尺　寸：82 × 82 × 87.5cm　太平洋国际　2001.11.04

清·黄花梨直枨方桌

此桌桌面为素混面垜边攒框装板,腿为圆材直腿,下设罗锅枨加矮老,并加装鱼门洞形卡子花。整体装饰简洁精致,轻巧灵活,其年代当为清代中期以前。

估　价: RMB 50,000–80,000
成交价: RMB 60,500
尺　寸: 90 × 90 × 81.5cm 北京翰海 1998.08.02

清中期·黄花梨方桌

此方桌为黄花梨材质,用料皆取方材,冰盘沿攒框平镶桌面,下设小束腰,罗锅枨上下起阳线装饰,下装镂花角牙。牙板挖成垂肚,牙板和枨子间装透雕卡子花代替了矮老,直腿内侧起阳线,内翻回纹马蹄足。方桌制作工艺精细,是清代中期器物的特点。

估　价: RMB 40,000–60,000
成交价: RMB 44,000
尺　寸: 高 89.5cm 中国嘉德 1998.10.28

清·紫檀束腰方桌

　　此方桌紫檀材质，选料考究，制作精良。素混面攒框装板桌面，打洼小束腰，直腿直牙，倒去棱角，并在腿牙间装镂空卷云角牙，通体圆润可爱。此方桌的设计结合了有束腰和无束腰方桌的结构与造型特点，直腿落地，没有通常带束腰的方桌一般腿下接足的特点，比较新颖。

估　价：RMB 280,000–380,000
成交价：RMB 308,000
尺　寸：不详　北京翰海　2004.11.22

清初·紫檀直枨方桌

　　此方桌通体紫檀制作，冰盘沿攒框桌面，高束腰，直枨装矮老下配角牙，直腿直牙，内翻马蹄足，整体风格隽永大方。此桌原为广东大户人家之物，承传有序，保存完好，是一件极为难得的清式广作高档家具。

估　价：RMB 150,000–250,000
成交价：RMB 0
尺　寸：90 × 90 × 87cm　太平洋国际　2002.11.03

清·紫檀罗锅枨方桌

　　此方桌为紫檀材质，用料皆取方材，束腰与牙条为一木连做，罗锅枨上下起阳线装饰，黄杨木透雕"寿"字形卡子花代替了矮老直腿内侧起阳线，内翻回纹马蹄足，因此桌下有较大的空间。方桌用料充裕，制作工艺精细，是清代中期器物的特点。

估　价：RMB 50,000–60,000
成交价：RMB 50,000
尺　寸：不详　蓝天国际 2000.12.06

清·紫檀棂格方桌

　　此桌为紫檀材质，冰盘沿攒框装面，有小束腰，束腰下有小托腮，直腿直牙，大挖内翻马蹄足。四边装棂格枨，通体没有纹饰；沿牙、枨、腿子内侧起阳线，总体上保留了明式方桌的造型特点，只是方材大料的使用上体现了清代的制器风格。

估　价：RMB 50,000–80,000
成交价：RMB 48,400
尺　寸：96.5 × 96.5 × 86.7cm　北京翰海 1998.08.02

清乾隆·紫檀束腰方桌

方桌紫檀质地，用材精良考究，雕琢工艺精湛，包浆亮丽。案面攒框装板，有束腰。拐子纹角牙，横枨浮雕具有洛可可风格的卡子花装饰。此件方桌已经带有西式装饰风格，估计应该受到广作家具的影响。

估　价：RMB 45,000–65,000
成交价：RMB 176,000
尺　寸：87 × 100 × 100cm 中国嘉德 2003.11.26

清·紫檀仿古方桌

这件方桌造型、结构与常见的明式和清式方桌不同，它取自宋代桌案的形制，以四面平的形式制作，桌面边抹和牙子合二为一，与直腿用棕角榫结合。在近足处以横枨装板做成一桌膛。桌面下装拐子横枨，横枨与牙条间装矮老。整件器物结构明了，装饰简洁，风格古雅大气，是难得一见的仿古精品。

估　价：RMB 200,000–300,000
成交价：RMB 242,000
尺　寸：77 × 77 × 79cm 北京翰海 2004.11.22

清乾隆·紫檀束腰方桌

竹节式小桌为裹腿做。边抹与直枨之间安仰俯"山"字棂格，这种装饰方式是从《园冶》所谓笔管式栏杆变化而来，每面设五组，看面左右对称，美观大方。直枨下安装角牙，四腿足雕饰竹节形。通体为紫檀圆材，做工讲究，就风格而言属清代中期的作品，保存完好，在紫檀传世品中极为难得。

估　价：RMB 200,000－300,000
成交价：RMB 220,000
尺　寸：宽92cm　中国嘉德　2000.11.06

清·紫檀六角方桌

这是一件造型特别的清代装饰性方桌，桌子取带束腰方桌的制式，在攒框桌面下装束腰，束腰上下各装雕有莲瓣纹浮雕的托腮，牙与腿子格交，牙板锼出垂肚，浮雕拐子纹饰。直腿落地，近足处加装罗锅枨连接各腿，并在足的外侧浮雕如意纹饰。整件器物制作端庄，工艺精良，具有宫廷家具的风范，可能是清代中后期清宫造办处的作品。

估　价：RMB 200,000－300,000
成交价：RMB 440,000
尺　寸：83 × 83 × 85.5cm　北京翰海　2004.11.22

清·紫檀六角方桌

　　这件六角方桌与上两件样式不同,为无束腰制式。桌面为素混面攒框装板,桌面直接坐落于腿牙之上,腿子为圆形满雕纹饰,下部接圆雕的鱼龙形足,足下还有垫足,整个腿足的装饰极为复杂,十分少见。牙板为浮雕螭龙纹垂肚牙,下接透雕打洼拐子螭龙纹挂角牙,二者虚实相间,极大地增强了桌子的整体装饰效果。六条桌腿由弧形枨相连,枨子在中间结成小六角形,正好与桌面同心,既起到了结构的作用,又增加了装饰性,此类器物十分罕见。

估　价:RMB 20,000–40,000
成交价:RMB 24,200
尺　寸:高43.5cm　北京翰海　2001.12.10

清·红木拱璧拉环纹横枨方桌

　　此方桌的装饰也是典型的乾隆装饰风格,拱璧拉环纹横枨的装饰风格在乾隆以后十分流行。方桌为有束腰形制,但束腰比较高,束腰上装饰着鱼门洞,但并未把洞开穿。直腿直牙,腿牙内侧起阳线,内翻大马蹄足,整件器物用料宽厚,形体端庄,乃清式方桌中的典型样式。

估　价:RMB 10,000–15,000
成交价:RMB 0
尺　寸:92 × 92 × 86cm　山东光大　2004.08.29

清·红木云石面回纹方桌、带束腰方凳（一堂五件）

方桌为无束腰四面平形制，腿牙格角相交，直腿回纹马蹄足。牙子下挂牙板宽大，满雕回纹，腿牙处绵密起阳线，如薄板攒垛，极具装饰效果。方凳为带束腰形制，牙板垂肚上浮雕回纹。直腿内翻马蹄。整体光素，与桌子的装饰效果形成强烈的对比。

估　价：RMB 30,000–50,000
成交价：RMB 0
尺　寸：桌高85cm，凳高51cm　天津国拍 2000.11.07

清·红木云蝠纹方桌

这是一件有束腰形制的方桌，其最有特点的地方在于腿间挂装以攒斗形式做成装饰挂牙。纹饰繁复，做工精细。攒斗工艺在清式家具中非常有特点，但传世器物不多。其方桌虽然装饰有些过于复杂，但整体上并不显得臃肿累赘。

估　价：RMB 30,000–40,000
成交价：RMB 0
尺　寸：高88cm　天津国拍 2000.11.07

清 · 红木方桌、方凳（一堂五件）

　　这是一堂形制新颖、做工讲究的方桌、方凳。方桌采用无束腰形制，攒框装瓷板桌面，桌面直接坐于腿牙之上，牙板镂出垂肚，浮雕回纹。三弯腿子，下部为外翻卷草式足。方凳为清晚期比较新颖的日式凳形制，落膛硬屉座面，带束腰，圈足下装四个支足，腿牙圈足间形成的框内装饰镂空的回纹装饰，腿子近足处打成三弯。桌凳的形制不一样，但在装饰的主题选用上一致，这增加了视觉的变化，是同类家具中难得的精品。

估　价：RMB 350,000–500,000
成交价：RMB 0
尺　寸：桌 79 × 79 × 80cm，凳 37 × 37 × 45.5cm
　　　　北京翰海 1999.07.05

清初 · 榆木无束腰方桌

　　此桌为素混面攒框桌板，圆腿，直牙板，边缘起线至牙头处翻花，立牙镂小云花。桌内装有小霸王枨。做工以满素为主，风格简练而圆浑。同类者还是比较常见的，因为其整体较明代同类型的桌子厚重，故属清初制品。

估　价：RMB 25,000–50,000
成交价：RMB 0
尺　寸：94 × 94 × 86cm　太平洋国际 2004.06.27

清·黄花梨拐子双螭纹横枨八仙桌

    此方桌的装饰是典型的乾隆装饰风格，拐子双螭纹横枨，刻工细腻，纹饰大方美观。方桌为有束腰形制，但束腰比较矮，直腿直牙，腿牙内侧起阳线，大回纹马蹄足，整件器物用料宽厚，形体端庄，乃清式方桌中的典型样式，加之材料为黄花梨材质，更属难得。

估　价：RMB 40,000–50,000
成交价：RMB 0
尺　寸：94×94×88cm　中鸿信 2001.06.29

清初·朱漆雕龙方桌

    此桌为素混面攒框桌板，圆腿直牙，腿牙间装透雕龙纹角牙，通体髹朱漆，漆层略有剥落。从用料和装饰来看，其制作年代应该是清初期。

估　价：RMB 22,000–35,000
成交价：RMB 0
尺　寸：94×94×86.5cm　太平洋国际 2003.11.25

清·紫檀罗锅枨八仙桌

　　这件方桌体形硕大，桌面边长接近三尺，正是传统八仙桌的尺寸。桌子为冰盘沿攒框装板桌面，带束腰，直腿直牙，装罗锅枨，腿牙及枨子内缘起阳线，足为方形小马蹄。这是一件十分典型的清式光素类型的方桌。

估　价：RMB 50,000–70,000
成交价：RMB 0
尺　寸：93 × 93 × 87.5cm　北京翰海 1996.11.16

清·红木灵芝纹云石面八仙桌

　　此桌为清代后期非常流行的三弯腿大方桌样式，红木质地，用料硕大。攒框装云石桌面，小束腰，束腰打洼，直牙三弯腿卷草足外翻，足下垫双环。牙板浮雕拐子纹饰，下装镂空灵芝纹挂牙，整件器物体量宽硕，做工精细，是清代后期此类方桌的典型作品。

估　价：无
成交价：RMB 3,300
尺　寸：98 × 98 × 85cm　天津文物 2004.06.24

清·红木云石螺钿八仙桌

　　此桌为有束腰方桌形制,桌面冰盘沿攒框装云石桌面,桌面下为小束腰,直牙条,下装镂空花卉纹饰挂牙。直腿,腿子向外的下半截挖缺做,足外翻,这在清代是不多见的。在边抹、牙条、挂牙和腿子的上半截装饰着稠密的螺钿纹饰,通体看上去富丽堂皇。

估　价: RMB 6,000
成交价: RMB 12,100
尺　寸: 93.5 × 93.5 × 82.5cm　天津文物　2001.12.08

清·红木八仙桌

　　这件方桌的枨子装饰处理与上一件器物有关联,算得上是上一件器物的简化版。其装饰的特别之处还在于束腰的装饰,束腰上起阳线在古典家具中并不多见。这件方桌的整体风格以厚重大方为主,而横枨的装饰又显得轻灵柔美,二者相得益彰,是晚清红木家具中的精品。

估　价: 无
成交价: RMB 2,750
尺　寸: 92 × 99 × 85cm　天津文物　2004.06.24

清·鸡翅木无束腰六仙桌

此桌采用直枨做法。桌面为素混面攒框装板，腿也作劈料素混面，腿子内侧则打洼起线，枨与腿直装，矮老、直枨打洼起线，给人以四攒格的感觉，美观、坚固。整件器物素雅简洁，浑厚朴实。

估　价：RMB 4,800—6,800
成交价：RMB 0
尺　寸：82×82×80cm　太平洋国际 2003.07.09

清·榉木罗锅枨雕古币纹云石面六仙桌

此桌边长二尺半，是传统的六仙桌制式。使用方材，高束腰，束腰上打洼起线，这种做法十分讲究。罗锅枨，牙板垂肚雕花，是清代中期以后牙板装饰的主要特点。内翻马蹄，枨子上加古币纹卡子花两枚，都是用"栽榫"的造法使卡子花固定在上下横材之间的。榉木材质染成紫檀色，边缘木质已露出本色，说明使用时间很长。因此判断这张方桌的制作年代在清代中期以后。

估　价：RMB 3,800—4,500
成交价：RMB 0
尺　寸：73×73×82cm　太平洋国际 2003.11.25

清·红木嵌瘿木面芯双层面八仙桌

此桌为清代后期非常流行的三弯腿大方桌样式，红木质地，用料硕大。攒框装瘿木桌面，特殊之处在于桌面上还有一盖面，此面为黄花梨质地。小束腰，直牙三弯腿兽足外翻。牙板下装镂空环璧纹挂牙，整件器物体量较大，气度恢宏，是清代后期此类方桌的标准器型。

估　价：RMB 22,000—32,000
成交价：RMB 0
尺　寸：100×100×86cm　太平洋国际 2003.07.09

清·花梨木龙纹旋转圆桌

完整的、不是由两半拼成的圆桌明代已经使用，但实例尚待发现。所见此种独柱圆桌均非明式，而是清代中期或更晚的制品。这件圆桌设计制作十分精巧，圆座、桌面和谐美丽，桌面由单柱独柱支撑，柱子中设计木轴，分两节，上节以六条镂空夔龙角牙支撑桌面，下节也对应装六条镂空夔龙站牙抵住圆柱和轴托。下节圆柱顶端有轴，上节圆柱下端有圆孔套在轴上，桌面可左右转动。桌子面下装饰镂空夔龙吊牙一周，须弥式底座装有六只龟脚。据清代内务府档案载：雍正八年十月三十日，内务府总管海望奉旨："尔照年希尧进来的番花独梃座方面桌，或黑漆或红漆的做一张。桌面不必做方的，要做圆的。座子中腰安轴，要惟的转，钦此。"说明这种圆桌做法是从雍正年间开始的，因为此种桌子在宫中使用，同类器物十分罕见。这种清宫设计的特种家具，即使在清代宫廷也未普及，只有到了清末才有传出宫廷的可能，因此此桌应该是清末、民国时期的仿制品。

估　价：RMB 50,000—75,000
成交价：RMB 0
尺　寸：117 × 117 × 82cm　太平洋国际　2003.11.25

清·鸡翅木云石面鼓型圆桌、鼓墩（一堂六件）

　　这一堂圆桌、鼓墩可算是清式风格，桌、墩均为四开光式样。面为平镶云石，墩腹膨出较大，造型比较敦厚。腹部开光为圆角形，上下牙板均作垂肚状，腿子上下格肩，用插肩榫的造法与牙子相交，腿子两侧中间膨出带状雕花板，加强了装饰性。开光边缘及开光与上、下两圈之间，各起弦纹一道，省略了传统的鼓钉装饰。墩下装攒梜膛板和五足，打洼外撇，既稳定又富有装饰美感。另外，桌的腿肩部位加装拐子挂牙，其制作时代可能在清晚期。

估　价：无
成交价：RMB 5,500
尺　寸：桌80×80×80cm，鼓墩36×36×46cm
　　　　天津文物 2004.06.24

清·红木竹节云石面圆桌

此桌仿竹制家具，桌面边抹牙桩做成劈料形式，桌腿三弯式，足部外翻仿刻成竹根状。整体造型优美，刻工细腻，惟妙惟肖。清代盛行仿竹硬木家具，但数量并不是很多，像此桌这样的精品家具还是不多见的。

估 价：RMB 10,000-20,000
成交价：RMB 0
尺 寸：91×88cm 太平洋国际 2003.07.09

清·红木圆桌、凳（一套）

这件红木圆桌配四个圆凳，形制风格统一，桌凳均为五腿，腿子为内收式"S"形直腿，腿子下部内缩，腿角为兽口衔珠式样。素混面桌面、凳面，面下装扭绳纹透雕牙板，五腿间装有透雕踏步屉板，凳面为落膛装板。整套家具工艺精细，保存完好，适合成套陈设于厅堂之中，应该是清代后期苏州、上海一带的制品。

估 价：RMB 70,000-90,000
成交价：RMB 121,000
尺 寸：不详 中国嘉德 2001.11.04

清·红木云石面圆桌、圆凳（一堂五件）

这堂桌凳形制一样，都是四腿带束腰鼓腿膨牙形制。桌凳的束腰上开花洞做装饰，腿足外翻，牙板上镂刻花卉纹饰，腿间横枨向内在圆心处相交，桌子则在横枨相交处设圆形镂空雕花膛板。这种形制的圆桌在清晚期民间十分流行。

估　价：RMB 16,000–25,000
成交价：RMB 0
尺　寸：桌高75cm，凳高46cm 天津国拍 2000.11.07

清·红木云石面圆桌、圆凳（一堂五件）

这是一种清末流行的新式圆桌，其制作特点在于腿子缩到桌面以下，不与牙板格交，而将牙板直接挂装于桌面之下。桌腿由横枨和膛板构成稳定的结构，这套圆桌凳就是这种新制式的典型代表。

估　价：RMB 15,000–25,000
成交价：RMB 0
尺　寸：82×81cm 太平洋国际 2001.04.23

清·红木玛瑙石面圆桌、扇形凳（一堂七件）

　　这是一套设计新颖、造型别致、做工精良的清末家具。制作者充分运用传统家具的结构特点，以全新的设计理念设计出这套具有现代韵味的家具，突破了传统家具的样式。圆桌使用劈料工艺加工所有构件。桌子设六腿六足，桌面直接坐于腿子之上，省略了传统桌子上常见的牙板结构。六腿又坐于由六足和横枨构成的托座上，形成了脚踏在外腿子在内的结构，这与传统做法正好相反。桌子使用的全部材料直径尺寸等同，加之都是曲料，构成了优美的线条。四足扇形凳拼合在一起正好构成一个圆形结构，与圆桌有异曲同工的韵味。

估　价：RMB 15,000—25,000
成交价：RMB 0
尺　寸：82×81cm　太平洋国际　2001.04.23

清·红木嵌云石面半圆桌（一对）

　　这对半圆桌是清代晚期的流行式样，冰盘沿攒框装云石桌面，打洼束腰，牙板做出大垂肚，上刻"福寿"浮雕纹饰。牙腿格交，腿子为直腿式样，腿下近足处以枨子相连，枨子的样式十分新颖。这对四腿半圆桌可以拼合成一只六腿小圆桌，在清末十分流行，数量很多。

估　价：RMB 15,000—18,000
成交价：RMB 0
尺　寸：84×84×86cm　太平洋国际　2002.04.22

清·红木云石面嵌螺钿半圆桌（一对）

　　这对半圆桌也是清代晚期流行式样，其特别之处在于省略了攒框桌面和束腰的结构，直接将桌面板装在开槽牙条之上。同时，在直腿的中下部位挖缺，做出一张小桌坐于腿子上的视觉效果。加之透雕桃纹挂牙和罗锅帐，以及螺钿装饰，显得通体富丽堂皇，极具装饰效果。

估　价：RMB 38,000–45,000
成交价：RMB 0
尺　寸：高89cm 天津国拍 2000.11.07

清·红木云石面带架格月牙桌

　　这是一件十分朴素的实用家具，桌面为圆形，桌体为四边形，桌面边抹直接与桌腿相交，牙板宽大，腿子圆材挖成三弯形，足向外撇，桌面下由膛板构成架格。此桌靠墙陈设，在清末民国时期很常见。

估　价：RMB 6,000–8,000
成交价：RMB 0
尺　寸：83 × 40 × 80cm 太平洋国际 2001.11.04

清·榉木卷草纹半圆桌

　　这件榉木半圆桌带束腰，束腰上起阳线作装饰，束腰和牙板间装托腮，鼓腿膨牙，腿牙内侧起阳线，牙板作出小垂肚，并浮雕卷草纹饰作装饰，腿牙为插肩榫结构，四腿，两侧的两条腿子的厚度只相当于中间两条腿子的一半，因此可知此桌原为一对。腿子为三弯样式，近足处向内回卷，足下设垫足，腿子间有直枨相连。整件器物造型稳健端庄，结构明了，装饰精细简洁，在同类器物中属于精工制作。

估　价：RMB 6,500—8,500
成交价：RMB 0
尺　寸：127 × 70 × 88cm 太平洋国际 2002.04.22

清·榉木浮雕古玉纹半圆桌（一对）

　　这是一对典型的清式半圆桌，冰盘沿攒框桌面，高束腰，束腰下设托腮，直腿，腿子挖成三弯形，足向外撇，这种腿子样式是清代中期以后流行的样式。桌子下面的近足处设攒框开片纹饰帐膛，这也是清代中后期才从建筑上移来装饰家具的。牙板上浮雕仿古玉纹饰，这是自清代乾隆时期才开始流行的家居装饰纹饰。因此，可以判定这对半圆桌的制作年代应该在清代中期稍晚，在同类器物中属上乘之作。

估　价：RMB 11,000—13,000
成交价：RMB 0
尺　寸：120 × 115 × 84cm 太平洋国际 2002.04.22

清·核桃木半圆桌（一对）

半圆桌又称月牙桌，据《鲁班经匠家镜》中《圆桌式》记载：明代圆桌分为两半做，每半四足，靠边两足的宽度为中间两足的一半。当它与另半边合在一起摆时，两条半足恰好拼成一条整足，与中间两足宽度相等。这就说明了明式的圆桌是用两张半圆桌拼成的，它既可在室内中间摆放，又可分成半圆桌贴着墙或屏风摆放，搬动时进出房门尤为方便。这件半圆桌基本上仍在沿袭明式做工。这对半圆桌正好拼合成一张圆桌，素混面桌面，鼓腿膨牙，牙板锼成壶门，三条三弯腿，牙与腿以插肩榫衔接，这些都是明式半圆桌的基本形制特点，而高束腰并在束腰上开花窗，则是典型的清代装饰手法。从这对桌子的整体结构判断，其年代不会晚于清代初期。

估　价：RMB 25,000～38,000
成交价：RMB 0
尺　寸：108 × 108 × 82cm　太平洋国际 2003.11.25

清·黄花梨圆包圆条桌

此桌为无束腰圆包圆形制的条桌，桌面采用素混面垛边攒框装板，罗锅枨环抱于圆腿之上，明式同类器物一般使用横枨，在枨子与边抹之间装双环卡子花，整件器物造型朴素，结构明晰，典雅大方。

估　价：RMB 80,000～100,000
成交价：RMB 0
尺　寸：82 × 46 × 80cm　太平洋国际 2002.11.03

清·黄花梨罗锅枨条桌

此桌为带束腰罗锅枨条桌形制。束腰中间打洼，两侧起线，这是比较讲究的做法。直腿直牙格角相交，内翻马蹄足，高大挺阔，典型的清代样式。腿牙内侧装饰阳线，罗锅枨为缩进安装。整件条桌用料宽厚，形体端庄稳健，是清式同类器物的典型作品。

估　价：RMB 22,000–32,000
成交价：RMB 41,800
尺　寸：高84cm 中国嘉德 1999.10.27

清·花梨木浮雕福禄万代纹条桌

此桌是清式带束腰三弯直腿的条桌式样，腿子使用攒斗工艺，这是此桌的一大特点，在同类器物中这是仅见者。束腰上浮雕纹饰，挂牙板上浮雕福禄万代纹，刻制细腻。虽然使用攒斗工艺，至今仍完好如初，十分难得。

估　价：RMB 20,000
成交价：RMB 0
尺　寸：长170cm 天津文物 2004.06.24

清·紫檀圆包圆条桌

此桌采用圆包圆形制，圆腿，直枨与垛边均采用裹圆做法，矮老也做成圆形，内装镂空绦环板，整体做得圆润古朴。在绦环板中间镶有景泰蓝装饰，坠角牙亦采用景泰蓝饰件，使其于古朴中又添几分华丽。足部镶有圆形铜套与其他装饰呼应。

估　价：RMB 200,000–300,000
成交价：RMB 0
尺　寸：83 × 174 × 55.5cm 中国嘉德 1995.10.09

清·紫檀嵌景泰蓝卡子花条桌

此桌为带束腰直枨条桌形制。束腰较高，在腿、牙板、面板边缘处嵌有铜丝，卡子花采用景泰蓝工艺制作。直腿下垫球足，足部饰以铜件。此条桌装饰工艺复杂，十分少见。

估　价：RMB 240,000–280,000
成交价：RMB 242,000
尺　寸：144 × 38 × 84cm 中国嘉德 1995.05.11

清·紫檀西番莲纹带束腰条桌

　　这件清代紫檀条桌为带束腰无枨子式样，束腰上打洼内凹，并且装饰浮雕纹饰，直腿直牙，在腿牙上浮雕西番莲纹饰，腿子下部接回纹大马蹄。整体结构简洁，估计应该是清代中后期广作家具。

估　价：RMB 180,000–200,000
成交价：RMB 308,000
尺　寸：94.5 × 47 × 88cm 北京翰海 2004.11.22

清·紫檀条桌

　　此桌为紫檀材质，带束腰样式，冰盘沿攒框桌面，桌面下为打洼束腰，打洼束腰是一种十分讲究的做法，在古代家具中并不常见。束腰下设托腮。牙腿起线相连，牙板上有浮雕拐子纹饰，腿足为厚方材，内翻回纹马蹄足式样，最具装饰韵味的是在腿牙上装有透雕拐子纹挂牙花板，浮雕与透雕结合使用，刻制精工。整件桌子做工规整，古朴雅致。

估　价：RMB 200,000
成交价：RMB 341,000
尺　寸：111 × 84cm 天津文物 2001.06.27

清·红木带束腰条桌

　　此桌为冰盘沿攒框镶装板桌面，桌面略作喷口状。桌面下为高束腰。牙板挖垂肚，整体做浮雕花纹，雕饰规整，刻工娴熟。腿足为方材，做三弯样式，其足部的装饰极为特殊，方足外加装一小片蕉叶纹。这件桌子为清代广作家具中之精品。

估　价：RMB 28,000－40,000
成交价：RMB 46,200
尺　寸：不详 中国嘉德 1997.10.25

清·鸡翅木带束腰条桌

　　这件带束腰的条桌，料头宽大，选料精良。通体布满浮雕纹饰，高束腰上开光浮雕卷草纹饰，挂牙上浮雕拐子螭龙图案。刻工较精，从造型、做工、装饰上判断，这件条桌应该是清代中后期的作品。

估　价：RMB 120,000－180,000
成交价：RMB 220,000
尺　寸：93 × 40.5 × 83cm 北京翰海 2004.11.22

清·红木条桌

　　此桌为无束腰条桌式样，通体使用方材，料头厚重。冰盘沿桌面直接坐落于腿牙之上，腿下接回纹马蹄足，这在无束腰的桌子中很少见。罗锅枨和矮老与腿牙格角相接，这是比较讲究的做法。从整体来看，此条桌应该是清代中期或稍晚的作品。

估　价：RMB 15,000–18,000
成交价：RMB 0
尺　寸：高84cm　天津国拍　2000.11.07

清·红木带束腰条桌

　　此桌采用带束腰无枨形制，束腰较矮并且中间打洼，直腿直枨，回纹马蹄足十分方正规整。整件器物的装饰重点在挂牙之上，牙板宽阔，以减地浮雕的方式刻蝙蝠、瓶花、拐子图案，寓意"太平有福"。这种装饰工艺在乾隆以后盛行，估计这件条桌应该是清代晚期的作品。

估　价：RMB 12,000–15,000
成交价：RMB 0
尺　寸：177 × 48 × 102cm　太平洋国际　2001.04.23

清·红木云石面带束腰条桌

　　这是一件带束腰的条桌。用料粗大，做工
粗犷。由于其极为重视长边看面的装饰，估计
是靠墙陈设器物之用。挂牙以攒框拐子加透雕
聚宝盆、净瓶一类的纹饰，极具民间韵味。因
此判断这是一件十分讲究的民间乡村家具。

估　价：RMB 12,000–15,000
成交价：RMB 33,000
尺　寸：120 × 61.5 × 87cm 天津国拍 2004.11.18

清·楠木条桌

此条桌采用四面平形制，腿牙为粽角榫结构，桌面板直接装在打槽的牙板之上，桌子四面装横枨，在牙条和枨子下分别装拐子龙挂牙和角牙，给器物增加了装饰效果。

估　价：RMB 22,000–35,000
成交价：RMB 0
尺　寸：133.5 × 41 × 78cm 太平洋国际 2003.11.25

清·榉木透雕龙纹霸王枨条桌

此桌也是无束腰的条桌形制，桌子的整体结构简洁大方，冰盘沿攒框桌面直接坐落于圆腿之上，内装霸王枨。角牙较大，透雕龙纹角牙与面下直牙连做，既增加了器物的装饰效果，又没有破坏整体素雅的风格。

估　价：RMB 18,000–22,000
成交价：RMB 16,500
尺　寸：170 × 56cm 中国嘉德 1995.10.09

清中期·槐木无束腰竹节条桌

此桌整体比例近于半桌,桌面为素混面起双线攒框镶板,桌子除案面边框和横枨为素工外,牙、枨、腿通体为竹节工。牙板为劈料竹节纹,无束腰,罗锅枨下弯较大,并直接顶在横枨上。腿部也做方材劈料竹节。此类条桌非常少见,从其用材、造型和做工来看,当属北方民间所制。

估　价:RMB 22,000-38,000
成交价:RMB 0
尺　寸:92×56×84cm 太平洋国际 2004.06.27

清·黄花梨无束腰罗锅枨加素牙小条桌

此为无束腰条桌形制,罗锅枨顶腿安装,在罗锅枨上未用矮老而用素牙条,仍属基本形式。因而罗锅枨距离桌面很近,为桌下留出较大空间。此桌假如安矮老或形态较高的卡子花,则桌下不会像此桌那样空敞。素雅简洁的造型,仍保留有明式家具的遗风。

估　价:RMB 10,000-15,000
成交价:RMB 0
尺　寸:100×50×47cm 太平洋国际 2003.07.09

清·黄花梨直枨小条桌

　　这是一件带束腰的条桌，冰盘沿攒框桌面，腿、牙、枨以方材倒圆，这与明式同类作品不同。通体黄花梨材质，朴素可爱。

估　价：RMB 28,000
成交价：RMB 0
尺　寸：高82.5cm　天津文物　2004.06.24

清·红木透雕如意小条桌

　　此桌的造型是明式造型，特点在于束腰矮小，全身无雕饰，无枨，回纹足，只是在牙板下加装透雕如意桃纹挂牙。雕工极为精美，刀法圆熟，如此类似于立体的雕刻在清代家具中不多见。这种带束腰的小条桌采用罗锅枨的很常见，而如此同样装饰的条桌则极为罕见。

估　价：RMB 4,500－6,000
成交价：RMB 0
尺　寸：92×46×87cm　太平洋国际　2003.11.25

清·紫檀束腰长桌

长桌高束腰，桌面攒框装板，横枨以拐子套系福磬及镂雕如意头装饰，其下安角牙，装饰新颖别致。内翻马蹄腿。全器为紫檀材质，用材精良，包浆亮丽，保存完好，为清中期紫檀长桌的典型器具。

估　价：RMB 250,000–350,000
成交价：RMB 445,500
尺　寸：宽162cm 中国嘉德 2000.11.06

清·黄花梨展腿半桌

这是一件形制极为罕见的半桌，此桌为冰盘沿攒框镶装板桌面。桌面的雕花束腰如同垛边或者托腮。牙板宽阔，镂挖成变形的壶门垂肚，整体做浮雕花纹。腿牙间外有角牙相连，内设霸王枨，雕饰规整，刻工娴熟。腿为圆材，腿子上部做展腿，足部作宝瓶状，均极为特殊。

估　价：无
成交价：RMB 55,000
尺　寸：104 × 64 × 87cm 天津文物 2004.06.24

清·红木拐子枨半桌（一对）

这对半桌，可以合并成一件方桌。桌子为带束腰形制，直腿直牙，腿子垂直落地，腿牙的内侧起连续的阳线作装饰，回纹马蹄较矮扁。枨子为攒接的拐子纹式样，通体打洼，边缘起线，是典型的清式做工。

估　价：RMB 15,000–25,000
成交价：RMB 0
尺　寸：95 × 47 × 86cm　太平洋国际　2001.04.23

清·红木六角方桌半桌

此桌形制特别，呈四角形。桌面嵌大理石，高束腰，牙下装透雕卷草纹挂牙板，足外翻镂成卷云状，腿子间加罗锅枨。但只可靠墙摆放，两只正好合并成一件六角方桌，是清代大户人家书房、厅堂的装饰家具。

估　价：RMB 12,000–15,000
成交价：RMB 0
尺　寸：95 × 40 × 87cm　太平洋国际　2002.04.22

清·榉木有束腰直枨加卡子花半桌

此桌和有束腰马蹄足的杌凳一样，以直枨、罗锅枨为最基本形式。桌面冰盘沿打洼，这是一种十分讲究的做工。马蹄扁矮，还保留明代样式特点。其变化在于直枨、罗锅枨上加卡子花等。通体榉木制器，形制简洁、工整。

估　价：RMB 3,500–5,000
成交价：RMB 0
尺　寸：100 × 50 × 86cm　太平洋国际　2002.04.22

清·核桃木半桌

此桌为核桃木材质，核桃木是非硬性材料，是晋作家具的常用材料，在明清家具中很常见，因此推测此桌的制作年代应该为清末。桌面下为高束腰加矮老，束腰开洞设扁抽屉三个，铲地起线雕云纹装饰，腿足方材，内翻马蹄足式样，整件桌子做工规整，简洁大方，古朴雅致。

估　价：RMB 12,000–22,000
成交价：RMB 19,800
尺　寸：宽97.5cm　中国嘉德　2000.11.06

清·紫檀木螭纹鱼桌

　　鱼桌为观赏金鱼而做，面板以玻璃代替，可以随时换水添食。束腰极高，为的是藏住桌内铜胆，竹节形矮老，绦环板雕双螭。束腰以下为鼓腿膨牙式样，腿部雕兽头，下弯至足呈兽爪状。爪下设一半球，粗壮有力。纹饰以龙为主，牙板龙纹呈奔走状，尾部演变为卷草纹；束腰龙纹以中间板为对称展开，图案规则中富于变化。鱼桌因长年置水，故用料粗硕，一为承重，二来兼顾美观。此鱼桌为炕桌形式，小巧而凝重，曾为"清水山房"藏品。

估　价：RMB 250,000–350,000
成交价：RMB 0
尺　寸：48 × 69 × 55.5cm　中国嘉德　1995.10.09

清中期·紫檀雕花鱼桌

　　这件鱼桌的桌面为起线冰盘沿攒框作喷口状，框内为铜胆鱼盆，束腰较一般渔盆为低，束腰下加托腮，牙板做垂肚起线卷云花纹，腿子为三弯腿，足部外翻。此鱼桌的整体造型是典型的清式造型。

估　价：RMB 100,000–150,000
成交价：RMB 110,000
尺　寸：长94.2cm　北京翰海　2000.12.11

清·红木竹节棋桌

　　供打双陆或弈棋使用的桌子，在明代相当流行，今统称为棋桌。常见的造法是将棋盘、棋子等藏在桌面边抹之下的夹层中，上面再盖一个活动的桌面。需要玩棋时揭去桌面，露出棋盘。不用时盖上桌面，等于一般的桌子。凡用此种造法的，可称为活面棋桌。至于桌子的大小和式样，并非一致，酒桌式、半桌式、方桌式都有。此桌造型如一般八仙方桌，活桌面揭开后，露出围棋、象棋用的方形双面棋盘。棋盘揭开后，下面是低陷的双陆盘。围棋、象棋棋子盒则设在方桌的四角。桌子通体仿制竹节，并加以浮雕花卉图案，刻工规整。棋桌是文房雅事用具，结构复杂，制作工艺要求高，传世的数量很少，因此十分珍贵。

清·红木牌桌

　　此桌为无束腰方桌形制，劈料桌面直接坐于腿牙之上。桌子的牙板十分宽大，每面装一只抽屉，腿子为方材大料锼挖成三弯形，腿牙间挂装透雕螭龙纹角牙。桌子整体厚重端庄，应该是清晚期特制的用于玩麻雀牌的专用方桌。

估　价：RMB 15,000–18,000
成交价：RMB 0
尺　寸：81×81cm　蓝天国际 2003.08.26

估　价：RMB 8,000–10,000
成交价：RMB 0
尺　寸：高82.5cm　天津国拍 2000.11.07

清·杉木雕人物供桌

　　此供桌为杉木材质，桌面攒框装板，没有装翘头，为平头。桌面下设高束腰，设柱分格装浮雕绦环板。桌腿呈"S"形弯曲，由独木挖出，下设方形支足，鼓腿膨牙，牙板垂肚，也是分段浮雕人物故事花纹。此桌的雕饰有三面，估计是靠墙摆放的。整件器物线条流畅，有如平地拔起的高大视觉效果，又不失丰满曲线的美感。

估　价：RMB 9,000–12,000
成交价：RMB 8,800
尺　寸：高83cm 中国嘉德 1996.10.21

清乾隆·紫檀云石画桌

　　此桌为紫檀材质，冰盘沿攒框镶云石桌面，桌面下为高束腰，束腰上开鱼门洞，下设托腮。牙板挖垂肚，腿足为方材，内翻回纹马蹄足式样。整件桌子做工规整，比例适中，简洁流畅，方正规矩，浑厚庄重，为清代同类器物中之精品。

估　价：RMB 300,000–500,000
成交价：RMB 330,000
尺　寸：80 × 155 × 6cm 中国嘉德 1997.10.25

清·紫檀高束腰大画桌

　　此画桌用料壮硕，面板三拼，牙板宽厚，四腿弯度大。高束腰，以竹形矮老分隔，绦环板浮雕龙纹，牙板浮雕对龙，二龙抢珠。龙纹圆头细颈，五爪雄壮有力，怒目圆睁，为清早期典型纹饰。腿的上部膨出，逐渐内敛变细，至足部迅速甩出，再作内翻球状，使蹬踏非常有力。牙板壶门曲线与腿部曲线相接，柔婉优美。除面板以外，满雕纹饰，富丽堂皇，是"清水山房"的藏品。

估　价：RMB 450,000—600,000
成交价：RMB 0
尺　寸：89 × 182.5 × 96cm 中国嘉德 1995.10.09

清·红木拱璧拉环纹横枨方桌

　　此方桌的装饰是典型的乾隆装饰风格，拱璧拉环纹横枨的装饰风格在乾隆以后十分流行。方桌为有束腰形制。直腿直牙，腿子上部作出拱肩形式，腿牙内侧起阳线，足部外翻镂花，整件器物用料宽厚，形体端庄，乃清晚期方桌中的典型样式。

估　价：RMB 35,000—45,000
成交价：RMB 42,350
尺　寸：98 × 98 × 83cm 天津国际 2006.06.21

清·紫檀木黄花梨面画桌

此画桌采用三碰肩棕角榫形式,通体打洼起线。直枨与大边之间另装小框,加矮老,中间装饰双环卡子花。坠角牙锼成双体龙纹,剔透文雅。足部一反常规,挖成内翻马蹄。面芯为黄花梨木,分色明显。整体刚柔相济,静穆素雅,曾是"清水山房"的藏品。

估　价：RMB 200,000–300,000
成交价：RMB 0
尺　寸：89.5 × 173 × 67cm 中国嘉德 1995.10.09

清·红木罗锅枨画桌

此桌也是无束腰的条桌形制,桌子的整体结构简洁大方,选料精良,一反清代制器料头粗壮的特点,整体风格圆润轻巧。冰盘沿攒框桌面直接坐落于圆腿之上,罗锅枨与腿子直接相交,在枨子与牙条之间装透雕的拐子花卡子,形似蝴蝶,十分新颖。

估　价：RMB 50,000–70,000
成交价：RMB 0
尺　寸：高86cm 中国嘉德 1999.10.27

清·红木束腰大画桌

　　此画桌为有束腰式样，全红木质地，束腰较高，开鱼肚洞，苏州匠师称之为"鱼门洞"，或写作"禹门洞"，北方匠师则称之为"挖绦环"。鱼门洞之名不仅见于《扬州画舫录》，亦见于清代匠作《则例》，其由来已久。在束腰上锼挖各种式样的鱼门洞装饰，其年代一般多为清代。下配锼空龙纹角牙，牙条中间饰垂肚。腿足为直腿回纹马蹄足。其包浆匀净，色泽统一，是一件清代中后期所制的画桌。

估　价：RMB 18,000–32,000
成交价：RMB 0
尺　寸：192 × 57 × 85cm　太平洋国际 2004.06.27

清·红木云龙寿字纹画桌

　　此桌也是清式带束腰三弯直腿的条桌式样，腿牙格外粗壮，云龙寿字纹装饰浮雕满布牙腿，足部也是向外翻出，浮雕灵芝图案。浮雕已近立体形态，因而显得格外的壮硕。整件器物虽然风格富丽堂皇，但略显臃肿。

估　价：RMB 350,000–450,000
成交价：RMB 0
尺　寸：91.7 × 161 × 69.7cm　中国嘉德 2002.11.03

清·红木云石面螺钿画桌

　　这是一件清末三弯腿带束腰式样的画桌,左面攒框装两块云石面,束腰较高,但束腰与腿牙垛齐。牙板宽大,锼出弧线。腿子挖成三弯形,足部外翻。在桌子的边抹、束腰、挂牙、腿子上部嵌装螺钿图案。整体画桌体现出造型端庄、装饰华丽的风格。

估　价: RMB 26,000
成交价: RMB 0
尺　寸: 长129cm　天津文物　2004.06.24

清·榉木大画桌

　　此桌为榉木材质,用材宽厚,风格朴实。冰盘沿攒框装板桌面,高束腰,束腰上开鱼门洞,在厚重中显得空灵有致,腿足内翻小马蹄。画桌牙板雕有"峡石新安会馆"字样,面板底部写有"光绪十六年荷目,新安敦义堂办"(新安即今江苏省无锡市)。可见这是一件清末的作品。

估　价: RMB 12,000-18,000
成交价: RMB 52,800
尺　寸: 高80cm　中国嘉德　1998.10.28

清·黑漆人物故事图案大画桌

这是一件体形硕大的画桌，素混面攒框桌面，高束腰，鼓腿膨牙，腿子打弯足向外撇。雕刻装饰集中于牙板之上，牙板较常见者为宽，满布浮雕人物故事图案，在开光的四周围绕着卷草纹饰。通体髹黑漆，精光内敛，如此装饰复杂的器物在清式家具中也是不多见的。

估　价：RMB 32,000–52,000
成交价：RMB 0
尺　寸：246 × 93 × 88cm　太平洋国际　2003.07.09

清·花梨木琴桌

琴桌，指专为弹琴制造的桌子，不包括大小条桌。大小条桌常被称为"琴桌"，但并非专为弹琴而制的。明代琴学昌盛，但琴桌实物传世绝少。明式琴桌实物，尚待访求。清代在琴桌靠近抹头处，面芯开长方孔，以便容纳琴首及琴轸等。或用较宽的桌子，两端各开一孔，双琴并陈，两人斜对而坐，可以对弹。琴桌的桌面往往上下两层，形成一具共鸣箱，此形制似宋代已有。不过有的在双层之间装有铜丝弹簧，一拍桌面，嗡嗡作响。虽为弹琴而制，实出好事者之手。因铜丝簧只能对琴声起破坏作用，非真正琴家所宜有。这件琴桌采用的是斗攒工艺，斗攒在明式家具中只是装饰手段，到了清代有一些家具完全使用斗攒工艺制作，但传世品十分稀少。挂角牙为透雕螭龙，是清代中期的典型样式。花梨材质，做工细腻，虽用材较细，接榫较多，历久却没有任何变形。

估　价：无
成交价：RMB 1,100
尺　寸：138 × 40 × 84cm　天津文物　2004.06.24

清·花梨木琴桌

　　此桌花梨木质地，造型简洁大方。带打洼束腰，束腰下装托腮，直枨上装双矮老，直腿垂直落地，足为内翻扁马蹄，带有明显的明式桌风格，工艺流畅。

估　价：RMB 20,000-40,000
成交价：RMB 63,800
尺　寸：87.5 × 114.5 × 58.5cm　中国嘉德 2004.11.06

清中期·紫檀琴桌

　　琴桌是清代苏式家具中一种独特的长条形桌子，既是用来陈设古琴、古筝之用，又可以说是一种名副其实的陈设壁桌，使用灵活。直到晚清时仍然十分流行，此琴桌为条桌形式，工料考究，雕饰精美，较普通半桌略矮，以便枕琴抚弹。牙子减地浮雕莲花瓣纹，卡子花为灵芝云状，工艺精细，为束腰处饰炮仗洞式绦环图案，此桌的雕刻装饰是清中期典型样式。桌面冰盘沿攒框装芯，底部细麻髹朱漆，腿部起阳线，内翻回纹马蹄足，造型稳中见动感。

估　价：RMB 280,000-380,000
成交价：RMB 0
尺　寸：82 × 129 × 43cm　中国嘉德 2003.11.26

清·紫檀束腰琴桌

　　此桌与上面一件极为近似,也是带束腰条桌形制。直腿内翻马蹄足,足上饰回纹,高束腰上雕鱼门洞,以利于透音,束腰下饰莲纹托腮,牙板规整,牙板下为拐子纹透空攒牙子,桌面三拼,从做工判断,应为宫廷书房陈设之物。

估　价:RMB 550,000-750,000
成交价:RMB 0
尺　寸:82 × 129 × 43.5cm 中国嘉德 2004.11.06

清·紫檀漆面琴桌

　　这是一件造型十分特殊的琴桌,它结合了条桌和条案的结构因素,造型复杂。为乾隆时期紫檀家具之典型,极为少见。素混面攒宽开槽装芯板为桌面,桌面两头明显长于束腰,桌面下方两侧装带柱垂花栏,栏板也开有炮仗洞。高束腰上开炮仗洞,下带托腮。牙板与腿成框,腿子侧面三弯成直角拐子形,腿子间加枨条成框,带镂花牙条装饰,再下为托泥座。霸王枨为透雕如意纹形。小桌大漆为面,断纹清晰。

估　价:RMB 150,000-200,000
成交价:RMB 0
尺　寸:86.5 × 115.5 × 46.5cm 中国嘉德 1996.04.20

清·紫檀拱璧纹琴桌

　　这件琴桌使用紫檀材料，桌面两侧下卷，牙板拱璧纹饰一概打洼，直腿圆材落地，足内翻镂成卷书状。整件琴桌为典型的清式工艺，造型新颖别致，线脚弯曲自然，是一件难得的清代后期紫檀家具。

估　价：RMB 180,000—200,000
成交价：RMB 0
尺　寸：141×40×88cm 太平洋国际 2002.11.03

清·红木平攒斗琴桌（二件）

　　清代家具中，"攒作"工艺具有标新立异，追求形式"新"、"奇"的特征。此琴桌的造型和结构都很独特。它有江南家具特征，其腿足、牙子、卡子花、束腰等处均有实质性变化，完全脱离了传统形式，"标新立异"可谓达到了极致。此案的设计者显然是对传统家具结构工艺谙熟之人，依结构分类，其装饰形式可归类于"拐子式"，工艺手法则大量采用了费工省料的"攒作"法，具有苏作家具流派惜料的典型特征，堪称传世的清代红木极品，曾在《清宫百美图》中见过类似此桌造型的器物，也曾见过形式类似的清代漆器家具。眼下各地出现了不少仿制品，但大都有比例失调、结构失衡、线条失形的不足。这对琴桌曾是北京文物商店的藏品，收录于田家青《清代家具》中。

估　价：RMB 300,000—500,000
成交价：RMB 880,000
尺　寸：137×31×81cm 北京翰海 2004.11.22

清·红木琴桌

　　这件琴桌是四面平式样,桌面为瘿子木装芯板,镂空拐子纹挂牙,琴桌两侧装透雕花卉纹绦环板,挡板省略,只装了直牙圈口,足为方脚回纹马蹄足。整件器物简洁大方,做工精细,装饰合理,是清代后期同类器物的典型代表。

估　价: RMB 40,000–60,000
成交价: RMB 0
尺　寸: 117 × 82.4 × 44cm　中鸿信 2001.06.29

清·楠木雕花琴桌

　　此桌为楠木材质,非硬性材料,完好保留至今的明清家具中此类材质的家具已经较少见了。冰盘沿攒框桌面,桌面下为高束腰加矮老,并镶有透雕草花纹绦环板,束腰下设托腮。牙腿起线相连,腿足为方材,内翻马蹄足式样,最具装饰韵味的是在腿牙上装有透雕花纹大挂牙,刻制精工。整件桌子做工规整,简洁大方,古朴雅致,应该是清代中期的器物。

估　价: RMB 8,000–12,000
成交价: RMB 0
尺　寸: 105 × 52 × 87cm　太平洋国际 2002.04.22

清·红木三屉书桌

　　书桌抽屉的数量,自明至清经历了一个由少到多的过程。清初李笠翁的《一家言居室器玩部》主张几案要多设抽屉,正说明了当时的发展趋向。至于那些桌面下平列抽屉数具,两旁架几又各有三、四具,层层重叠,以及宽大书桌,两面都设抽屉,更是清代中晚期才有的,和明式已相去太远了。书桌之下设脚踏,与四足相连,用棕木构成井字或冰绽纹图案,也是清代中晚期的造法,不能视为明式。这件书桌有抽屉三具,一字平列,高低相等,抽屉下的空间、高度也是一致的。这种类型在清代比较常见,此桌红木材质,料头粗硕,是清后期的做工特点。

估　价: RMB 6,000-8,000
成交价: RMB 0
尺　寸: 高81cm 天津国拍 2000.11.07

清·红木三屉书桌

　　这件书桌是棕角榫"四面平"式样,抽屉三具,一字平列,高低相等,抽屉下的空间、高度也是一致的。桌子下装四个镂花龙纹角牙作为装饰,直腿回纹马蹄足,这种类型在清代比较常见。

估　价: RMB 4,500-6,000
成交价: RMB 0
尺　寸: 110×53×82cm 太平洋国际 2002.04.22

清·红木褡裢式四屉书桌（带座）

　　此桌为四面平"褡裢桌"式样，方材，四足为马蹄，直落地面，下装斗攒冰绽纹图案底座，同时兼具足榻的作用，这是这件书桌最具特点的地方。两旁的抽屉深而窄，中间的一对浅而宽。抽屉脸安蝴蝶形铜面叶，有拉手。红木制，时代约在清后期。

估　价：RMB 12,000–15,000
成交价：RMB 0
尺　寸：170 × 90 × 82cm　山东光大　2004.08.29

清·红木褡裢式四屉书桌

　　此桌为四面平"褡裢桌"式样，方材，四足直落地面，下装斗攒冰绽纹图案踏足膛板。两旁的抽屉深而窄，中间的一对浅而宽。抽屉脸安蝴蝶形铜面叶，有拉手。红木制，时代约在清后期，惟造型尚简洁。

估　价：RMB 6,000–8,000
成交价：RMB 0
尺　寸：高83cm　天津国拍　2000.11.07

清·红木写字桌

该书桌为架几式样，承几上部设二屉，下部为攒棂格亮格架。桌面设三屉，此桌与常见写字桌没有大的不同，只是右侧后面设有暗屉，十分讲究。通体采用排笔管装饰，为典型的广式做法。桌子整体可分割成三部分，便于搬运。

估　价：RMB 35,000–50,000
成交价：RMB 0
尺　寸：高89cm 中国嘉德 1998.10.28

清·红木夔龙纹书桌

此桌也采用架几式样，桌面为攒框装板，几子改装成抽屉柜，在柜子四面的抽屉脸、柜门板、山板等处均浮雕夔龙纹饰，在框材上也都浮雕几何图案，整体装饰可谓繁复，但这种接近西式写字台的书桌要到清末才出现。

估　价：RMB 80,000–120,000
成交价：RMB 260,150
尺　寸：150 × 78 × 82cm 北京翰海 2004.11.22

清·柏木案式抽屉桌、四出头官帽椅（一套）

　　这件书桌形制特殊，桌面向两侧展开，既类似于夹头案结构，又接近于闷户橱结构，但又与二者有着本质的区别，腿牙交接构成托架，桌面直接坐落于矮老之上，看上去并非一体。通体柏木制器，装两屉，抽屉脸、横牙和矮老上均装饰浮雕纹饰，角牙更是采用透雕工艺。直腿内翻扁马蹄，腿子收分明显。书桌形制规整，工艺讲究，别具一格，前后满工，与一件四出头官帽椅搭配，十分得体，古意盎然。

估　价：RMB 9,000–12,000
成交价：RMB 0
尺　寸：127×56cm 太平洋国际 2002.04.22

清·黄花梨夹头榫平头案

　　这是一件纯粹明式的夹头榫平头案，通体光素，没有任何纹饰。素混面攒框装板案面，圆材腿略向外撇，腿间置双横枨、素牙头、素牙板。可能是使用的黄花梨材质十分稀缺，这件器物的各个构件略显单薄，但在总体上还是比较匀称的。

估　价：RMB 160,000～200,000
成交价：RMB 0
尺　寸：151 × 40 × 82.5cm 北京翰海 2004.11.22

清中期·鸡翅木漆面夹头榫大画案

　　这件画案取夹头榫平头案式样，器型规整方正，尺寸较一般案形要大，腿牙及足的装饰具有典型的清代雍正年间风格，以古代青铜器及玉器的纹饰为雕刻花纹，案面及底部做很厚的鬃漆披灰，至今保存完好。使用鸡翅木制作如此大器，这在传世家具中是不多见的。曾收录于田家青所著《清代家具》一书中。

估　价：RMB 500,000～700,000
成交价：RMB 682,000
尺　寸：83.5 × 192 × 86.5cm 中国嘉德 2005.11.04

清乾隆·紫檀夹头榫大平头案

　　大平头案由上好紫檀精制,案面由四片紫檀平铺。云头造型的牙子与腿足由走马销相连,是夹头榫结构中较为讲究的做法。牙子牙头浮雕云蝠纹,两侧的挡板亦透雕云蝠纹,流畅生动。足下设承托泥,为有束腰台座式。保存完好,包浆完美,为乾隆时期宫廷紫檀家具中的精品。

估　价: RMB 400,000-600,000
成交价: RMB 440,000
尺　寸: 高92cm 中国嘉德 1998.10.28

清·紫檀平头案

　　此案为紫檀木制成,器型为插肩榫式样,保留有明式作风。案面为冰盘沿攒框装板,牙板宽阔,如同高束腰,与牙头一样浮雕拐子几何纹饰,纹饰风格朴拙厚重,下设两挡花板,承座做须弥座式样。整件器物装饰浓艳,敦实大方。

估　价: RMB 120,000-180,000
成交价: RMB 143,000
尺　寸: 161×69×89.5cm 北京翰海 1998.08.02

清・紫檀平头案

此案为紫檀木制成，器型为夹头榫式样。案面为攒框装板，牙板素雅宽阔，如同束腰，牙头浮雕拐子几何纹饰，下设两挡花板，承座简洁。整件器物以线条作装饰，厚重大方，是清代的典型器物。

估　价：RMB 200,000–300,000
成交价：RMB 220,000
尺　寸：143.5 × 40.8 × 85cm　北京翰海　1998.08.02

清中期・红木面平头案

此条案器型结构为夹头样式。冰盘沿攒框装镶板案面，大边硕壮。直立圆腿，不外挓，腿间带两根圆横枨。镂空云头牙头与牙板连成一起。整体光素简洁，造型洗练。

估　价：RMB 60,000–80,000
成交价：RMB 0
尺　寸：170 × 68 × 82cm　中国嘉德　1997.04.18

清·红木博古纹平头案

案面为冰盘沿攒框装板,案面下装浮雕博古纹牙板,圈牙连做,逢腿处也未断开,而直腿以插肩榫透过牙板与案面榫合,这是少见的做法,主要流行于清末。腿子为直腿,下部浮雕如意纹,上部浮雕博古纹,纹饰与牙板纹饰结合。两腿间以横枨相连装券口。整器以红木制成,做工精细,尤其是纹饰刻制精美,堪称清代后期红木家具中的精品器物。

估　价:RMB 40,000~60,000
成交价:RMB 0
尺　寸:247 × 45 × 104cm 太平洋国际 2003.11.25

清·红木卷草纹平头案

案面为冰盘沿攒框装板,案面下挂装透雕卷草纹牙板,直腿以插肩榫透过牙板与案面榫合,腿子下部阴线雕回纹马蹄,上部浮雕卷草纹,纹饰与牙板纹饰结合。两腿间以横枨相连装券口。纹饰刻制精美,堪称清代后期红木家具中的精品器物。

估　价:RMB 18,000~38,000
成交价:RMB 0
尺　寸:240 × 47 × 104cm 太平洋国际 2004.06.27

清乾隆·鸡翅木螭龙纹翘头案

这件大条案为夹头榫做法,案面两端装小翘头,以浮雕几何化的螭龙拐子纹做牙头。桌腿双起棱,两腿间以横枨相连,装券口和挡板,挡板为透雕螭龙纹,造型大方而有气势。整件器物用料硕大,造型朴实厚重,纹饰细腻而大气。为清中期所罕见的鸡翅木大器。

估　价:RMB 60,000–80,000
成交价:RMB 297,000
尺　寸:207.5 × 38.4 × 82cm 北京翰海 2006.06.26

清中期·紫檀包镶条案

这件条案使用的是紫檀包镶工艺,在清代苏作家具中,有使用柴木为胎、硬木贴面的包镶家具,目的在于节省珍贵木材,并取其体轻便于搬动的特点,包镶一般指百衲包镶,使用小片木材或其他物料拼斗成图案,作为家具贴面。此案面有古钱图案,就是以包镶方法制成,这种装饰手法在传世家具中十分少见。此案采用夹头榫,牙条、牙头为洼膛减地浮雕花纹,直方托泥座,整体结构比例均匀,简洁庄重。

估　价:RMB 90,000–120,000
成交价:RMB 132,000
尺　寸:86.5 × 204.5 × 48cm 中国嘉德 2001.11.04

清·红木夹头榫条案

此案为夹头榫平头案样式，托子光素，牙有雕饰，但仍属方直一类。牙板、牙头浮雕龙纹，龙身蟠卷组成图案，与牙头的外形结合得比较成功，极为繁复。牙条正中垂肚，在条案中极为罕见。挡板装冬瓜圈口。应该是清代中期以后的作品。

估　价：RMB 35,000
成交价：RMB 0
尺　寸：长240cm 天津文物 2004.06.24

清乾隆·紫檀云石面小条案

此种器物在明代又称"酒桌"，是饮食器具，桌面有拦水线，清代所制多为靠墙陈设的底座，不见拦水线。此条案全紫檀材质，采用标准的夹头榫卯结构，比例匀称。案面攒框打槽装云石面板，云石面纹理美观大方。牙板雕云纹，线条流畅，沿边起峭立阳线，线内铲出下陷的平地。与明式"酒桌"相比较，将双腿相连的横枨上移了位置。两边横枨上装镂雕云头挡板，四腿为圆材直足。用料讲究，制作精练，保存完好。

估　价：RMB 140,000－160,000
成交价：RMB 214,500
尺　寸：高82.5cm 中国嘉德 1998.10.28

清·花梨夹头榫管脚枨翘头案

　　夹头榫四足着地有管脚枨条案,带有明式风貌。管脚枨之施, 在功能上加强了足端的连结。在装饰上, 它本身虽多为光素, 变化不大, 但有它才能形成两腿间的方形空当,这就使口和挡板两种富有装饰性的构件有安装的可能。管脚枨之下, 一般都有牙条或枨子承托。牙头或锼出曲线云头纹, 枨子或为罗锅形, 或作两卷相抵状, 也具有一定的装饰意义。条案的圈口, 或简或繁, 此案装锼花挡板。

估　价: RMB 60,000
成交价: RMB 0
尺　寸: 192cm　天津文物　2004.01.08

清·黄花梨木翘头案

　　此案为靠墙陈设用具, 通体黄花梨木制, 器型为夹头榫式样, 体形硕大, 极为少见。案面两头装高翘头外撇, 牙板素雅, 牙头锼成云头状, 两挡花板锼成云芝状, 承座简洁。雕工精美绝伦, 为典型明代式样、清代做工的家具。

估　价: RMB 120,000－150,000
成交价: RMB 0
尺　寸: 330 × 50 × 95cm　太平洋国际　2002.11.03

清·紫檀木翘头案

此案通体紫檀木制，器型为夹头榫式样。攒框案面，案面两头装小翘头，外撇，牙板与牙头连做，牙头浮雕西番莲花纹，牙板垂肚雕双龙戏珠纹，两挡花板锼成透雕花纹，承座简洁。雕工精美绝伦，为典型清代装饰式样。

估　价：RMB 100,000–180,000
成交价：RMB 121,000
尺　寸：182 × 46 × 84cm　天津国拍　2001.11.03

清·鸡翅木夹头榫管脚枨翘头案

此案为明式造型，做工简洁，尤其是挡板部位。桌面翘头如翼展开，使用锼空云头牙头，沿牙条牙头起皮条线。全身可谓基本光素，但管脚枨以上没镶挡板而改装券口。整件器物线条流畅有力，艺术价值极高。从包浆和足脚形制看，应该属于清中期以前的作品。

估　价：RMB 300,000–400,000
成交价：RMB 0
尺　寸：124 × 37.5 × 81cm　北京翰海　2004.11.22

清中期·楠木梗面翘头案

　　此案为夹头榫形制的条案，楠木独板案面，牙板、牙条浮雕草龙纹饰，挡板雕草龙灵芝纹。腿子上起"一炷香"阳线，翘头案整体可拆解，榫头、榫口部分可活动。整件器物雕工精致，器型稳重，是民间家具中不可多得的大器。

估　价：RMB 18,000–22,000
成交价：RMB 16,500
尺　寸：90 × 235 × 53cm 中国嘉德 1996.04.20

清·铁力木夹头榫大翘头案

　　此案为夹头榫形制的条案，使用材质讲究，用料厚重，器型硕大。攒框装板案面，面板为三拼，翘头仰角较陡，牙头及挡板透雕草龙纹图案，腿上下浮雕如意云头纹，雕工精致细腻。整体造型规整严谨，是清式同类器物中的代表作品。

估　价：RMB 35,000–45,000
成交价：RMB 0
尺　寸：87 × 237 × 56cm 中国嘉德 1996.04.20

清·榆木雕云纹翘头案

　　此案也是采用夹头榫式样，案面为独板，双翘头如翼展开，线条优美自然。案身形体简洁，除牙头锼弧之外，通体基本保留方材的边线，端庄、稳健、大方是其特点。

估　价：RMB 8,000–12,000
成交价：RMB 0
尺　寸：268 × 46 × 88cm　太平洋国际　2001.11.04

清·榆木髹漆雕龙纹翘头案

　　此案为夹头榫形制的条案，形体狭长，体量巨大，牙板与牙头连做，牙头浮雕草龙纹饰。面框和腿子上以打洼双线作装饰，挡板为浮雕花板，座足。这件器物在民间家具中属上乘之作，做工讲究，器型优美，可与同类硬木器物媲美。

估　价：RMB 5,200–8,200
成交价：RMB 0
尺　寸：252 × 36 × 92cm　太平洋国际　2003.07.09

清·榆木朱漆狮纹翘头案

　　此案是一件典型的厅堂陈设用具,一般陈设在厅堂正中对门的位置,它的前边往往放置一张八仙桌和一对太师椅。此案夹头榫形制,器身狭长,最具特色的地方是牙板与牙头连做,面框和腿子上以打洼双线作装饰,牙条浮雕几何纹饰,牙头浮雕狮子纹饰。桥形墩座,墩足间装镂空花板。通体髹朱漆,是清代中期晋作的典型器物。

估　价: RMB 5,000-7,000
成交价: RMB 0
尺　寸: 260×40×95cm　太平洋国际　2002.11.03

清·榆木狮子绣球纹翘头案

　　这件翘头案的形制与上一例基本相同,也是夹头榫墩座式翘头案,不同之处在于此件更加关注总体的造型,此案分作正面和背面,正面整体看上去近似于倒梯形,框架比例适中,较上一例要好一些。它将镂空狮子滚绣球纹角牙一直延长到近于墩足的部位,而且两腿间的角牙在案子中心搭接,形成一体。狮子滚绣球纹饰,形象准确,刻工精良,绝非俗手所为。加之翘头高耸,作卷书状。老榆木材质,木质细腻,有纹理,是榆木中的上品。整件器物比例适中,装饰华丽,气度非凡,应该是清代后期的北方制品。

估　价: RMB 7,500-8,500
成交价: RMB 0
尺　寸: 200×50×95cm　太平洋国际　2002.04.22

清·榆木雕云纹翘头案

这件翘头案是夹头榫墩座式翘头案，面宽较窄，案面较高，翘头较大。为了增强正面的视觉效果，面框、牙条、腿子均较厚，镂空龙纹角牙也很大，几乎近于夸张的程度。面框和腿子上以打洼双线作装饰，光素牙条，整体装饰繁简结合，既有重量感又有冲击力，是一件难得的大器。

估　价：RMB 4,200–6,200
成交价：RMB 0
尺　寸：188 × 44 × 88cm　太平洋国际　2003.07.09

清·柏木翘头案

此案也是采用夹头榫式样，形制古朴简洁，翘头较小，牙板光素装饰镂空卷草纹，腿子、枨子使用方材，敦实有力。案面较窄，器身较长，是清代靠墙陈设条案的典型风格。

估　价：RMB 8,000–12,000
成交价：RMB 0
尺　寸：240 × 40 × 85cm　太平洋国际　2001.11.04

清·核桃木翘头案

　　此案为夹头榫形制的条案，但装饰手法十
分新颖别致，大翘头，尺寸之大，仰角之高，超
出常见者很多。牙板窄小，但在看面设一两面出
头的横枨，中卡一回纹卡子花，装饰韵味足趣。
腿子间没有装座足，而是装枨开槽装雕花挡板。
虽是民间制器，但工匠在装饰上还是下了一番
功夫的。

估　价：RMB 6,500–8,500
成交价：RMB 0
尺　寸：191 × 43 × 83cm　太平洋国际　2001.11.04

清·槐木翘头案

　　此案为夹头榫形制的条案，器型硕大，用料
厚重，装饰朴素，是一件典型的清初民间家具。
翘头安装非常有特点，挡板锼成灵芝云头纹，牙
头锼成卷云，腿子上起"一炷香"阳线，这些装
饰虽不怎么复杂，但极具纯朴向上的气息。原来
通体髹漆，如今漆层已基本剥落殆尽。

估　价：RMB 28,000–42,000
成交价：RMB 0
尺　寸：228 × 49 × 87cm　太平洋国际　2003.11.25

清 · 朱漆翘头条案

此案为夹头榫形制的条案,案面翘头高高耸
起,牙板、牙头采用攒棂形式,腿子上打洼出几
何图案,侧面两腿间使用的不是座足,而是用板
连接,腿子间没有挡板,只是装了横枨、圈口和
绦环板,这件条案的装饰手法极为罕见。整体不
失朴素的风格,又多了一分装饰的精巧。通体髹
朱漆,年代久远已成紫红色。

估　价:RMB 8,000-15,000
成交价:RMB 0
尺　寸:195 × 38.5 × 99cm 北京翰海 2003.11.25

清 · 鸡翅木回纹下卷式方头案

案面为方头下卷式样,卷头看面镶透雕灵芝
纹,以透雕回纹做牙板,桌腿为三段式样,以束
腰相隔,每段打洼浮雕人物、蝠、磬、鱼、云芝
纹饰,两腿间以双横枨相连。加之整器以鸡翅木
制成,做工之精,在此类下卷式条案中属于最成

功、最具代表性的器物之一。

估　价:RMB 25,000-35,000
成交价:RMB 74,800
尺　寸:220 × 48 × 103cm 上海友谊 2002.12.02

清·红木回纹下卷式圆头案

这件条案为下卷式样，案面下卷弧度圆润，卷头尽端饰以灵芝纹，以透雕变形回纹做牙板。腿子分节起棱，在回纹足下设垫足，两腿间以横枨相连打槽装券口。这件器物属同类型器物中装饰比较简洁的，做工和刻工均属一流，算得上精品之作。

估　价：RMB 40,000—60,000
成交价：RMB 41,800
尺　寸：高101cm 天津国拍 2000.11.07

清晚期·红木双劈料下卷式圆头案

这件圆头案案面下卷书式样，下卷弧度圆润，桌面做双劈料，面板为瘿木，纹理雅致，以攒框拐子纹做牙板，桌腿双起棱，镶瘿木作装饰，整件器物给人以玲珑、轻盈的感觉。两腿间以横枨相连，此类下卷式案为清晚期最成功、最具代表性的苏作家具样式，这件器物当属同类型器物中的上品。

估　价：RMB 40,000—60,000
成交价：RMB 44,000
尺　寸：高81cm 中国嘉德 1998.10.28

清·红木圆头龙纹案

　　案面为下卷书式样，卷头镶透雕花板，以透雕拐子龙纹做牙板，桌腿为三段式样，以束腰相隔，每段打洼浮雕花卉纹饰。两腿间以双横枨相连，此类下卷式条案为清晚期最成功、最具代表性的家具式样。

估　价：RMB 70,000–100,000
成交价：RMB 77,000
尺　寸：241 × 48 × 107cm　北京翰海　1998.08.02

清·鸡翅木漆面夹头榫大画案

　　这件画案取夹头榫平头案式样，器型规整方正，腿牙及足的装饰具有典型的清代风格，腿间装罗锅枨，这在同类器物中还是不多见的。使用鸡翅木制作如此大器，这在传世家具中也是不多见的。

估　价：RMB 300,000–400,000
成交价：RMB 660,000
尺　寸：192 × 86.5 × 83.5cm　北京翰海　2004.11.22

清·紫檀雕博古图画案

　　此画案为明式厚板条几形制发展而来,紫檀材质,用料精细,材质硕大,平底浮雕纹饰,精美流畅,通体呈现出一种简约与富丽堂皇交相辉映的风格,为清代宫廷紫檀家具之典型器,极为难得。画案由三块厚板构成桌面和桌腿,足部内卷。面板光素,由五块板拼成。由于桌面板厚重宽大,两侧的雕花牙板起到很好的承托作用,防止桌面板"塌腰",前后两条牙板雕缠枝莲开光,内刻博古纹。画案两侧腿板满雕缠枝莲纹和几何图案,中设圆形开光,内雕瓶、炉、寿桃、扇、山石等博古图案,是典型的清代乾隆时期的装饰工艺。

估　价: RMB 1,500,000–2,000,000
成交价: RMB 1,980,000
尺　寸: 84 × 169 × 83cm 中国嘉德 2002.11.03

清·红木攒斗平头画案

　　此案外形为夹头榫形式的案,但实际上在结构上并不是夹头榫,它的腿子并不与案面交接,牙子攒接成一体,案面直接坐落于牙子上,因此在视觉上显得更加通透和一体,腿子直接落地,挡板也是由攒斗的拐子纹饰组成,风格一致。如此变体家具是很少见的,因此十分珍贵。

估　价: RMB 100,000–150,000
成交价: RMB 0
尺　寸: 高86cm 中国嘉德 1999.04.21

清早期・核桃木拐子龙下卷

　　下卷即炕案,为炕上靠墙陈设物品使用,用几块厚板造成,最简洁的是三块板。此件下卷较一般之下卷要更长且矮,板厚约二寸,造型纯朴凝重,典型北方做工。正面牙板两侧起阳线雕拐子龙相对,中间雕寿字。另两侧板雕阴线图案,与正面板牙起阳线工艺对称。风格粗犷,线条浑圆有力,但又一丝不苟,非常工整。

估　价:RMB 8,000-15,000
成交价:RMB 0
尺　寸:155×44×36cm 太平洋国际 2004.06.27

清中期・铁力木架几案

　　这件架几案案面为独板,几子中部偏上,每面加腰枨两道,打槽装板。正面装抽屉,安铜拉手。装板以上的空当没有任何装饰,装板以下的空当只在横枨下安四个素牙条,四足直落到地,无马蹄,腿间设攒框隔板。从制作来看,是一件清代中期的江南作品,但还保留一些明代的式样。

估　价:RMB 7,500-8,500
成交价:RMB 0
尺　寸:40×105×240cm 北京翰海 2002.11.03

清·红木浮雕花卉架几案

这件架几案为红木材质，案板为实心木板，不是"响膛"结构。它的几子为清式花几，几面下设有高束腰、托腮，足底用托泥座。几子的面板边缘、束腰、托腮及牙板均做浮雕。纹饰繁复，是典型清代式样。

估　价：RMB 300,000—450,000
成交价：RMB 286,000
尺　寸：349 × 56 × 106cm　北京翰海　1998.08.02

清·红木架几案

几子中部，每面加腰枨两道，打槽装板。装板有一块留作抽屉脸，不安铜吊牌，使四面整洁如一，北京匠师称之为"暗抽屉"。装板以上的空当安拐子连璧纹牙子。装板以下的空当，只在横枨下安四个素牙条，并装攒框横挡板，四足直落到地，小马蹄。从制作来看，是一件清中期的家具，但还保留了一些明代的式样。

估　价：RMB 20,000—40,000
成交价：RMB 0
尺　寸：310 × 48 × 99cm　太平洋国际　2004.06.27

清晚期·红木镶影木架几式书案、南官帽椅

架几案的案面一般为独板实心,名贵木材多制成攒框装芯板案面,俗称为"响膛"。两只几子使用方材,几面与几腿边抹相交,用棕角榫连接,作"四面平"式样,几子上设抽屉两具,下部为敞开式空档,装饰牙条,最下为耙梳格膛板。因此,这种书案又称为"搭板书案"。书案的大部分皆是用影木镶嵌而成,做工复杂,工艺精细,清新自然。配一把平膛座面南官帽椅,更显得浑厚自然,爽利明快。

估　价:RMB 40,000—60,000
成交价:RMB 49,500
尺　寸:椅高109cm 中国嘉德 1998.10.28

清·紫檀带束腰方花几

这件花几为带束腰三弯腿式样,冰盘沿攒框装板几面,高束腰,束腰打洼并且中间起阳线作装饰。直牙与腿子相接,腿子挖成三弯状,足为内翻回纹马蹄并设有垫足,腿子下方四面装罗锅枨。整件器物除了腿牙上锼出拐子作装饰外,几近于全素,这在清代器物中是不多见的。

估　价:RMB 50,000—80,000
成交价:RMB 0
尺　寸:高102.5cm 天津国拍 2000.11.07

清·红木四足有束腰马蹄足方花几（一对）

　　这对高几几面冰盘沿攒边装板，高束腰打洼起线，四腿垂直，足端挖成内翻扁马蹄，近足处由四根罗锅枨连接固定。几子的四面装镂花拐子龙纹挂牙，沿着牙子和腿子起打"洼儿"阳线。体态修长，器型很高，这些都是典型的清代手法。

估　价：RMB 8,000–12,000
成交价：RMB 0
尺　寸：40 × 40 × 120cm　太平洋国际　2003.07.09

清·红木四足有束腰马蹄足方花几

　　清代的花几是一个新品种，一般体态修长，器型很高，适合摆放垂挂的植物。此几几面冰盘沿攒边装板，浮雕高束腰，四腿垂直，足端挖成回纹马蹄，直落在方托泥上，极为稳健。几子的肩部装饰雕花纹饰，束腰下设托腮，四面装镂花浮雕牙子，沿着牙子和腿子起打"洼儿"阳线。这些手法，具有浓厚的清代意趣。

估　价：RMB 6,000–8,000
成交价：RMB 0
尺　寸：36.8 × 36.4 × 89cm　中鸿信　2002.12.10

清·红木四面平方花几（一对）

　　这对高几采用四面平式样，造型修长，结构简洁。几面攒边装板，四腿垂直，边抹立柱由棕角榫对接，足端由四根罗锅枨连接固定，直接落地做成圈足形。几子的四面装镂花拐子纹，边抹和腿子做成素混面。整体显得轻盈圆润，这些都是典型的清代手法。

估　价：RMB 4,000-8,000
成交价：RMB 0
尺　寸：40×30×97cm 太平洋国际 2004.06.27

清·红木葵花纹四足花几（一对）

　　这对圆几平面近圆形，有高束腰，束腰上开鱼门洞。四条三弯腿使整个几子显得修长，顶上的盘面和下面的托泥做成葵花形，牙子分段相接，像披肩似的覆盖着腿足，与插肩榫的造法不同。这种由明式香几演化而来的四足圆几很少见。

估　价：RMB 无
成交价：RMB 4,400
尺　寸：110×38×38cm 天津文物 2004.06.24

清·榉木方花几（一对）

这对花几的造型为明式带束腰小桌造型，几面为长方形，束腰较矮，马蹄足扁小，惟腿子较高，制作精细，通体秀丽可爱。

估　价：RMB 15,000–25,000
成交价：RMB 0
尺　寸：70 × 38 × 114cm 中国嘉德 1997.04.18

清·榉木方花几

这只花几的造型为明式无束腰罗锅枨小桌造型，全部材料使用劈料做。方腿直接落地，无足，罗锅枨加双矮老，整体看上去结构紧凑，造型稳健，做工规整，是清代中期以后的作品。

估　价：RMB 6,000–8,000
成交价：RMB 0
尺　寸：91 × 57 × 35cm 中国嘉德 1996.04.20

清·榉木髹漆有束腰高花几（一对）

　　此几的形制与上面介绍的一件基本近似，只是在下部横枨间加装了攒斗冰裂纹屉板，这种做法在清代后期的同类器物中很常见。通体髹漆，漆层有剥落处。

估　价：RMB 4,800-6,800
成交价：RMB 0
尺　寸：45×45×120cm 北京翰海 2002.11.03

清·黄杨木方花几

　　此几为带束腰直枨式样，通体使用黄杨木制器，材料更加稀缺珍贵。冰盘沿攒框装板几面，高束腰，束腰上开鱼门洞，牙子锼出垂肚并满饰浮雕图案，直腿落地，近足端处浮雕回纹图案，腿子下方由直枨相连，通体结构简洁明了，是清式高花几的典型样式。

估　价：RMB 60,000-70,000
成交价：RMB 0
尺　寸：83×44cm 蓝天国际 2001.12.06

清·槭木方花几（一对）

这对花几的形制是带束腰的样式，又使用了圆料裹做的手法，因此就显得十分罕见。几面为素混面攒框，小束腰，腿子为圆料直接落地，牙子使用裹做将腿子环包起来，两根横枨将几面下的空间分割成上小下大两个空间，上边的空间装圈口作装饰，下边的空间装类似于花窗的透雕装饰，富有美感。整件器物结构合理紧凑，圆润可爱。

估　价：RMB 15,000–28,000
成交价：RMB 0
尺　寸：高93cm 天津国拍 2000.11.07

清·紫檀束腰香几

此香几全材为紫檀，材质优良。冰盘沿几面下设高束腰，束腰绦环板分段开光镂雕云纹，上下设托腮。直腿内侧环起阳线，并加装镂雕小角牙，足脚为内翻回纹马蹄，足下承托泥。整只香几雕刻细腻流畅，整体风格素雅大方，舒展自然，带有典型的乾隆时期的工艺特点。

估　价：RMB 60,000–80,000
成交价：RMB 132,000
尺　寸：90.5 × 42.5 × 42.5cm 中国嘉德 2002.11.03

清·红木叶形香几

此香几为多边形，几面近乎于六边形，双层高束腰，装开洞绦环板。牙子分段相接，像披肩似的覆盖着腿足，与插肩榫的造法不同。肩部和图样都像金属饰件，这是摹仿铜、铁裹叶的造法。三弯腿，几腿的卷叶形落在台座上，装饰性也很强。如此造型的香几在明代漆木材质比较多，清代硬木仿制者不多见。

估　价：RMB 8,000
成交价：RMB 0
尺　寸：45×45×2cm 安徽拍卖 2006.07.09

清·红木四足有束腰马蹄足长方香几

此几几面冰盘沿攒边装板，束腰，四腿垂直，足端挖成矮扁而棱角犀利的回纹马蹄，直落在方托泥上，极为劲峭。几面下束腰装饰雕花纹饰，束腰下设托腮，四面装浮雕牙子，沿着牙子和腿子起打"洼儿"阳线。做工精细，刻工圆熟，带有浓厚的清宫制作的风范。此几长方形，和茶几有相似之处。我们可以说它是茶几的前身，但还不能算是茶几。茶几的定型并被广泛使用，当在入清以后，逐渐发展成为多具摆设，或四、或六、或八，与椅子成堂配套，整齐地排列在大厅之上，取代了明代厅堂上在酒桌后边或两侧设坐具的布设方式。清代茶几为了夹置在两椅之间，自然以长方形的为宜，方形次之，而体形也比明式香几缩小了许多。

估　价：RMB 6,000~7,000
成交价：RMB 0
尺　寸：86×68cm 蓝天国际 2003.08.26

清·黄杨木束腰绿端面茶几

　　此件茶几，高束腰，配底座，镶嵌绿端为面。抹边冰盘沿式样，束腰处鱼门洞内镂空雕衔草纹。托腮处起地浮雕香草纹，四边雕饰有柱形支柱，每个柱均镶嵌有瘿木方块。另雕有黄杨木树桩形卡子花，牙板为镂空雕缠枝花卉。整件器物依雕刻有钩云回纹鸳鸯槽桩贯通至底座，底座面板中镂雕有牡丹花一朵，四周为斗花簇，底座层次和雕刻与上对称。此件木器做工精细，式样少见，结构工整，用料规范，布局巧妙，给人玲珑剔透之感。黄杨木制作成整件家具实属罕见。

估　价：RMB 120,000–180,000
成交价：RMB 242,000
尺　寸：44×44×85cm 无锡市文物公司 2006.06.15

清·黑漆嵌螺钿香几

　　香几和茶几的区别在于茶几为长方形，而香几多是圆形或者多边形。此几几面近乎于方形，高束腰，装开洞绦环板。牙子分段相接，像披肩似的覆盖着腿足，与插肩榫的造法不同。肩部和图样都像金属饰件，这是摹仿铜、铁裹叶的造法。三弯腿，几腿的卷叶形落在台座上，装饰性也很强。如此造型的香几，漆木材质比较多。

估　价：RMB 60,000
成交价：RMB 0
尺　寸：高43cm 天津文物 2004.11.15

清·柞榛木转面方几

　　此几的制作原理与前面介绍的转面圆桌的制作原理是相同的，也是独柱木轴式。此几的座子是一个带小束腰的炕桌，独梃木柱四周装四个镂空拐子纹站牙，木柱中腰装子母扣木轴，上方由三根担子承托桌面，桌面可以做360度自由旋转，为冰盘沿攒框装板，下挂浮雕回纹挂牙。此器设计精巧，做工精良，是难得一见的器物。

清·榉木结绳纹有束腰方几

　　此方几设计独特，全几以方材倒圆攒成结绳纹饰，纹饰和结构浑然一体，这种方式一般使用在屏风的底座结构上，其他器物极为罕见。几面下设束腰，束腰上开鱼门洞和圆洞。在几子立面结绳的空间中加镂镂空博古图纹饰，在几子的下部由结绳结构构成底盘。全器制作精巧自然，一气呵成，浑然天成。

估　价：RMB 5,000–8,000
成交价：RMB 0
尺　寸：高83cm 天津国拍 2000.11.07

估　价：RMB 6,000–8,000
成交价：RMB 0
尺　寸：高80cm 天津国拍 2000.11.07

清·红木茶几

　　这件茶几也是带束腰形制，几面下带屉板，束腰矮小，腿牙连做浮雕福寿纹饰，腿子下部外侧挖缺，足部外翻，浮雕云头图案。整件茶几的造型方圆相间，装饰上更是繁简相间，对比强烈，是典型的清式特点。

估　价：RMB 6,000–8,000
成交价：RMB 0
尺　寸：高82cm 天津国拍 2000.11.07

清·红木拱璧纹方茶几

　　这件三弯腿带束腰的方几是清式太师椅的配套器物，其整体线条简洁流畅，结构紧凑，装饰华丽大方。这种器型和装饰在清代的后期和民国时期是非常流行的，在前面椅凳类家具中已有介绍。

估　价：RMB 4,000–6,000
成交价：RMB 4,400
尺　寸：44 × 44 × 75cm 天津国拍 2004.11.18

清式·柜架类

清式的架格基本沿袭明式的样式与结构，但出现了一种新品种，这种架格既横又直，立架空间被分隔成许多不同大小的空间，主要功能是可以摆设多件文玩，故又名"什锦格"、"博古架"、"百宝格"或"多宝格"。多宝格兼有收藏、陈设的双重作用，与一般纯作贮藏的箱、盒略有不同。之所以称为"多宝格"，是由于每一件珍宝，按其形制巨细都占有一"格"位置的缘故。多宝格形式繁多，各不类似。由于其制作精美，本身就是一件绝妙的工艺品，其价值并不亚于所列的珍宝。其中间设有背板和上有券口牙子的较为讲究。到了清代中后期这种架格又结合了柜体结构，形成十分复杂的多宝格柜。

清代的圆角柜和方角柜基本上照明代的风格没有改动，只是料头使用更大一些，值得注意的是清式方角柜中的四件柜由于看面的面积较大，故往往在柜门上施以复杂的装饰，由于时代变迁装饰纹样流行的风格有变，故此可以确定其中一些器物的大体制作年限。

清式亮格柜的亮格部分有层数超过三层的。清代后期，受西洋和日本家具的影响，在硬木家具里开始出现中西结合式样的新式家具，如带玻璃门的书柜、酒柜、梳妆台等。这些家具新品种的出现，极大地考验了传统家具的结构和制作工艺。

清·榆木架格

　　这是一具四格架格，攒框装板，有山板而无背板，山板的穿带设在外侧，格子正中格角相交装立枨，用以支撑格子，防止格子"塌腰"，底层格子远离地面，可见这是一具承重的架格，有可能为陈放图书而制，也可能是货架。这是最朴素的架格，其实用性远远高于观赏性。由于体量大，料头粗，均为透榫，说明这是清代的制品。

估　价：RMB 20,000–40,000
成交价：RMB 0
尺　寸：113 × 47 × 214cm　太平洋国际 2004.06.27

清·榆木大架格

　　架格就是以立木为四足，取横板将空间分隔成几层，用以陈置、存放物品的家具。它也常被称为"书架"或"书格"。惟因其用途可兼放他物，不只限书籍，故今用架格这个名称。此架为两层，有柜帽圆角柜形制，全敞开式样，中设抽屉二具。四面装刀头口。后背用"S"形的弯材栏杆，两侧围栏装镂空绦环板。四腿方材倒圆，收分较大，框架基本属于圆角柜形制。使用榆木材质，结合材料、做工、装饰、形制来看，这是一件清代中期左右的北方乡村家具。

估　价：RMB 15,000–28,000
成交价：RMB 0
尺　寸：98 × 55 × 180cm　太平洋国际 2003.11.25

清·榆木直棖架格

这件架格共两层,顶盖喷出,两侧山板及背面用小圆柱构成透空棖格,书格中间隔以一对抽屉,配以铜活,雕琢细腻。腿足间装刀头牙。整体风格空灵有致。

估　价: RMB 18,000–22,000
成交价: RMB 30,800
尺　寸: 162 × 86 × 41cm 中国嘉德 1996.04.20

清晚期·紫檀贴皮亮格柜

此柜柜身较高,柜上部为全敞开式亮格,镶玻璃,正面装玻璃门。柜下部两扇门板浮雕罗汉图,刀工圆熟,栩栩如生,罗汉上下方各浮雕草龙一条,纹饰流畅,布局匀称。柜山与后背设有明穿带,柜下没有牙板及横枨,其简洁程度已经与现代家具无异。

估　价: RMB 40,000–60,000
成交价: RMB 44,000
尺　寸: 84 × 34 × 18cm 中国嘉德 1997.10.25

清·核桃木架格

　　此架格体量巨大，做工素洁，用料敦实，风格属于山西晋作。它结合两只架格为一体，半敞开式样，中间用立柱将其虚隔为两部分，左右皆分三层。上二层设围栏，皆以攒棂为"俯仰山字纹"图案，各层均加装卷草芯壸门券口，两侧亦同，腿子间有素牙条。这是一件晋作家具的精品。

估　价：RMB 35,000－55,000
成交价：RMB 0
尺　寸：149 × 51 × 173cm 太平洋国际 2004.06.27

清·花梨木博古架

　　博古架又称多宝格，是用横、竖板将空间分隔成若干高低不等、大小有别的格子，是清代中期以后盛行开来的一种古玩陈设家具，即使雕饰不多，也应该列入清式。这对博古架合在一起构成满月的形状，图案左右对称，造型极为简单，却有很强的空间装饰性，在清末民国很流行。

估　价：RMB 8,000－12,000
成交价：RMB 8,800
尺　寸：178 × 186cm 天津国拍 2004.11.18

清中期·剔红吉庆纹博古架

　　此架以漆木制成，尺寸精巧，应是置于案头或炕上的装饰用具。架面高低错落，内有三层亮格，一对抽屉和一对小橱门。分别可庋藏不同的物品。器物通体髹漆剔红锦地纹饰，架侧雕有"富贵牡丹图"，小橱门正背面均雕有"吉庆有余"图案，从图案来看，应该是清代中后期的作品。

估　价：RMB 60,000–80,000
成交价：RMB 71,500
尺　寸：36.5 × 16 × 19.5cm 上海嘉泰 2006.06.29

清·紫檀多宝格

　　这件案面多宝格架的上部做成不规则样式，除了在右下角设置一对抽屉外，余下的空间均分割成亮格。亮格前后通透，部分亮格装有锼花圈口，这大大增加了器物的装饰效果，底边做成垛边，最下为龟足。

估　价：RMB 15,000
成交价：RMB 55,000
尺　寸：不详 天津文物 2004.01.08

清·紫檀木髹彩漆多宝格（一对）

多宝格为清代中早期出现的家具品种。有极强的装饰效果。此对多宝格上部留有不规则亮格，背板与底板髹漆彩绘，十分雅致。中部有四屉一柜，便于放置杂物。下部为主柜，门板浮雕山水人物。景泰蓝铜饰件，显得华丽。正面满雕纹饰，有装饰性角牙，漆以黄漆为主，与黑色框架形成反差。背板后至屉内也髹以彩绘，颇为讲究，紫檀框架间以髹彩漆工艺，为清早期奢侈做法，工艺难度大，要求很高。这类产品产量极少，此件器物雕刻与髹漆彩绘、景泰蓝饰件相结合，风格富丽豪华，可能为当时王公贵族所使用之物。曾是"清水山房"藏品。

估　价：RMB 500,000—600,000
成交价：RMB 0
尺　寸：188 × 83 × 99cm 中国嘉德 1995.10.09

清中期·紫檀描金多宝格（一对）

此对多宝格为典型京式风格。前脸及柜架均为紫檀木制，器身为大漆披麻灰，上部留有不规则亮格，加彩绘描金山水人物花卉；中部设有三屉、一对小对开门；下部为柜，柜门浮雕八番进宝图案，人物造型生动，刀法圆润。多宝格上部装饰以透雕牙条，并配景泰蓝金属饰件及包脚，成对传世极为难得。

估　价：RMB 800,000—1,000,000
成交价：RMB 0
尺　寸：185 × 92 × 38cm 中国嘉德 2002.11.03

清·紫檀不规则多宝格（一对）

　　这对格子装有背板,坐落于带抽屉的托座之上,如此大型全格子式样在清代也是不多见的,格子空间很大,看面框材锼挖成小拐子图案,极尽装饰之能事。通体紫檀材质,更彰显使用者的身份与地位,因此此类器物不是常见器物。

估　价：RMB 600,000-800,000
成交价：RMB 550,000
尺　寸：119 × 50.5 × 187cm 北京翰海 1998.08.02

清·红木雕龙纹大多宝格（一对）

　　这对多宝格体积较大，在多宝格中不多见。框架四周均镶有装饰性牙条，中间设置双屉，存物方便。门板满雕，以龙纹为主，四具龙纹姿态各异，翻转腾越动感十足。抽屉面与框架装饰牙板同样雕有龙纹，足细小亦一丝不苟；下牙板也雕有相同的龙纹，和谐统一。曾是"清水山房"的旧藏品。

估　价：RMB 250,000-400,000
成交价：RMB 308,000
尺　寸：219.5 × 125.5 × 40.5cm 中国嘉德 1995.10.09

清·红木多宝格（一对）

　　这对格子在形制上与上面介绍的几对格子基本一致，下柜上格式样，格子全部做成敞开式亮格，中部设一对素面抽屉，下面的柜门上浮雕折枝花卉图案，最下在腿足间装浮雕卷草纹壶门式牙，整件器物功能明晰，装饰适中，既实用又美观大方。

估　价：RMB 12,000-22,000
成交价：RMB 0
尺　寸：85 × 36 × 169cm 太平洋国际 2003.07.09

清·红木多宝格

　　这件小型多宝格采用小箱上格的结构，上面的格子为全开敞式样，下面的柜体设一单门和一对开门以及两只抽屉，圈座足。整件器物素雅朴实，规整实用。

清·核桃木多宝格

　　这是一件民间韵味很浓的乡村器物。器物体量较大，正面敞开，其余各面均由板材封装，格子空间划分左右对称，在格子的上缘和腿牙间加装浮雕牙板，这极大地增加了器物的装饰效果。民间器物中这么大的多宝格十分少见。

估　价：RMB 12,000–15,000
成交价：RMB 0
尺　寸：77 × 34 × 104cm 太平洋国际 2001.04.23

估　价：RMB 8,800–18,000
成交价：RMB 0
尺　寸：124 × 33 × 140cm 太平洋国际 2003.11.25

清中晚期·蔷薇木多宝格（一对）

　　这对多宝格除背板、屉板外通体由蔷薇木制成，为上格下柜式样。格子均装有镂空券口，中间隔板，做如意式、扇面式、满月式装饰。柜门两旁设柜膛板，这种做法分割了下部空间，使上下呼应，膛板和门板上浮雕花卉，两两相对构成屏画效果。抽屉脸和腿足间宽阔的花牙满雕拐子龙纹。背板披麻灰。整对器物制作工艺精美，保存完好，十分难得。

估　价：RMB 380,000-580,000
成交价：RMB 0
尺　寸：182×39×99 cm　太平洋国际　2003.07.09

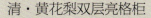

清·黄花梨双层亮格柜

　　这件亮格柜满彻黄花梨材质，亮格为两层，中腰设三具抽屉，抽屉脸嵌装黄杨木花饰，下部为带门闩杆对开门，腿足间装横枨，横枨上装双矮老。整件器物素雅大方，简洁明快，是清代储存书籍的专用柜格。

估　价：RMB 30,000-50,000
成交价：RMB 0
尺　寸：高134cm 中国嘉德 1999.04.21

清·核桃木亮格柜

　　这是一件保留明式作风的亮格柜，核桃木材质，整体光素。书柜上部为带背板亮格，三面敞开，下有对开门，最下设柜膛，柜膛板镶红木阳线，与柜身的角线相映衬。腿足间装素面刀头牙。简练大方、淳朴素雅是此柜的特点。

估　价：RMB 15,000-25,000
成交价：RMB 0
尺　寸：高185cm 中国嘉德 2000.11.06

清·紫檀吉庆有余亮格柜（一对）

这对紫檀亮格柜，器型硕大，材质厚重。上部为三层亮格，四周镶雕卷草纹花边，二三层亮格间隔以小扁屉两只，抽屉看面浮雕花纹。下部硬挤式对开柜门，门板雕拐子夔龙纹和吉庆有余纹，柜侧板雕卷云纹。整个柜满雕纹饰，图案规整，雕琢流畅，是典型的清中期装饰风格。难得的是柜腿镶铜包角，柜门及抽屉的铜活保存完好。

估　价：RMB 250,000-350,000
成交价：RMB 0
尺　寸：192 × 109 × 35cm 中国嘉德 1996.04.20

清·核桃木百宝嵌亮格柜（一对）

此柜一层亮格，有背板，三面券口为镂花花牙，券口风格统一，立山券口装有围栏。亮格以下平装柜门，平淡简洁，柜门以百宝嵌镶出四时瓶花图案，颇显富贵之气。所用铜质面叶合页均为圆形，纯朴硕大。加之光素牙板与亮格柜宽大平素的整体风格和谐统一。这是一件典型的晋作家具。

估　价：RMB 13,000-18,000
成交价：RMB 0
尺　寸：160 × 46 × 122cm 太平洋国际 2002.04.22

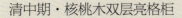

清中期·核桃木双层亮格柜

　　此柜上部有攒框柜帽，有柜帽的亮格柜极为少见。两层全敞开式亮格，下部素身，硬挤式对开门，间以两抽屉。亮格边铲灯草线，围栏以方材攒斗而成。柜脚看面装光素牙板，两侧立山装横枨，简洁明快，装饰美观。

估　价：RMB 18,000–22,000
成交价：RMB 16,500
尺　寸：175 × 86 × 41cm 中国嘉德 1996.04.20

清·核桃木亮格柜

　　此柜一层亮格，有背板，三面敞开透亮，无券口。亮格以下平装硬挤式对开柜门，平淡简洁，柜门下设一暗仓，柜膛板镶有红木阳线与柜身角线辉映成趣。加之光素的刀头牙板，使整件器物呈现出平素、简练、纯朴的风格特点。

估　价：RMB 15,000–25,000
成交价：RMB 0
尺　寸：高185cm 中国嘉德 2000.11.06

清早期·黄花梨小圆角柜

此柜为硬挤门式样，无闩杆。柜帽为素混面起双线攒框，柜膛内分三层，两抽屉。木轴门，攒框平镶门芯板，面板为对剖板，这在此类圆角柜中是不多见的形制。腿柱为方材倒圆，外圆内方，下牙板雕卷草纹，四腿八挓。从其长宽比例、装饰手法、制作工艺来看，此柜是极为典型的北方制品。

估　价：RMB 55,000–100,000
成交价：RMB 0
尺　寸：69 × 34 × 90cm　太平洋国际　2004.06.27

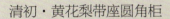

清初·黄花梨带座圆角柜

　　这件柜子全器光素，为明式面条柜典型风格，有柜帽和门闩杆。柜帽为冰盘沿口攒框，柜内有屉板一层和两个抽屉，攒框平装门板，木轴门，侧山板也是光素平装，素牙板。腿子及木柱一木连做，外圆内方。承座为小桌形制，装有暗仓和亮格，暗仓和亮格下分别装素牙板，座与柜整体呈上大下小的趋势，收分自然。此座亮格托板为攒框而成，极具装饰性。

估　价：RMB 60,000
成交价：RMB 66,000
尺　寸：高176cm　天津文物　2004.01.08

清中期·楠木瓜棱腿圆角柜

　　此柜为无闩杆圆角柜式样，有柜帽，门板和帮板平装，体形硕大。最有特点之处在于立柱腿足看面倒挖成瓜棱状，做工精美，属典型器物。

估　价：RMB 6,500–8,500
成交价：RMB 0
尺　寸：103 × 58 × 200cm　太平洋国际　2003.07.09

清中期·紫檀小圆角炕柜（一对）

此对圆角柜造型、结构规范。门闩杆及柜门框均为细框做成，柜门的门轴是由铜轴制成，较为讲究。此柜造型精巧，传世的精美硬木圆角柜是收藏家所必求的重器，黄花梨的较为多见，紫檀的且成对保存完好者极为罕见。

估　价：RMB 400,000~600,000
成交价：RMB 0
尺　寸：高80cm 中国嘉德 1998.10.28

清·红木瘿木面小圆角柜

此柜小器大样，典型明式圆角柜式样，素混面柜帽，柜子收分明显。没有门闩杆，对开木轴门，门板及两帮板为瘿木素板，门内设一隔板，整器简洁大方，制作规整。

估　价：RMB 10,000~20,000
成交价：RMB 11,000
尺　寸：39×49×73cm 中国嘉德 1997.10.25

清·榉木小柜（一对）

这对小柜采用圆角柜结构，与常见圆角柜不同之处在于框材看面没有倒成圆形，保留方材棱角。木轴装门，素面门板为两拼板。柜帽平顶，背板有漆灰。柜子收分明显，下宽上窄，给人以稳重感。

估　价：RMB 28,000–32,000
成交价：RMB 27,500
尺　寸：113 × 82 × 47cm　中国嘉德　1996.04.20

清·核桃木雕人物圆角柜

此柜形制传统，惟有一些局部处理特殊。柜子上下宽窄尺寸近同，不同于一般所见上窄下宽的式样，柜盖作喷口状，反而显得上部宽大。木轴门无闩杆攒框镶面，门面板特别之处，在于面板方形开光内减地浮雕巨幅人物，人物着官衣，带幞头，开脸神态逼真，底子铲平。柜腿较高，镶极窄的素牙条，是同类中号圆角柜中较为难得的精品。

估　价：RMB 8,500–25,000
成交价：RMB 0
尺　寸：80 × 55 × 128cm　太平洋国际　2004.06.27

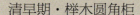

清早期·榉木圆角柜

此柜为一般圆角柜典型形制，"圆角柜"又名面条柜，是相对于"方角柜"的名称，二者的区别在于圆角柜有柜帽，木轴门，而方角柜则是没有柜帽、合叶装门的柜子。圆角柜以中小型为多，大型少见。圆角柜造型沉稳，具隽永之美，是明式家具中最有代表性的器物。此柜为一般圆角柜典型形制，素板素框，无柜膛，其特别之处在于腿部牙板被换作罗锅枨加矮老卡子花装饰。这样设计，一改通常皆为素牙条式设计，为此件家具增添了几分活泼的情趣，而且增加了离地的间隙，更利于防潮，可谓美观又实用。

估　价：RMB 8,000-28,000
成交价：RMB 0
尺　寸：102×50×190cm　太平洋国际　2004.06.27

清乾隆·雕漆龙纹柜

此柜为"一封书式"，通体剔红，内壁及背面髹黑漆。柜体正面分作三层空间，一、二层为带门闩杆的对开门，下层为抽屉。在中间门内设有对称抽屉，抽屉脸雕饰锦纹。上下门芯板对称雕饰四龙闹海纹饰，外抽屉脸上雕饰海水鱼纹，边框满雕回纹边饰。两侧及牙板均雕饰锦纹地，边框及抽屉处饰錾花铜质面页及吊牌。整体雕工精湛，视其尺寸，应为炕上或书案上之用器，留传至今十分难得。

估　价：RMB 180,000-280,000
成交价：RMB 242,000
尺　寸：37.2×17×56.8cm　中国嘉德　2006.06.03

清·黄花梨方角柜（一对）

　　这对柜子满彻黄花梨材质，柜身平整规矩，柜门为三抹攒框装板，硬挤式对开门明装合页，柜门上格装金漆隶书门板，下格装满素黄花梨板，腿牙锼成壸门式样并浮雕卷草纹饰。整件器物做工精细，保存基本完好，略有小残。

估　价：RMB 450,000–600,000
成交价：RMB 0
尺　寸：107.5 × 47.5 × 188.5cm 北京翰海 1998.08.02

清乾隆·紫檀雕暗八仙小方角柜（二件）

此柜紫檀材质，典型四面平方角柜样式，柜子有柜膛暗仓，柜门为硬挤式明装攒框装板对开门，柜门板浮雕暗八仙图案装饰，柜膛板浮雕海水江牙纹，柜下装小牙板。此柜的形制、装饰和刻工均是典型的乾隆时期内府工艺。

估　价：RMB 120,000–160,000
成交价：RMB 286,000
尺　寸：高86cm 北京翰海 2000.12.11

清晚期·黄花梨三门小柜

此柜外形是方角柜，但是柜内空间由搁板分割成一大两小三个空间，又近似于传统的亮格柜。上部装两对木轴小门替代亮格部分，形成两个单独柜膛，下部为一对大木轴门，腿子较高，估计这件小柜是落地陈设的，美观实用。

估　价：RMB 15,000–25,000
成交价：RMB 16,500
尺　寸：高116cm 中国嘉德 1998.10.28

清乾隆·紫檀木大柜（二件）

　　此柜紫檀材质，典型四面平方角柜样式，柜子有柜膛暗仓，柜门为硬挤式明装攒框装板对开门，柜门板浮雕暗八仙图案装饰，柜膛板浮雕海水江牙纹，柜下装小牙板。此柜的形制、装饰和刻工均是典型的乾隆时期内府工艺。

估　价：RMB 7,000,000-8,000,000
成交价：RMB 7,700,000
尺　寸：101×210×56cm 北京翰海 2006.06.26

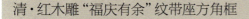

清·红木雕"福庆有余"纹带座方角柜

此柜由一具中型无柜膛"一封书式"方角柜和一具"褡裢桌"式样的柜座组成，造型别致，十分少见。柜子有门闩杆，柜门满地浮雕"福庆有余"纹饰，图案略显单薄。"褡裢桌"设四屉，中间两具扁，而两边的抽屉宽。综合样式、装饰、做工、材料来看，应该是清代后期的作品。

估　价：RMB 26,000–36,000
成交价：RMB 0
尺　寸：46 × 110 × 204cm　太平洋国际　2003.07.09

清早期·榉木方角柜

这是一具中型"一封书式"方角柜，有闩杆，有柜膛。方角柜小、中、大三种类型都有。小型的高一米余，也叫"炕柜"，中型的高约两米，它们一般上无顶柜。凡无顶柜的方角柜，古人称之曰"一封书式"，言其方方正正，有如一部装入函套的线装书。此柜大框及柜门边抹一律用素混面，正面及两侧牙条为刀头素牙。这些造法常见于圆角柜。它造型雄伟，而其细部又极圆熟，故古趣盎然，耐人观赏。

估　价：RMB 6,000–8,000
成交价：RMB 0
尺　寸：88 × 42 × 150cm　太平洋国际　2002.11.03

清·晋作浮雕柜

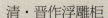

此柜设计极为特别，整体为方角柜式样，柜子中部装三只抽屉，柜子上部柜膛装四扇亮格门，中间两扇对开，旁边两扇侧开，每扇门分作四格，依次为透雕绦环板、攒框透棂、浮雕绦环板、浮雕博古裙板，整体看上去华丽异常。抽屉以下为四扇光素门，中间两扇对开。此柜的所有门扇均是木轴门，没有合页。柜子腿足间装浮雕大牙板，其宽度几乎是落地的。山板穿带装在柜外，由此可见这是一件晋作乡村家具。

估　价：RMB 35,000–45,000
成交价：RMB 0
尺　寸：126 × 48 × 190cm 太平洋国际 2003.11.25

清·柏木曲线大柜

此柜形制介乎于架格和圆角柜之间，是一件十分特殊的作品，估计是摆放图书的书柜。柜子整体是圆角柜结构，有柜帽、带闩杆的木轴门，背面及侧面素板平镶，高腿带牙条。惟柜盖作喷口式样，柜门板面以攒棂形式做成，门分五段，各用横枨分隔，中间作一木曲线棂子，视觉上动感十足。如果柜内存书，柜门内侧糊以薄纱，卷帙缥缈，隐约可见，亦饶有雅趣。此柜没有明显的外挓，应该是清代作品。

估　价：RMB 35,000–65,000
成交价：RMB 0
尺　寸：110 × 64 × 200cm 太平洋国际 2004.06.27

清初·核桃木方角柜（一对）

　　此对方角柜通体光素，柜为粽角榫，平顶无盖。柜门为暗镶合页，带门闩杆，应该属于硬挤门样式，门框为劈料攒框，这种装饰手法不多见，柜门用一块板对剖而成，纹理左右对称，仅依其纹理的比例和线条，产生高雅的格调。柜下的暗仓被改制成抽屉。高腿、镶刀头牙板。这种带有门闩杆和下框膨出的样式带有圆角柜的造型特点，在方角柜中比较特别。加之此柜形体适中，收敛有度，通体工艺考究，铜饰件完好，是北方乡村家具中的精品。

估　价：RMB 8,000–12,000
成交价：RMB 0
尺　寸：87 × 50 × 156cm　太平洋国际　2002.04.22

清中期·红漆双门描金大柜

　　这是一件典型的山西晋作朱漆描金大柜，此柜造型雄壮，框料厚大，描绘精细。柜子有喷口式柜帽，柜膛宽大，上下左右分别用攒框装板的形式制成柜膛，柜子看面正中装两扇对开木轴门，没有门闩杆。柜子高直腿，下设刀头牙板，前后两腿间有横枨相连，以增添柜子整体的稳定性。柜子的两山和后背镶板，内平横穿带放在柜外，这是一种比较特殊的制作手法。通体髹朱漆，在柜的看面两门和柜膛板绘有描金人物山水画面，在柜子门框和上梁则绘有描金图案，装饰风格富丽堂皇，实属同类家具中的精品。

估　价：RMB 30,000–45,000
成交价：RMB 0
尺　寸：160 × 60 × 199cm　太平洋国际　2003.11.25

清中期·朱红漆描金人物山水大柜

　　这是一件典型的山西晋作朱漆描金大柜，此柜造型雄壮，框料厚大，形制简洁，描绘精细。柜子为平顶式样，柜膛宽大，两扇对开门。柜下设刀头牙板，前后两腿间有横枨相连，以增添柜子整体的稳定性，柜子的两山和后脊镶板，内平横穿带放在柜外，这是一种比较特殊的制作手法。通体髹朱漆，在柜的看面两门和柜膛板绘有描金人物山水画面，在柜子门框和上梁则绘有描金图案，装饰风格富丽堂皇，实属同类家具中的精品。

估　价：RMB 35,000–50,000
成交价：RMB 0
尺　寸：130 × 64 × 192cm　太平洋国际　2003.11.25

清初·黄花梨雕云龙纹大四件柜（一对）

四件柜也称"顶箱立柜"，因柜有顶箱，按成对计算乃由四件组成，所以通称四件柜。四件柜柜膛宽大，一般多为官宦人家所用，宜于存放朝服且不用折叠，故又名朝服柜。这是一对传世黄花梨家具重器，不仅尺寸巨大，通高达320厘米，颇具震撼力，而且结构也是四件柜中最为复杂的。柜门两侧有余塞板，中间有闩杆，柜内设架笼，带抽屉，底柜内有暗仓。柜门为有余塞的硬挤门式，柜门和顶箱柜门板均满雕云龙纹和海水江崖纹，气势宏伟，雕琢流畅。柜膛面板雕两组四只独角兽，间以杂宝纹和海水江崖纹；正面牙板雕两组狮纹和麒鳞纹，间以杂宝纹。两侧面牙板雕螭龙、卷草纹；所有合叶、面叶、钮头及吊牌等金属饰件均为錾花鎏金装饰，图案统一为缠枝莲花、山石纹。用料更为讲究，通体采用精选的黄花梨大料，是"满彻"活儿，其制作年代似不晚于清早期，不言而喻，其出处不可能是百姓之家，更为难得的是，如此大器能历经沧桑而不残不损，至今保存完好，且未经修复，包浆自然润泽，铜饰件亦基本完好，是不可多得的精品。

估　价：RMB 4,500,000—5,500,000
成交价：RMB 9,438,000
尺　寸：320×190×75cm　中国嘉德 2002.11.03

清 · 紫檀福庆有余四件柜（一对）

　　此柜有门闩杆，合页明镶。此柜的门板及柜膛板做浮雕装饰，图案为蝠、磬、双鱼、拐子龙纹，谐音为"福庆有余"的含义。图案结构讲究，刀工娴熟圆润，柜内设双抽屉，暗仓有顶板相隔，顶箱内有一层屉板。柜子选料一丝不苟，做工精湛，所有铜饰均做镏金处理，是典型的清宫造办处的做工。

估　价：RMB 3,000,000–5,000,000
成交价：RMB 5,390,000
尺　寸：210 × 101 × 56cm　中国嘉德 2004.11.06

清·黄花梨木雕凤纹顶箱大柜（一对）

这对顶箱柜形体巨大，正面满雕凤纹。这种家具在明式家具中出现较晚，入清以后才迅速发展起来。四件柜方正端庄，可装饰一面墙。此柜浮雕高起，以对凤形式装饰每块芯板，共计凤20只。此类纹饰在清初家具上极为少见，雕工纯熟，地子极平，花卉及凤表现生动。图案对称，为清早期典型纹饰。此柜施工量极大，不惜工本。因柜形巨大，搬动费力，故柜内搁板、柜门以及后背板均采用活插形式，非常便于拆卸。大柜两侧采用落膛踩鼓做法，与正面呼应。此柜用料全部采用黄花梨，选材讲究，为宫廷所用之物，少有存世，为"清水山房"旧藏器物。

估　价：RMB 1,500,000–2,000,000
成交价：RMB 0
尺　寸：314 × 157 × 77.5cm　中国嘉德 1995.10.09

清·紫檀包镶博古纹红木顶箱大柜（一对）

　　这对四件柜采用包镶工艺，以红木为胎，紫檀贴面，柜子设柜膛暗仓，边框倒成素混面，柜门装门闩杆，门板和柜膛板减地浮雕博古图案，牙板打洼浮雕拐子赤龙，帮板落膛踩鼓，做工及刻工均属一流，包镶大器保存如此之好，实属难得。

估　价：RMB 700,000
成交价：RMB 4,378,000
尺　寸：250 × 160 × 58cm　天津文物　2001.06.27

清·紫檀西番莲纹顶箱柜（一对）

　　这对紫檀大柜没有常见四件柜的柜膛暗仓，柜门为攒框装板，设门闩杆，帮板为打槽装板。柜门板和牙板上浮雕西番莲纹饰，这种复杂的花卉纹饰是清代乾隆时期从广式家具上开始流行使用的。因此这对紫檀四件柜的制作时代大体应该在清代乾隆、嘉庆时期。

估　价：RMB 800,000－1,000,000
成交价：RMB 0
尺　寸：高226cm 中国嘉德 1999.10.27

清·红木顶箱柜（一对）

　　这对基本满素的四件柜方正端庄。柜门为带闩杆明镶门，柜门板芯采用落膛踩鼓做法。大柜两侧山板采用平装镶板，光洁素雅与正面相呼应。柜子为高腿形式，看面装有浮雕"寿"字花卉纹牙板，柜子下部设柜膛暗仓。整件器物高大素雅，极少的装饰运用烘托出器物本身的高贵与豪华。

估　价：RMB 220,000–300,000
成交价：RMB 242,000
尺　寸：141 × 66.5 × 284.5cm　北京翰海　1998.08.02

清·带几座红木西番莲纹顶箱柜（一对）

　　这对四件柜方正端庄。柜门为带闩杆明镶门，柜门板芯打洼浮雕高起，以宝瓶、西番莲纹饰为主。此类纹饰在清式家具上极为少见，雕工纯熟，地子极平，花卉表现生动自然。图案对称，为清代典型纹饰。大柜两侧山板采用落膛踩鼓做法，光洁素雅与正面浮雕形成鲜明的对比。柜子为高腿形式，装有浮雕起线拐子几何纹牙板，柜子下部的托几如带束腰的矮桌，回纹马蹄足，腿牙连做起阳线。使整件器物显得高大而又气势非凡。

估　价：RMB 450,000—600,000
成交价：RMB 418,000
尺　寸：250 × 120.9 × 58cm　北京翰海 1999.07.05

清·红木瘿木面画柜

　　这只画柜为箱式，分三节组合而成，上部两节画箱又分作两层，每层均安装上推式侧开门，装有箱帽和箱足，门板以平镶瘿木面作装饰。托座为小柜式样，硬挤式对开门，门为攒框镶瘿木面，柜脚镶镂花鱼门洞牙板，整体的装饰风格简洁，但实用美观。

估　价：RMB 50,000–70,000
成交价：RMB 48,400
尺　寸：91.5 × 44 × 175cm　北京翰海　1998.08.02

清·红木雕海水龙纹炕柜

　　这件炕柜为四面平样式，柜子上方为三屉，屉子下面是柜膛，装有小门一对，有门闩杆。抽屉脸和柜膛板浮雕海水龙纹图案，而柜门板芯为浮雕拐子纹。柜子下装垂肚牙板，整件器物看面装饰华丽，其他各面则光素无纹饰，与看面形成鲜明对比。

估　价：RMB 30,000–50,000
成交价：RMB 35,200
尺　寸：72.4 × 46.2 × 46cm　北京翰海　1998.08.02

清中期·红木雕龙画柜（一对）

这对画柜为箱式，每只画柜分三节组合而成，共四只画箱加两只托座，画箱为侧开门，便于收藏和拿取尺幅较宽大的立轴，门板满工浮雕龙纹图案作装饰，高贵豪华。托座为画箱承几，几身较高，有利于画箱防潮和取用。牙板宽大，满工浮雕与画箱看面相同的龙纹图案，使整体的装饰风格和谐统一。

估　价：RMB 280,000—400,000
成交价：RMB 286,000
尺　寸：93.5 × 62 × 133.5cm 北京翰海 1999.07.05

清·紫檀浮雕花卉书柜（一对）

　　这是一对清式书柜,四平柜式样,没有腿足。柜子下部设有暗仓,看面分作三层,每层装一对硬挤式对开门,合页为暗镶。柜门板和柜膛板满工浮雕纹饰,柜山板明镶穿带,柜子整体庞大,柜膛宽阔,是十分实用的储书器物。

估　价: RMB 500,000－800,000
成交价: RMB 462,000
尺　寸: 109 × 42 × 178.5cm 北京翰海 1998.08.02

283

清中期·黑漆高浮雕花鸟葫芦万代四门六屉炕柜

此柜造型极为特殊，棕角榫结构柜体，柜盖为攒框平镶，估计柜上为置物之用。四门六屉类似于多宝格结构，门、屉、暗仓的布局为对称布局。门板、抽屉看脸、暗仓板、牙板雕花鸟葫芦万代纹饰，浮雕精美。腿较高，足为内翻回纹马蹄，牙板巨大，为洼膛减地浮雕花纹图案。通体髹以黑漆，从脱漆处可见此柜使用的是柴木材料，柜子的整体风格当属北方富裕人家使用的器物。

估　价：RMB 5,800–7,800
成交价：RMB 0
尺　寸：135 × 50 × 65cm　太平洋国际 2003.07.09

清·红木炕橱

炕橱是清代北方民间火炕上的陈设兼可储物的器物，此器系红木材质，为架几案式样，两边为搭抽屉的小柜，中间为三门橱柜，均是四面平形制，上部为攒框案板做面。门板和抽屉面装阳线框饰，镶蝴蝶形铜质面叶，腿足间镶有拐子纹的牙条。整体风格朴素大方。

估　价：RMB 10,000–20,000
成交价：RMB 6,600
尺　寸：150 × 42 × 43cm　天津国拍 2001.11.03

清式·其他类

清代屏风的品种激增。厅堂上多设中高旁低的"三山屏"、"五岳屏",其上有帽,下有座,威严富贵,中间摆放宝座,俨然皇家气派。北方还出现了炕上用的"炕屏",山西有可折叠的"寿屏",天津有墙上的"挂屏"。在结构上分体组合的插屏是清代的创制。清代屏除了石屏外,还出现了金漆、百宝、澄泥、翠羽、瓷板、玻璃等大量新工艺品种互相组合的使用。其比例或高耸或横展,打破了明代砚屏比例方正的惯例。清代砚屏一词已不大用,一般称石质插屏为"石屏"或"石插屏"。提到石屏,不可不提阮元。

清乾隆朝名臣阮元在宦居云南时,对点苍山大理石屏倾注了极大的热情,自号"苍山画仙",题写了大量赞美大理石屏的诗文。在石屏上题诗刻文,始盛于此。清代石插屏,以清初明式黄花梨边框者为最好,其艺术价值与明代制品无异。清中期以苏作不加边框者为最雅,加边框者又以素面起线为好,惟以透雕花边框者最俗。

清代中期进入到了一个摆设艺术高度成熟化阶段。特别是由于清代上层社会追求室内豪华的装饰和摆设,居室之中广泛运用落地罩、隔扇门、古玩书画、博古架、书架、衣架、盆架、鸟笼架、灯台、巾架等各种室内装饰和用具,不仅选料考究,做工精细,而且多与室内整体格局统一设计并融为一体,注重多件艺术品之间的和谐,追求富于变化的空间韵律艺术效果,以此体现主人轩昂尊显的贵族气派。所以,使得这些支架类家具有更多的展露姿质的机会,并促进了清式支架类家具的繁荣和发展。造型豪华奔放、雕琢细腻而形式夸张的支架类家具是这个时代文化特征的体现。

清代基本沿袭明式镜台的样式,只是到了清中叶以后西洋玻璃镜子,传入中国后,镜台才逐步退出人们的生活。此外,清式镜架也很有特点,有一种架作交叉状,可斜撑镜面,小巧精美。

清式座屏式衣架也是一种有特色的支架类家具,一般座屏从选材、设计、雕刻、工艺制作等方面都达到很高的艺术水平。

清式灯架除了沿用明式固定样式之外,还发明了一种可升降的新样式,设计巧妙,可根据需要随时随地调节灯台的高度。底座采用座屏形式,灯杆下端有横木,构成"丁"字形,横木两端出榫,纳入底座主柱内侧的直槽中,横木和灯杆可以顺直槽上下滑动。灯杆从立柱顶部横杆中央的圆孔穿出,孔旁设木楔。当灯杆提到需用的高度时,按下木楔固定灯杆。杆头托平台,可承灯罩。升降式灯架南方俗称"满堂红",因民间喜庆吉日都用其设置厅堂上的照明而得名。

清·花梨木透雕龙纹联三橱

　　此橱形体巨大，柜门、挂角牙、牙板、左右两侧板均是通体透雕云龙纹。翘头高耸、四腿八挓，气度雍容华贵，加之刻工精巧，做工一流，更加显示出王者风范。此橱与传统样式不同之处在于，它将闷户橱的暗仓和抽屉整合成四扇柜门，左右对称，这样迎面看起来线条就更简洁、也更流畅，配以透雕的门板和侧板，繁复与简洁、虚与实的关系得到了很好的统一。因此这种特殊设计的闷户橱是很罕见的。

估　价：RMB 45,000–65,000
成交价：RMB 0
尺　寸：50×260×101cm　太平洋国际　2003.07.09

清·榆木雕花联二橱

　　闷户橱在北方民间是大柜之间的陈设家具，榆木制作的闷户橱流行于清代中期。此橱料头厚重，平头橱面，抽屉、闷仓、牙板高度均较宽，其看面减地浮雕花卉纹布满整器，纹饰多是民间流行的花卉纹样，装饰韵味十足。整件器物风格与苏式闷户橱有较大的区别，为典型的山西民间器物，做工考究，乃同类器物中的精品。

估　价：RMB 4,500–6,000
成交价：RMB 0
尺　寸：112×54×86cm　太平洋国际　2001.04.22

清·榉木浮雕草龙纹平头联三橱

　　联三橱是闷户橱的一种形制，兼有承置和储藏两种功能，因为有三个抽屉故名联三橱。此橱闷仓高度较抽屉为窄，其抽屉看面浮雕草龙纹，纹饰的风格已经是清代流行的式样。闷仓面板为素板。牙板、吊头下亦装有锼雕纹饰，整体风格仍属光素简洁。

估　价：RMB 3,800–5,000
成交价：RMB 0
尺　寸：152×56×82cm 太平洋国际 2003.11.24

清·榆木雕花联二闷户橱

　　这件榆木雕花联二闷户橱在北方乡村家具中算得上精品。抽屉脸开光雕花卉图案，暗仓板也是同样的工艺，挂牙和腿牙透雕卷草纹，极有气势，腿子正中起双阳线，俗称"两炷香"。整件器物颇具古韵。

估　价：RMB 4,000–6,000
成交价：RMB 0
尺　寸：105×70×86cm 太平洋国际 2001.11.04

清·榆木雕花联二橱

　　这是一件具有明式风格的联二橱，平头案面，其特别之处在于两只抽屉之间设一小闷仓，抽屉锁鼻既做拉手，又可锁于抽屉下面的横枨之上，此橱通体光素髤漆，挂牙和牙头镂成云朵状，估计应该是清代中期以前的作品。

估　价：RMB 18,000–25,000
成交价：RMB 0
尺　寸：191 × 62 × 88cm　太平洋国际 2003.11.25

清·髤漆平头闷户橱

　　此橱平头式样，只设一只抽屉，抽屉脸开光浮雕花卉纹饰，抽屉下的闷仓取消了，装一对镂空绦环板，腿牙和挂牙浮雕卷草纹饰，通体髤漆。整件器物浑厚质朴，属清初民间制器。

估　价：RMB 8,500–15,000
成交价：RMB 0
尺　寸：121 × 79.5 × 85cm　太平洋国际 2003.11.25

清·花梨木百宝嵌八扇围屏

此屏造型为比较常见样式。由边抹攒框镶板，上下绦环板均为浮雕拐子龙纹，裙板上浮雕八仙故事图案，下脚装云纹牙板。屏芯为黑漆百宝嵌博古图案，装饰风格比较大气，并不复杂，整体风格稳健华丽。

估　价：无
成交价：RMB 7,700
尺　寸：194 × 40cm 天津文物 2001.06.24

清·紫檀十二扇围屏

这套围屏十二扇，每扇均为五抹式样，左右两扇边屏另装侧面绦环板，屏芯算子和两块腿牙遗失，其余构件基本完好。屏的绦环板和裙板均为减地浮雕，纹饰风格统一。在清代同类器物中属上乘之作。

估　价：RMB 600,000-800,000
成交价：RMB 0
尺　寸：190.5 × 38.5 × 2.8cm 太平洋国际 2004.11.22

清·铁力木框楠木芯双面浮雕龙纹博古屏风

围屏的结构以"隔芯"最大,亦可称为屏芯,位于屏扇的上半,相当于宋式格子门的"格眼"。最小的一块处在屏扇中间的为"绦环板",相当于格子门的"腰华板"。次大的一块位于屏扇下半部的为"裙板",相当于格子门的"障水板"。处在最下的为"亮脚"。这样的造法,共用四根横材,横材或称抹头,故亦可称之为"四抹围屏"。围屏的尺寸如需加高,可用增添绦环板及抹头来取得高度。有的在裙板上下各用绦环板,共计两块,抹头则用五根,或称"五抹围屏"。有的在隔芯上再用一块绦环板,共计三块,抹头六根,或称"六抹围屏"。围屏的边抹或光素,或起线脚。屏芯除安算子糊纸、绢外,可用透雕,或用斗簇法构成透空图案。绦环板及裙板或用浮雕,或用透雕。亮脚有时为素牙条、素牙头;有时剜

出曲线,起阳线或施浮雕卷草纹等。各扇之间用合页连结。此屏为十扇,形制比较简洁,边抹以铁力木攒框,均为素材,绦环板和裙板使用楠木材质,用材搭配是十分讲究的。绦环板的龙纹样式与刻工带有明代风格,从形制和浮雕工艺来看,时代较早。遗憾的是屏芯算子已经失去了,未免有些美中不足。

估　价:RMB 18,000-22,000
成交价:RMB 0
尺　寸:不详 太平洋国际 2001.11.04

清·紫檀嵌玉盆景博古八扇曲屏

　　这套围屏由八扇构成,隔扇为六抹,但其高度并未增加多少,与常见者相比大大压缩了裙板的空间,加之在上部增加了一层绦环板,这样屏芯的位置自然下移至中心位置,这与常见的屏芯靠上的形制是有区别的。

估　价:RMB 200,000–300,000
成交价:RMB 187,000
尺　寸:176 × 37.5cm　北京翰海 1998.08.02

清·紫檀雕花卉博古纹围屏

　　这是一套典型的清式围屏,体量庞大,用于大房间分隔空间之用,由十扇屏组成,每扇单屏之间由挂钩连接,可开合。单屏为攒框分隔形制,由上至下分别是上部绦环板、屏芯、下部绦环板、裙板,下部边框镶有牙条,左右两条边屏的屏芯旁设有侧面绦环板。上下绦环板及裙板为铲地平雕花卉博古纹图案,牙板锼成云纹状,雕工规整,为清晚期家具的标准工艺。

估　价:RMB 60,000–80,000
成交价:RMB 60,500
尺　寸:102 × 23.2cm　北京翰海 2001.07.02

清·红木镶绣花鸟图四扇曲屏

　　屏风由四扇组成，每扇高175厘米、宽56厘米，可分拆放置。木框材质为红木，飘檐、裙板、屏框均透雕云龙、寿桃纹。如此器物的全部构件施用透雕在古代家具中并不多见。框内镶嵌粤绣花鸟片共四组，分别以黄绿蓝色为地章，以各色丝线绣出各种花鸟树石，有双燕、双蝶、鸳鸯，或翔或游，成双结伴，恩爱无比；鹌鹑、雉鸡、孔雀、仙鹤，或顾盼、或行走、或开屏、或栖息，

神情悠然自得；又有鹦鹉、绶带鸟等绚丽多彩，仪态万方，可谓百鸟争艳，春色满园。图案题材风格以明代院体花鸟画为蓝本，设色富丽堂皇。此屏风绣片历经百年绢绫质地不发脆不散脱，丝线色彩既鲜艳又光亮，完美如初。

估　价：RMB 100,000–150,000
成交价：RMB 110,000
尺　寸：高175cm 上海长城 2004.11.29

清·红木紫檀嵌百宝花鸟瑞兽安居乐业图围屏

　　这是一套典型的清式围屏，体量较大，由八
扇屏组成，每扇单屏之间由挂钩连接。单屏为攒
框分隔形制，五抹头式样，由上至下分别是上部
绦环板、屏芯、下部绦环板、裙板。上下绦环板
为铲地平雕图案，裙板为锼挖加浮雕装饰，屏芯
为锼挖花带环绕着上下两块紫檀嵌百宝图案画
面。此屏雕工繁复，刻制规整，为清代同类家具
中不可多得的精品。

估　价：RMB 180,000–300,000
成交价：RMB 250,000
尺　寸：190 × 304cm 云南典藏 2000.12.22

清·楠木雕螭纹围屏

　　这是一套典型的清式围屏，由十二扇屏组成，每扇单屏之间由挂钩连接。单屏为五抹攒框分隔形制，由上至下分别是上部绦环板、屏芯、下部绦环板、裙板，下部边框镶有牙条，左右两条边屏的屏芯旁设有侧面绦环板。上下绦环板及裙板为铲地平雕双螭纹图案，雕工规整，为清晚期家具的标准工艺。屏芯为楷书祝寿辞。

估　价：RMB 80,000–100,000
成交价：RMB 0
尺　寸：高280cm 中国嘉德 2000.11.06

清·杉木隔扇（六扇）

隔扇通体以杉木制成，六抹头式样。绦环板
分上、中、下三层分布，绦环板和裙板落膛起鼓，
使用素材。上部屏芯四周攒成冰裂纹状，中间设
两个长方形子框，工艺繁复，制作规矩。

估　价：RMB 12,000–15,000
成交价：RMB 11,000
尺　寸：214 × 51 × 5cm 中国嘉德 1996.04.20

◀ 清嘉庆·黑漆描金十二扇围屏

此屏为十二扇围屏，独特之处在于两边装有
站牙屏座。每扇隔扇依次为上浮雕人物故事纹绦
环板、黑漆描金人物山水图屏芯、中浮雕人物故
事纹绦环板、镂空螭龙"福"字纹裙板、镂空螭
纹牙板，两边的屏芯为攒框浮雕人故事纹绦环
板。边抹上也装饰有打洼浮雕纹饰，屏座上装有
镂空螭纹大站牙。屏风上装饰手法由浮雕、透雕、
黑漆描金结合使用，工艺复杂，属华丽类型的家
具。加之屏芯款题为清代嘉庆年间，是一件难得
的有明确纪年的清末作品。

估　价：RMB 80,000
成交价：RMB 0
尺　寸：317 × 47 × 12cm 安徽拍卖 2004.12.05

清·攒棂隔扇（六扇）

　　此隔扇为六抹头式样，隔扇的上、中、下分别设三块光素落膛踩鼓的绦环板，屏芯为直棂斗攒，裙板开光内浮雕折枝花卉图案，边抹倒棱。整件隔扇形体高大，线脚明确，简洁大方。

估　价：RMB 6,000–10,000
成交价：RMB 0
尺　寸：270×57cm　太平洋国际　2004.06.27

清·紫檀隔扇（六扇）

　　此隔扇为五抹形制，隔芯内侧装几何纹浮雕圈口，浮雕裙板的上下分别装浮雕绦环板，六扇隔扇保存完好，在同类器物中属简洁的风格。

估　价：RMB 220,000–320,000
成交价：RMB 308,000
尺　寸：高252cm　中国嘉德　1999.10.27

清乾隆・紫檀嵌五彩瓷片插屏式座屏风

　　此屏风为插屏式，底座用抱鼓做墩子，上树立柱，站牙抵夹。两柱子间安枨两根，短柱中分，装满雕如意云朵纹、花草纹、山水纹的牙板。枨下八字形"披水牙子"。屏扇边抹做大框，满浮雕卷草纹，打槽装板。屏芯镶嵌有清代康熙年间的五彩瓜楞型山水瓷片，纹饰意寓"八宝"、"山水升平"、"福寿安康"等。其间配青金石、珊瑚、绿松石雕刻小件，屏芯刻有"大清乾隆年制"纪年款，更属罕见。这件座屏风品相完好，造型庄重典雅，装饰精美华丽，做工精致，充分展示了清代乾隆紫檀工艺的圆浑玲珑，奢华富贵的特点。

估　价：RMB 150,000–200,000
成交价：RMB 165,000
尺　寸：52×82cm 无锡市文物公司 2006.06.15

清・红木雕花大理石插屏

　　这是一件座屏式插屏，底座由墩子座和屏芯构成，透雕拐子纹披水牙板。屏芯攒框内套浮雕边。屏芯镶嵌大理石屏芯，正反面均为自然形成的纹理，似峰峦叠嶂，如同一幅天然山水画。整器做工精美，造型得体。

估　价：RMB 40,000–60,000
成交价：RMB 0
尺　寸：高69cm 北京翰海 2006.01.15

清·黄花梨五龙插屏

这件带座插屏形制比较少见,屏芯采用五条拼装,每条均攒框装浮雕海水江牙云龙纹雕花板,五龙形象各异。余塞板满雕云纹,披水牙镂成云牙式样并加浮雕。整件座屏做工一流,制作精道,气势非凡。

估　价:RMB 15,000–20,000
成交价:RMB 16,500
尺　寸:高70cm 北京荣宝 2000.11.07

清光绪·花梨木百宝嵌五屏风

这是一座小型的案上陈设的五屏式座屏风,座屏风以三扇或五扇为常式,亦称"三屏风"、"五屏风",多摆在宫廷殿阁、官署厅堂的正中,位置固定,亦可视为建筑的一部分。现在能见到的此类屏风,以清式的为多。此屏风为花梨木制成,五扇,屏架上方装透雕拐子莲花纹屏帽,两侧站牙也是拐子。下承三联"八"字型须弥座,雕有龙纹等装饰图案。屏芯边抹攒框式样,嵌以各色玉石雕刻的花鸟图案,屏芯上下绦环板浮雕折枝花卉。器物整体造型大方,豪华端庄,工艺精细,玉做和木做均十分精到。有年代署款,为清代光绪年造,可以作标准器使用。

估　价:RMB 5,000–8,000
成交价:RMB 0
尺　寸:不详 上海拍卖行 2003.12.08

清初期·紫檀嵌云石小插屏

　　座屏又称台屏，是陈设在案桌上的一种小型屏风。这是一件造型简约的小座屏，底座由两块桥形墩子和屏芯直接构成，取消了屏风上所常见的两块披水牙板。站牙极薄，颇具装饰意味。屏芯上下攒框分作两格，框边宽厚，比例不同一般常见者。上格镶嵌大理石屏芯，正反面均为自然形成的纹理，似峰峦叠嶂，如同一幅云雾缭绕的天然山水画。下格镶减地花纹绦环板。墩子和框板间镶有一块起阳线牙板。总之，这件插屏在同类器物中是极简单的，属于明式家具的风格。

估　价：RMB 35,000~45,000
成交价：RMB 38,500
尺　寸：高41.2cm 中国嘉德 2002.11.03

清·紫檀雕花插屏

　　此插屏紫檀材质，造型端庄，装饰华丽，是典型的清代宫廷制作样式。此屏制作最精良的部分当属屏芯，攒框屏芯各看面具浮雕花纹，屏芯正面装镜子，背面装浮雕山水楼阁画面。屏座为鼓墩座，绦环板为透雕，其他横枨、站牙、立柱、披水牙、墩座均为满工浮雕，是典型的清内府工艺。

估　价：RMB 200,000
成交价：RMB 330,000
尺　寸：62.5 × 41.5cm 天津文物 2000.12.07

清·紫檀嵌八宝诗文小屏

　　小插屏通体紫檀材质，屏、座一体结构，造型古朴，边框走线处均用了打洼的雕刻手法，装饰简洁，没有繁杂的花纹装饰，展现了木纹与木工之美。屏芯的主题纹饰为"瓶炉清贡"博古图案，有插了花朵的花瓶、香炉、围棋和漆盒等。分别以镶嵌螺钿、牛角、象牙与东陵石组成，色彩素雅文静，背面也同样以螺钿嵌诗句。整体具有文人气质，具有明式砚屏的形制特点。

估　价：RMB 25,000–35,000
成交价：RMB 27,500
尺　寸：高24.8cm 上海信仁 2004.12.08

清·透雕夔龙纹雏鹰屏

　　此屏为分体式样，底座为墩座雕拐子龙纹，站牙透雕夔龙，立柱间装一浮雕蝙蝠团寿纹横板，底部安装雕云蝠纹披水牙子。屏芯边框雕夔龙宝相花边饰，中间装山石雏鹰图石板，整件器物雕工精细，装饰性强。

估　价：RMB 35,000–50,000
成交价：RMB 38,500
尺　寸：高57cm 中国嘉德 1998.10.28

清·紫檀装粉彩瓷画插屏

　　这件插屏的形制是典型的清式造型，屏与座分体式，此屏的站牙、余塞板、披水牙均使用透雕拐子龙纹，玲珑通透，更加衬托出屏芯瓷板画的典雅。

清·紫檀雕百福寿纹插屏

　　此屏为紫檀材质，造型极有特点，屏芯为宝葫芦状，屏座为下卷书高台座，浮雕与透雕工艺结合使用，纹饰繁复。屏正面浮雕篆书的"福"、"寿"字近百个，屏芯的上部和腰部装有透雕草龙、"寿"字花牙，具有很强的装饰性，此类屏应该是大户人家祝寿的专用陈设品。

估　价：RMB 120,000–160,000
成交价：RMB 209,000
尺　寸：63.6 × 35cm 北京翰海 2004.11.22

估　价：RMB 150,000
成交价：RMB 165,000
尺　寸：高50cm 天津文物 2004.01.08

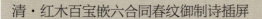

清·红木百宝嵌六合同春纹御制诗插屏

　　此插屏红木材质,造型端庄,装饰华丽,是典型的清代宫廷制作样式,经故宫博物院古家具专家胡德生先生鉴定为清宫旧物,屏上所题御制诗,估计应该是乾隆皇帝所作。屏大框洼膛减地浮雕西番莲纹,余塞板和披水牙均为减地平雕拐子纹和西番莲图案,抱鼓墩屏座腿。此屏制作最精良的部分当属屏芯,屏芯为百宝嵌"六合同春"画面,隶书体御制诗。虽然漆地略有损伤,但并未伤及画面。百宝嵌制作工艺也属一流,百宝嵌是明末开始应用于漆器上的一种工艺技法,明代最有名的工匠是周翥,又写作周柱,其所做器物名"周制",是采用金、银、玉、珍珠、砗磲、绿松石、琥珀、宝石、象牙等各种珍贵材料镶嵌于漆器上,后来这种工艺也应用于玉器、木器等其他器类上,是一种极尽奢华的装饰工艺。传世品中以小件居多,大件家具则很少见。按制此屏是一对,屏芯图画内容应该是对应的,遗憾的是这里仅存一件。

估　价: RMB 50,000
成交价: RMB 236,500
尺　寸: 193cm 天津文物 2004.11.08

清·红木嵌螺钿插屏式落地镜

　　此落地镜的造型取自清式插屏式样,桥型墩座上树立柱,站牙抵夹立柱,立柱间横两根横枨,枨子间装添余塞板,披水牙锼成壶门式样,屏芯大框边抹格交。整件座屏的所有构件看面都以硬螺钿镶嵌着花卉图案与人物故事画面,器物造型简洁大方,装饰繁琐华丽,应该是清末制品。

估　价: RMB 30,000-50,000
成交价: RMB 88,000
尺　寸: 133 × 185.5cm 北京翰海 2004.11.22

清中期·广作红木理石座屏

此屏红木材质，一体式样，用材素雅古朴，有明式座屏的风范。除中间余塞板为镂雕夔龙纹饰，其余均为素活。屏芯攒框装嵌大理石，云石纹理构图简练。这具座屏工艺精细，但略显比例失衡。

估　价：RMB 22,000–32,000
成交价：RMB 0
尺　寸：85 × 47cm　中国嘉德　2002.11.03

清·红木堆漆插屏

这件插屏为分体式样，红木座，宝瓶式站牙，拐子柱头，桥型墩足。屏芯为双面，采用堆漆工艺，一面为炉瓶插花，一面为村居图。做工精细，同类器物传世还有许多。

估　价：RMB 2,600–3,600
成交价：RMB 2,860
尺　寸：高59.5cm　北京传是　2004.11.22

清·红木镶瘿木、黄杨唐诗插屏

此插屏做工精良,用多种材料套制,屏芯外框红木,内芯周边为瘿木,再以红木镶黄杨木《枫桥夜泊》诗文为屏芯。将"木器作"的各种工艺和不同材料集中表现,是木制插屏中上佳之作。插屏下部有座有架,博古风格浓厚,四足与二侧分别为六枚"布币"样式,作风别致,非常罕见。屏芯所刻书法款识:"平岗晴翠,师唐人句补之。伯元",据此推测书法可能出自阮元的手笔。阮元 (1764—1849),字伯元,历任少詹事,南书房行走,浙江、河南、江西巡抚,国史馆总纂,湖广总督,两广总督,云贵总督,晚年任体阁大学士。阮元知识广博,在经史、小学、天算、舆地、金石、校勘等方面均有极高造诣。

估 价:RMB 15,000–20,000
成交价:RMB 24,200
尺 寸:高72cm 上海信仁 2003.11.19

清·红木阮元题词云石插屏

这是一件装饰用的小座屏,是案头陈设之物。整座屏风除屏芯攒框装云石板,屏座以透雕结绳纹作装饰和结构,体态轻灵秀奇。值得关注的是云石上的题词出自阮元,应该是清代中期的作品。

估 价:RMB 50,000–60,000
成交价:RMB 52,800
尺 寸:高94cm 上海信仁 2003.11.19

清嘉庆·红木汉白玉刻《说文序》插屏

这件座屏红木材质,插屏式样。底座为兽形,正面绦环板打洼开光透雕花卉,站牙锼挖成宝瓶状,工艺精美。披水牙则为光素。屏芯为攒框镶云石,内置汉白玉石,刻篆书《说文序》,石上刻有嘉庆纪年铭文,旧石保存完好,颇为难得。

估　价:RMB 10,000–15,000
成交价:RMB 0
尺　寸:高67cm 太平洋国际 2004.04.22

清·红木插屏(连座)

这是一件典型的清代中后期苏式家具,分上下两个部分。上部为一座小形座屏,屏座由两个雕拐子龙纹形墩子和两块锼云纹披水牙板构成,立柱由透雕的站牙抵夹,站牙和墩子连接着木球,雕琢粗犷有力。屏芯为可移动式,攒框装屏芯,洼膛平雕花纹框边,细巧精致,与底座风格形成鲜明的对比。绦环板为攒框镶镂雕云头卡子花制成。值得注意的是,插屏下面配一长方形几座,这在同类器物中是不多见的,几子为落膛几面,拐子几何形腿,足部外翻,四腿间上部镶带镂雕云头纹牙头的曲枨,下部镶罗锅枨。

估　价:RMB 30,000–50,000
成交价:RMB 35,200
尺　寸:高190cm 中国嘉德 1998.10.28

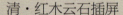

清·红木云石插屏

　　此屏造型为浮云托日，界面高大宽广，云石苍润，五色纷呈，如山水云烟，纹理古朴淡雅，意境朦胧，峰峦云水极具水墨意趣。原配红木胜形座，装饰镂空透雕变形螭纹，精致玲珑的雕饰和恬淡拙朴的云石屏芯相配，显得非常文静柔和，两相互衬，美感雅趣极为强烈，神奇高逸。款识："玉笋峰插白云端，丁酉夏月雨窗，吴大锶题。"丁酉为光绪二十三年（1897）。

估　价：RMB 60,000-80,000
成交价：RMB 88,000
尺　寸：高96cm 上海信仁 2003.11.19

清·红木云石落地插屏

　　此屏造型为浮云托日，红木胜形座，装饰镂空透雕变形螭纹，屏芯为圆形，加装开有鱼门洞的绦环板，精致玲珑的雕饰和恬淡拙朴的云石屏芯相配得非常文静柔和，两相互衬，美感雅趣极为强烈，神奇高逸。

估　价：RMB 150,000-200,000
成交价：RMB 154,000
尺　寸：不详 中贸圣佳 2004.06.07

清·云石插屏

这件座屏为插屏式样,屏芯为攒框打槽装云石面,屏座由墩足等构成,足上设柱,站牙夹柱,柱间装双横枨,枨间有矮老短柱分装两块开光素绦环板,披水牙上锼壶门状,整体造型古朴、素雅、大方,总体上看应该是清初制品。

估　价:RMB 8,000–15,000
成交价:RMB 0
尺　寸:51 × 28 × 73cm 太平洋国际 2003.11.25

清嘉庆·粉彩"琵琶行"瓷板画插屏

这件插屏造型独特,采用红木胜形座,双龙承托着屏框。屏芯板面粉彩绘水景人物图,取自白居易《琵琶行》,有"朗氏"、"世宁"矾红篆书款,瓷板胎细质密,绘制精细。外框为瓷板珊瑚红地描金长脚万字纹。巧配座架,珠联璧合,技高品雅。

估　价:RMB 50,000–80,000
成交价:RMB 99,000
尺　寸:35 × 23.5cm 上海嘉泰 2004.11.30

清光绪·嵌粉彩花鸟纹瓷片宝座式座屏

　　这座案头陈设的座屏,造型取自清代宝座式屏风的式样。攒框三扇屏芯,中间者最宽,两边者稍窄,屏芯以嵌粉彩花鸟纹瓷片拼出花鸟图。屏芯上宽大的帽状飘檐浮雕龙纹,三联"八"字型须弥台座,奢华复杂。整件器物体量虽小,气魄却不让同类形制的大器。

估　价:RMB 25,000-30,000
成交价:RMB 0
尺　寸:64×59cm　上海国际　2006.05.26

清·黄花梨嵌玉挂屏

　　此对挂屏用黄花梨雕刻成葫芦的形状。葫芦两侧用透雕的手法刻成相视的一对飞凤,器身则用浮雕法以卷云纹、蝙蝠纹做装饰,并且在葫芦上两个开光的部分,用嵌玉的形式装饰有寿桃、蝙蝠,取"福、禄、寿"的吉祥寓意,做工精细。

估　价:RMB 2,600-3,600
成交价:RMB 5,500
尺　寸:高56.5cm 北京传是 2004.11.22

清·红木雕竹节嵌云石挂屏（四条）

　　这是一套四条木质嵌石挂屏，边框雕刻成竹节形，由内细外粗两重边框组成。装芯板开出圆形、扇形、六边形、圆角长方形四个开光，开光内嵌装大理石面板，云石的纹理经过精心的选择，非常类似于山水画。此类挂屏在清后期十分流行。

估　价：RMB 12,000
成交价：RMB 13,200
尺　寸：高113cm 天津文物 2004.11.15

清·黑漆百宝嵌山水人物葫芦形挂屏

挂屏成对为葫芦形，屏面黑漆描金"荷塘秋色图"以描金水波、树林为衬底，以各色彩玉石镶嵌其上，以碧玉、孔雀石为荷叶，红玛瑙作金鱼……荷塘之上是飞跃的水鸟，湖心石上童子戏嬉，岸边仕女对语，海棠花盛开。百宝嵌是明末开始应用于漆器上的一种工艺技法，明代最有名的工匠是周翥，又写作周柱，其所做器物名"周制"，是采用金、银、玉、珍珠、砗磲、绿松石、琥珀、宝石、象牙等各种珍贵材料镶嵌于漆器上，后来这种工艺也应用于玉器、木器等其他器类上，是一种极尽奢华的装饰工艺。传世品中以小件居多，大件家具则很少见。百宝嵌是清代盛行的一种装饰手法，五彩缤纷，富丽堂皇。这样的物品多出自宫廷和皇公贵族斋中。

估　价：RMB 150,000–180,000
成交价：RMB 0
尺　寸：高127cm　上海信仁　2004.12.08

清·雕漆镶玉石仕女花鸟图挂屏

这对挂屏使用雕漆与玉石镶嵌结合工艺。器物构图严谨，画面巧使开光雕剔技法和玉石色彩变化，飞鸟亭台，桃红柳绿，人物传神。剔地规整，镶嵌精致。

估　价：RMB 150,000–180,000
成交价：RMB 0
尺　寸：114×48cm　无锡市文物公司　2006.06.15

清·嵌寿山石花鸟中堂、对联挂屏

这套挂屏为攒框装板式样,边框素材倒棱起线,板芯较框材色浅。运用寿山石色彩丰富、易于刻镂加工的特点,拼贴画面和对联文字,做工精细。这种嵌石拼图的工艺在清末的挂屏中十分常见。

估　价:RMB 6,000
成交价:RMB 19,800
尺　寸:不详　天津文物 2001.06.27

清中期·榆木雕花大框

此框横长方形,四边高浮雕采用三层纹饰立体叠压的工艺,最上一层为人物蝙蝠,中间为螭龙,最下为拐子纹,非常少见。目前,框上可以看到有一些红漆的痕迹。

估　价:RMB 15,000-30,000
成交价:RMB 0
尺　寸:195 × 100cm　太平洋国际 2004.06.27

清·紫檀浮雕卷草纹框

这件框长方型,折角处内外倒圆。满雕卷草纹,枝蔓出廓,雕工细腻,为典型乾隆时紫檀做工。鎏金铜环,装饰华丽,保存完好,十分难得。

估　价:RMB 50,000-80,000
成交价:RMB 57,200
尺　寸:92 × 66cm　中国嘉德 1995.10.09

清·黄花梨平顶官皮箱

此官皮箱平顶式，对开平装门，内设五屉。下部圈足底座，看面锼成壸门式样，曲线优美。铜质圆形锁鼻、提手等饰件保存完好。整体精巧适用，与明式同类器几无二致。

估　价：RMB 15,000－25,000
成交价：RMB 0
尺　寸：32 × 21.5 × 30cm 北京翰海 1998.08.02

清·黄花梨人物官皮箱

此官皮箱箱盖作盝顶式，与前例不同。两门是官皮箱最显著的部位，因而往往在这里施加雕饰。这对门上浮雕了人物故事。通体黄花梨材质，做工精巧，刻工高超，铜配件上均饰以斸花，可见非普通人家所制。

估　价：RMB 25,000－35,000
成交价：RMB 0
尺　寸：36 × 29 × 37.5cm 深圳艺拍 2003.12.28

清·黄花梨官皮箱

此件官皮箱为盝顶式，对开门，门板上刻有浮雕卷草纹，盖下有平屉，两扇对开门上留子口，顶盖关好后，扣住子口，两扇门就不能打开。门后设抽屉三层，由上而下为一、五、一排列，共七只抽屉。底座锼成壸门式。另装饰有白铜件，箱子的面叶上为如意云头式样铜件，吊牌为双鱼式样，转角包装光素的铜件，抽屉拉手上为橄榄式样铜件。该件官皮箱黄花梨质地，造型古朴大方，精美实用。

估　价：RMB 35,000－50,000
成交价：RMB 121,000
尺　寸：35.5 × 26 × 35cm 无锡市文物公司 2006.06.15

清·黄花梨官皮箱

　　这只官皮箱为黄花梨材质，其造型和结构沿袭明代官皮箱式样。盝顶盖式，白铜饰件做工讲究，盖下双开门，门内设四抽屉，底座镂出壶门曲线，在平稳方正之中又增加了一些变化，与盝顶盖的弧线相呼应。

估　价：RMB 22,000-32,000
成交价：RMB 0
尺　寸：高37cm　中国嘉德　2000.11.06

清初·紫檀官皮箱

　　该件官皮箱紫檀质地，为盝顶式，对开门，光素门板，底座镂挖成壶门式，造型典雅大方，器物和配件铜饰保存完好无损，精美实用。

估　价：RMB 38,000-50,000
成交价：RMB 121,000
尺　寸：33×24×36cm　无锡市文物公司　2006.06.15

清·紫檀方角小柜式官皮箱

　　这件官皮箱采用四面平方角柜形制，正面两门对开，硬挤门式样，攒框装板，板芯与边框齐平。小柜柜身、金属配件光素无纹，整体效果端庄素雅。加之包浆温润，应是清代中期的作品。

估　价：RMB 28,000-30,000
成交价：RMB 28,600
尺　寸：高27.7cm　上海敬华　2003.08.24

清·紫檀雕人物故事提梁药箱

　　此箱紫檀材质，箱体近于正方形，正面为对开门式样，面板上浮雕人物故事图案。内设大小抽屉四个，箱体上方装木质提梁，下部装光素的圈足底座。这是一件装饰豪华的实用小器。

估　价：RMB 6,000
成交价：RMB 0
尺　寸：15.5cm　天津文物　2004.06.24

清·红木提梁药箱

　　此药箱装铜质提梁，红木材质，正面为斜插式门，面板为落膛踩鼓，上端配有桃形锁，按钮可打开。箱内为金丝楠木各式小抽屉12只，可根据不同需要放置物品。

估　价：RMB 18,000–28,000
成交价：RMB 20,900
尺　寸：23.5 × 20.5cm 上海长城 2004.11.29

清·红木提梁药箱

　　此箱红木材质，为插门下缘入槽式样，面板落膛起鼓，开启为斜插入形式。内设大小抽屉15个，并设有"门中门"，布局有致。箱体上方装木质提梁。这是一件制作十分规整的实用小器。

估　价：RMB 12,000–18,000
成交价：RMB 0
尺　寸：35 × 38.5 × 23cm 中国嘉德 2001.11.04

清·红木提梁药箱

　　此箱红木材质，箱体为长方形，为插门下缘入槽式样，面板落膛起鼓，开启为斜插入形式。内设大小抽屉14个，并设有"门中门"，布局有致。箱体上方装木质提梁。这是一件制作十分规整的实用小器。

估　价：RMB 8,000–10,000
成交价：RMB 24,200
尺　寸：24cm 中国嘉德 1994.11.09

清·墨漆嵌螺钿屉箱

此箱有八屉，加之二扇移门，下有壶门、小足、箱顶四边斜边，明显带有官皮箱的遗风，是一种与官皮箱有相类似作用的小型皮具类家具，只是改进了上开盖的做法，方便开启，更适用于日常生活，加之箱布五彩螺钿，八屉面脸、移门共有九幅色彩灿烂若云霞的螺钿"山水图"，周边架档上则是细巧排列的菱花、卷草纹饰，纹饰多样，五彩缤纷，是同类器物中的精品。

估　价：RMB 35,000–40,000
成交价：RMB 38,500
尺　寸：32 × 32 × 20cm 上海崇源 2004.07.03

清早期·黄花梨书箱

这只箱子通体黄花梨制器，底为铁力木板，俗称金帮铁底，整个器物质地精雅、完美，为明清之际的典型器物。

估　价：RMB 40,000–60,000
成交价：RMB 0
尺　寸：39 × 19 × 22cm 太平洋国际 2002.04.22

清初·紫檀素小箱

小箱一般为长方形，多为黄花梨、紫檀所制，其他硬木材料则很少见，主要用来存放文件簿册和珍贵细软物品，北方民间，尤其是回族家庭，常用它存放女性的绒绢花，固又有"花匣"之称。此箱箱体比例协调，代表了明制的基本形式，全身光素，只在盖口和箱口处起两道灯草线，此线起到加厚的作用，因为盖口要踩出子口，外皮如不起线加厚，便欠坚实，故此线不仅起到装饰作用，更有加固的意义。正面铜饰圆面叶，拍子云头形，两侧安装提环。整个器物质地精雅、完美，为明清之际的典型器物。

估　价：RMB 15,000–25,000
成交价：RMB 16,500
尺　寸：11 × 38 × 19cm 中国嘉德 2001.11.04

清·紫檀雕龙凤长方箱

此箱的五面均满雕纹饰。顶部浮雕云龙纹图案,在盒的正反两面雕双翅展开相向而对的夔龙夔凤纹。正面装铜鎏金卷草纹的面叶和如意头形的拍子。两侧雕夔凤纹,上装铜鎏金把手。在盒的八个角上均装镀鎏金的如意形包角。此件为清宫旧藏之物。

估　价:RMB 300,000–500,000
成交价:RMB 803,000
尺　寸:不详 北京翰海 2004.11.22

清·红木双屉箱

此箱通体光素,正面装双屉,抽屉上装方形铜锁鼻,箱面上装铜包角,抽屉和箱体两侧配铜质把手,方便实用。

估　价:RMB 1,000–1,500
成交价:RMB 0
尺　寸:36.5 × 20.5 × 15cm 山东光大 2004.08.29

清·木画箱

此箱造型十分少见,除了为便于储存大型画轴把形体做得狭长以外,箱盖做成券形,这在古代箱具制作中是不多见的。在盖口和箱口处起两道灯草线,圈足镀出壸门。正面铜饰方面叶,两侧装铜把手,四面铜活包角,极具文人趣味。

估　价:RMB 15,000–20,000
成交价:RMB 16,500
尺　寸:69 × 20.5cm 北京华辰 2003.11.27

清早期·黄花梨三层提盒

　　提盒是自宋代就开始流行的器物样式，此盒用长方形攒框造成底座，两侧竖立柱，有站牙抵夹，上装横梁提手。构建相交处均嵌装铜叶加固，盒子两撞，连同盒盖共三层，下层盒底落在底座槽内。每层沿口均起灯草线，意在加厚子口。盒盖两侧立墙正中打眼，用铜条贯穿，以便把盒盖固定在两根立柱之间。铜条一端有孔，还可以上锁。由于盒子各层有子口相扣，上锁后绝无错脱开启之虞。

估　价：RMB 15,000－18,000
成交价：RMB 17,600
尺　寸：36.5×20×23.5cm　中鸿信 2002.12.10

清末·红木嵌银丝刻花方盒

　　此盒呈八边形，盖上浮雕花卉为西洋巴洛克式样，浮雕刀法硬朗，地子平滑，外壁用银丝嵌出夔龙纹，纹饰来自于青铜器纹饰，立体与平面装饰相结合，相得益彰。盒盖与盒身间为子母口，结合紧密，盒身下逢角装足，工艺极为精细。

估　价：RMB 4,000－6,000
成交价：RMB 0
尺　寸：32×18×9cm　太平洋国际 2002.04.22

清·剔红山水人物小柜

　　小柜为立式方角柜，柜门上剔红山水人物图，用竹节纹、水波纹地和菱格卍字纹地分别表示天空、水波和坡岸。画面上远山、亭台、树木、人物等布局合理，层次分明。柜内分两层三屉，屉面也为剔红菱格纹。柜子外部除背面和箱底，其余几面均剔红菱格卍字纹和菱格花瓣纹。小柜边框则装饰连续回纹，铜饰件均錾刻荷花纹饰，器物虽小但没有忽视细节。柜足外撇，有壸门，保存了较多早期席地而坐时代的家具之风格特色。

估　价：RMB 36,000－50,000
成交价：RMB 0
尺　寸：41×23×29.3cm　上海崇源 2003.04.20

清·紫檀木盒

　　此盒比例协调, 光洁素雅, 代表了明制的基本形式。在盖口和箱口处起两道灯草线, 正面铜饰方面叶, 拍子云头形, 铜质包角。整件器物质地精雅、完美。

估　价: RMB 20,000－30,000
成交价: RMB 0
尺　寸: 长34.5cm 中鸿信 2001.06.29

清·桂圆木小柜

　　该柜小器大样, 通体用桂圆木制成, 十分罕见。造型袭用圆角柜样式, 所有框材均外圆内方, 双开木轴门, 有柜帽, 内设一搁板。牙板为透雕拐子纹。式样古朴大方, 制作工艺精密细腻, 是难得的精品。

估　价: RMB 10,000－15,000
成交价: RMB 11,000
尺　寸: 49.5 × 40 × 22.5cm 中国嘉德 1996.04.20

清·漆嵌螺钿小书柜

　　小书柜为插门下缘入槽式样, 下设底座, 底座以壶门券口为装饰。通体髹以大漆为面, 并以嵌螺钿组成缠枝花卉纹图案, 图案布满整个器身。柜门内设一搁板, 书柜式样简洁明快, 古朴大方而不失华丽。

估　价: RMB 20,000－25,000
成交价: RMB 22,000
尺　寸: 54.5 × 43 × 26.5cm 中国嘉德 1996.04.20

清·黄花梨折叠式镜台

此镜台为折叠式样,用双劈料做法。上层边框内为支撑铜镜的背板,可平放,也可以支成60度的斜面。背板为攒框镶透灵芝纹花板制成,分界成三层七格。下层正中一格安装荷叶式托,可以上下移动,以备支架大小不同的铜镜。中层中间方格安装角牙,斗攒成云蝠纹。中间空透可以系装镜钮,其余各格装透雕灵芝纹花板。装板有相当的厚度,且为"外刷槽",使图案显得分外饱满。台座箱体镶硬挤式对开门,门板平镶,门后为抽屉,门下部牙板攒框加矮老装雕花芯板,颇为雅致。四角为直腿直足,也是劈料做。整件器物设计严谨,造型低扁,劲峭有力。

估　价: RMB 10,000-15,000
成交价: RMB 9,900
尺　寸: 31 × 31 × 42cm 中国嘉德 1995.05.11

清·黄花梨折叠式镜台

此镜台为折叠式样,上层边框内为支撑铜镜的背板,背板为打洼攒框镶透雕花卉纹花板制成,打洼手法比较讲究,分界成三层八格。下层正中一格安装荷叶式托,可以上下移动,以备支架大小不同的铜镜。中层中间方格安装角牙,斗攒成云蝠纹。中间空透可以系装镜钮,其余各格装透雕花卉纹花板。台座箱体通体做浮雕纹饰,镶硬挤式对开门,门板平镶,门后为抽屉,四角为直腿内翻马蹄,造型低扁,劲峭有力。整件器物设计严谨,雕刻精到,较为少见。

估　价: RMB 15,000-20,000
成交价: RMB 35,200
尺　寸: 17 × 27 × 26.8cm 中国嘉德 1995.05.11

清中期·紫檀五屏风式镜台

这件镜台为紫檀材质，台座两开门，中设抽屉三具。座上安五屏风，式样取宝座式样，而不是隔扇式的围屏。屏风脚穿过座面透眼，直插牢稳。中扇最高，左右递减，并依次向前兜转。搭脑均远跳出头，雕龙头，绦环板全部透雕龙纹、缠莲纹等，惟正中一块用草龙纹组成宝瓶形图案，外留较宽的板边，不施雕刻至四角再锼空透雕。这时运用了虚实对比，使透雕部分显得更加醒目。牙板开壹门券口，三弯腿，兽足。抽屉看脸、牙板、山板均为浮雕草龙图案，与上部透雕遥相呼应，精彩至极。

估　价：RMB 38,000–50,000
成交价：RMB 91,300
尺　寸：高14cm　北京翰海　1996.11.16

清·紫檀镂雕一品清廉纹镜台

此镜台为宝座式样，较多地保留了明式家具的痕迹。分两层设抽屉五具，台座上的后背和扶手均装板透雕花鸟纹饰，俗称"一品清廉纹"，画面齐整生动。搭脑中间拱起，两端下垂，至端头又返翘，圆雕灵芝形状，扶手出头也是同样的形状。台面正中应该有支撑铜镜而设的支架，已经遗失。

估　价：RMB 45,000
成交价：RMB 49,500
尺　寸：58cm　天津文物　2004.01.08

清中期·紫檀书帖（镜）架

镜架是状如帖架的一种梳妆用具，多作折叠式，或称"拍子式"，宋代已流行。此器可作书帖架，加上荷叶托也可能作铜镜支架。形制简洁，古朴大方。顶饰双龙头，稍有残损，龙首造型是典型的清代造型。

估　价：RMB 6,000–8,000
成交价：RMB 7,700
尺　寸：36 × 36 × 33cm　中国嘉德　2001.11.04

清早期·黄花梨透雕对头凤香熏

此香熏黄花梨制，三面透雕对头凤，凤纹俊俏有力，带有浓厚的明代装饰风格，另两面雕如意云纹。榫卯纤巧，工艺精美，是不可多得的黄花梨精品。应为大户人家小姐闺房之物，或者是高雅文士的案头玩物，决非一般人家可用。结合刻工和木工，此物的制作年代不会晚于清初。

估　价：RMB 6,800–10,000
成交价：RMB 0
尺　寸：20×6×4cm　太平洋国际 2003.07.09

清早期·黄花梨佛龛

这是一件整体光素简洁、造型独特的佛龛。由上部的柜状佛龛和下部的托座组成，托座为带打洼束腰、鼓腿膨牙、内翻马蹄加托泥式小桌。上部龛门为四抹攒格对开门，门内左右上角装有大坠角，形似帷幔，如此形制的佛龛较为少见。

估　价：RMB 20,000–30,000
成交价：RMB 90,200
尺　寸：45.5×22×17.4cm　中国嘉德 2004.11.06

清·紫檀雕花佛龛

这件佛龛由龛和几两部分组成。下面的小几充担托座，小几的形制为带束腰鼓腿膨牙内翻马蹄式样。龛为柜子形式，仿建筑结构，迎面四扇攒花浮雕镂空隔扇门，门为五抹，绦环板、隔芯、裙板一应俱全，门上置三块绦环板。柜上设大型的雕花飘檐，龛的帮板上方各开一圆形开光，以利龛内采光。此龛设计周全，做工精细，十分少见。

估　价：RMB 28,000
成交价：RMB 33,000
尺　寸：高46cm 天津文物 2002.06.27

清·核桃木透棂门抱厦顶神龛雕花卉佛龛

这套佛龛由两部分组成，上部佛龛全仿建筑样式，下部的承座为二联闷户橱。佛龛为梁架建筑结构，起脊，有木雕鸱吻、有斗拱，四柱四门，门为推拉式攒棂门，柱下有柱础。总之，仿木建筑极为忠实，正面彩绘保存完好。下部的二联闷户橱，为两屉，暗仓板攒框分作三段，牙板和角牙的尺寸很大，加之浮雕，具有很强的装饰效果，与上部的佛龛风格统一。

估　价：RMB 8,800–18,000
成交价：RMB 0
尺　寸：55 × 107 × 85cm 太平洋国际 2003.17.09

清中期·描金龙凤佛龛

　　此件佛龛全仿建筑结构，是用于装饰居家室内佛堂的器物。上部的帽沿高耸做佛冠状，垂花柱如同四合院的二道门——垂花门的设计样式。垂花柱内镶透雕描金雕荷花纹样绦环板，垂头处加装透雕牙板。四柱，柱脚修饰描金柱础，柱子上部分格镶透雕描金龙纹绦环板，柱间看面镶透雕龙凤纹大牙板。内膛配四扇推拉门。门上做隔扇式，上部做攒楗，下部裙板和门上的三块绦环板做描金雕博古。佛龛整体金碧辉煌，气势宏大。

估　价：RMB 25,000–50,000
成交价：RMB 0
尺　寸：94 × 88 × 152cm　太平洋国际 2004.06.27

清中期·红木固定式灯台（一对）

　　这是一对固定式灯台，两个墩子十字相交作为墩座，正中树立圆材灯杆，四块透雕站牙从四面抵夹，使灯杆稳定直立，灯杆上方设圆形承台，并加挂四块透雕吊头牙与下边的站牙相对应，结构合理，设计简洁。

估　价：RMB 5,000–8,000
成交价：RMB 17,380
尺　寸：高152cm　天津国拍 2000.11.07

清·红木固定式灯台

　　此灯台的墩座为三足，与比较常见的由两个墩子十字相交作墩座略有区别，镂空拐子纹站牙三面抵夹灯杆，灯杆上方设圆形承台，并加挂三块透雕吊头牙与下边的站牙相对应，造型简洁大方。配以新制灯罩，格调高雅且实用。

估　价：RMB 18,000–25,000
成交价：RMB 19,800
尺　寸：高180cm 中国嘉德 1998.10.28

清·红木雕花固定式灯台

　　这件固定式灯台造型新颖别致，灯杆呈六角形起线，台面亦雕成六角荷花状，墩座为支足形式，支足和站牙相结合于一体，承台下加挂三块吊头牙与下边的站牙相对应，做工细腻，具有较强的实用性与装饰性。

估　价：RMB 16,000–22,000
成交价：RMB 16,500
尺　寸：高146cm 中国嘉德 1998.10.28

清·红木升降式灯台（一对）

这对灯台的底座采用座屏风样式，通体用红木制成。从披水牙到站牙、吊角牙，乃至架子中间镶的绦环板，一律为透雕。灯杆下端有横木，构成"丁"字形，横木两端出榫，纳入底座立框内侧的长槽中，横木可以上下移动，不至于滑出槽口。灯杆从木框横梁上的圆孔穿出，孔旁设有木楔，用以固定灯杆，这种式样来自于古代兵器架，美观实用。

估　价：RMB 18,000－25,000
成交价：RMB 0
尺　寸：高147cm 太平洋国际 2001.14.23

清·榆木灯台（一对）

这对灯台的底座采用座屏风样式，通体用榆木制成。两侧站牙透雕，中部挡板两面浮雕花卉纹，上端绦环板镂空以映衬下部锼雕出的披水牙子；顶杆上端承接方灯箱，由倒挂花牙承托。古朴简洁，具有浓郁的地方特色。

估　价：RMB 12,000－22,000
成交价：RMB 0
尺　寸：高166cm 中国嘉德 2000.11.06

清・榆木升降式灯台（一对）

　　这对灯台的底座采用座屏风样式，通体用榆木制成。从披水牙到站牙，乃至架子中间镶的绦环板，一律为透雕。灯杆下端有横木，构成"丁"字形，横木两端出榫，纳入底座立框内侧的长槽中，横木可以上下移动，不至于滑出槽口。灯杆从木框横枨上的圆孔穿出，孔旁设有木楔，用以固定灯杆，这种式样来自于古代兵器架，美观实用。

估　价：RMB 8,000–10,000
成交价：RMB 74,800
尺　寸：高141cm　中国嘉德　1996.04.20

清・核桃木落地升降灯台（一对）

　　高形的灯台有固定的和可升降的两种。固定的灯台，有的杆头下弯，悬挂灯具；有的杆头造成平台，上承羊角灯罩。可升降的灯台，平台的高度可以调节。这对灯台的底座采用座屏风样式，通体核桃木制，外饰薄漆。灯架攒格，灯杆为可升降式，两侧站牙透雕，中部挡板两面浮雕花卉纹，上端绦环板镂空以映衬下部浮雕的披水牙子；顶杆上端承接纱灯罩，由倒挂花牙承托，古朴简洁。

估　价：RMB 3,600–4,500
成交价：RMB 0
尺　寸：高177cm　太平洋国际　2002.04.22

清·紫檀壁灯（一对）

　　壁灯的传世品很少见,这对壁灯采用攒框方式做成, 看面和背面一致, 由外框和内框两层构成, 内框又加装可开启的子框, 两框间装镂空的卡子花, 灯腿间装镂空拐子纹牙条, 灯框上部装同类纹饰的飘檐, 灯框内装双头铜烛台。做工精密复杂, 设计合理。

估　价：RMB 80,000－100,000
成交价：RMB 77,000
尺　寸：76×56cm 北京翰海 1999.07.05

清·黄花梨盆架

　　此架以黄花梨木制作，结构规整，腰鼓形形制十分少见，六柱上下分别由"米"字枨相连，柱为圆材，横枨为方材，虽然没有任何装饰，方圆对称使用，极具美感。以黄花梨木制作。此架制作细腻规整，造型修长，应该是苏式做工。

估　价：RMB 4,000~6,000
成交价：RMB 0
尺　寸：高76cm 太平洋国际 2001.11.04

清·红木火盆架

　　京津黄淮流域冬季用火盆烧炭，用以取暖，盆下的木架叫"火盆架"。火盆架有高、矮两种。矮的高仅尺许，方框下承四足，足间安直枨，结构简单，多用一般木材制成，清制和明式并无大异。高火盆架像一具方机凳，但板面开一大圆洞，以备火盆放入。四根边抹，中间各有一枚高起的铜泡钉，支垫着盆边，以防盆和架直接接触，引起烧灼。

估　价：RMB 3,000~8,000
成交价：RMB 5,500
尺　寸：不详 天津国拍 2001.11.03

清早期·黄花梨面盆架

　　这是一件典型的明式六足高面盆架，它的装饰比较繁复，加之为黄花梨材质，应该不是一件普通的作品。盆架搭脑出头，装饰着圆雕龙头，搭脑直接与盆架的后两足相交。吊牙锼雕成草龙图案，搭脑以下空间安装壸门券口，中间牌子镶嵌透雕花纹板。整体而言这是一件比较华丽的器物。

估　价：RMB 60,000–80,000
成交价：RMB 0
尺　寸：51 × 42 × 165cm　太平洋国际　2003.11.25

清中期·红木五足面盆架

　　面盆架是放在内室使用的一种家具。有高、矮两种，矮面盆架或三足、或四足、或五足、或六足。三足、五足的多不能折叠，四足、六足的，有的可以折叠。此五足盆架属于罕见类型。方材倒圆，五条立柱挖成优美的弧形，立柱间由旋风枨连接，上层的枨子下又加装罗锅小枨，充分起到了承托重量的作用。

估　价：RMB 2,500–4,000
成交价：RMB 0
尺　寸：高71cm　天津国拍　2000.11.07

民国家具

民国·硬木家具

民国家具虽然没有像明清家具那样取得了辉煌的艺术成就，但其自身的时代特点还是相当明显的，在不少方面都较明清家具发生了很大变化。其中最主要的变化之一就是对传统家具功能、造型和装饰工艺的更新。即在保持传统家具优美线条结构和主要工艺特点的基础上不断采用新技术、新工艺，促使传统家具与当时的社会生活和时代特点相适应，在制作家具时不再十分追求造型的简练和展示木质的优美纹理，而是注重功能的合理与齐全，广泛采用组合式家具形式，并为节省昂贵的硬木材料而普遍施行衬、贴、涂和包镶等多种手法，家具用料不求粗大厚重，装饰工艺更趋多样化。同时，实用轻便的柴木家具和杂木家具等在民间得到广泛发展，大批掌握先进家具制作工艺的家具艺人不断流入民间，从而为民间家具艺术的发展注入了新鲜活力。

民国时期的硬木家具在造型和装饰工艺上明显受到了欧洲家具的影响。这一影响早在乾隆时期的广作家具中就已体现出来，鸦片战争后则迅速扩大，并且影响方式也由主动变为被动，欧洲巴洛克式、帝政式、洛可可式、拜德迈亚式和维多利亚式等西洋家具风格都在当时的家具制作中或多或少地有所体现。其中比较突出的如家具腿足多采用旋木栏柱形式，橱柜与架子床的顶部则普遍施以流线形拱顶式遮檐或凸字形匾额式做法（俗称″毗卢帽″），檐额、门面、台座和衬板处常施以拱圆线脚和番草葡萄纹图案，表现层次变化的重叠直线和″C″形、″S″形、漩涡形曲线等广泛运用，并在明显部位常施以新型的镜面玻璃和金属包镶工艺等。同时，应该注意到这一时期的中国家具在西洋风格的影响下也并不是一味仿效照抄，而是作了巧妙变通，其中很多重点部件和装饰工艺等仍保持了中国传统家具的风格，并由此形成了一种既区别于传统家具，又不同于西方家具的新格局。在家具陈设方面则十分注重整体效应，家具设计不再以方、平、对称为准绳，而是根据实际需要而尽量把功能相近或相关的家具组合为一体，减少分体家具的用料及其所占空间，增强了家具的多用性。这种组合型家具在清代中后期已有发展之势，进入20世纪后渐趋流行。

总的来看，近现代家具无论是在类别、用料和造型工艺方面，还是在装饰手法和雕镂技巧方面都明显表现出两种倾向：一是继承中国家具的传统，富有民族特色和艺术价值的传统硬木家具开始民间化、高档家具大众化。在北京、上海、天津和广州等地相继发展起了具有中国特色的硬木家具业，把造型高雅、工艺精美的中国硬木家具延续下来。但是，这一时期的硬木家具制作中出现了一批以次充好，将大改小和去旧翻新的家具赝品。匠人迫于形势和生计，只求货卖一张皮，家具榫卯粗制滥造，比例尺寸大失水准，多采用干粘、捆绑、缠布和塞楔等，有的花牙板内干脆不加榫，雕刻图案多系几何纹和葫芦福寿等，随意性较大，远比圆滑精密的博古、龙凤图案等来得容易。而在外表装饰上则格外讲究，打蜡上光十分卖力，因此颇符合那些财大气粗又趣味低俗的军阀官商们的喜好。因此，民国时期的硬木家具水平高下差距很大。二是为顺应时代发展的需要，把传统家具同西方家具相结合，取长补短，西为中用，从而生产出一批具有双重特色的新型家具。这些家具集中西方艺术于一体，显示了中国家具艺人的高超智慧和审美能力，既兼具实用性和艺术性，又富有鲜明的时代气息，代表了家具发展的新趋势。

民国·红木花鸟纹太师椅（一对）

　　此椅的特点在于椅盘以下类似方机，敦实、简洁，素混面攒框落膛鼓肚硬屉座面，素方腿、透雕花牙板、素横枨。椅盘以上部分则做工细腻、繁复，透雕花鸟纹靠背板体量较大，刀法纯熟，刻制精细。靠背和扶手的边框曲线优美自然，以走马销相连，拆装方便，便于搬运。

估　价：无
成交价：RMB 5,500
尺　寸：70 × 50 × 102cm　天津文物　2004.06.24

民国·红木嵌螺钿太师椅（附几）

　　这是一对民国螺钿太师椅，由方机形椅盘和靠背、扶手组成。椅子的座面为攒框装板，其下装有小束腰，直牙方腿，足部阴刻回纹，四腿由横枨相连，看面横枨下装角牙。椅盘以上攒框，镂空福寿图案靠背。椅子的靠背、扶手、看面牙板，均镶嵌螺钿花纹，极具装饰趣味。

估　价：无
成交价：RMB 4,400
尺　寸：几 41 × 41 × 80cm，椅 63 × 47 × 100cm
　　　　天津文物　2004.06.24

民国·花梨木明式交椅（一对）

　　明代交椅，上承宋式，可分为直后背和圆后背两种。尤以后者是显示特殊身份的坐具，多设在中堂显著地位，有凌驾四座之势，俗语还有"第一把交椅"的说法，都说明了它的尊贵。入清以后，交椅在实际生活中渐少使用，制者日稀，成为被时代淘汰的一种家具。此为民国时期的仿制品，形制为明式，座面由穿绳木条组成，这是古代工艺中所没有的。攒圆后背交椅，透雕靠背分三截，上为如意形蟠螭纹，中为麒麟葫芦、山石灵芝，下为亮脚，起卷草纹阳线。有铜饰件。比例适度，是民国时期仿古家具的精品。

估　价：无
成交价：RMB 4,180
尺　寸：60 × 40 × 104cm　天津文物 2004.06.24

清末民国·黄花梨靠背椅（附几）

　　这套家具全部为黄花梨制作，椅子背板圆形开光透雕"太平有象"、"延年松鹿"图案，周边环以透雕桃纹。椅子座面平镶硬屉板芯，腿为方材攒框，看面镶缠绳透雕牙板。几子为四面平攒框式样。几子中部为平屉，下部设攒框承托。这是清末开始盛行的比较简约的风格。黄花梨材质，包浆不存，说明它是一件翻新过的家具。

估　价：RMB 6,000–10,000
成交价：RMB 0
尺　寸：41 × 41 × 80cm　太平洋国际 2002.11.03

民国·鸡翅木硬木面靠背椅（四只）

　　这四只椅子融合了中西家具因素,首先是座面采用不规则方形,前边大于后边,后边平直,而前边锼出中间突出两边内收的曲线,左右两块抹头则锼出向外膨出的曲线,座面装芯板依框随形。椅子前面两条腿子完全仿制西式家具的腿子,下部为兽爪握球型足,肩部装饰镜面组合花饰。腿牙结构略似于传统的鼓腿膨牙,腿牙与座面间保留了传统的束腰和托腮结构,后腿与靠背立柱一木连做,腿脚落地内收,靠背板为锼空西式花纹。迎面的横枨缩进安装在两侧横枨的中间位置。总之,这种椅子的形制是传统中所没有的新式样。

估　价：RMB 25,000
成交价：RMB 28,600
尺　寸：44.5 × 40 × 95cm　天津文物 2001.12.08

民国·红木云石座屏式靠背椅（一对）

　　这对椅子的下部是典型的清式椅子,椅盘下装束腰、托腮、锼花挂牙,腿子为三弯腿,兽爪足。有特点的是座盘以上,靠背为座屏式,为攒框装云石,有站牙抵夹。这种座屏式靠背椅在清末的北方和南方都非常流行。

估　价：无
成交价：RMB 3,300
尺　寸：50 × 45 × 198cm　天津文物 2004.06.24

红木云石靠背椅（一对）

这是一对典型的民国时期带有传统韵味的新式家具，椅盘采用三弯腿式样，但腿材上方下圆，足脚外撇，取消传统常用的束腰结构，座面直接坐于腿牙之上，为了增加椅盘的坚实，又装了很宽的挂牙，连接腿子的横枨也进行了改进，迎面的横枨缩进安装在两侧横枨的中间位置。靠背的立柱与后腿一木连做，靠背以圆材攒成，中间设圆形开光装镶云石板，板上纹理一山一水，十分讲究。

估　价：RMB 4,000–6,000
成交价：RMB 0
尺　寸：58 × 44 × 110cm 太平洋国际 2002.11.04

民国·红木雕花硬屉席面靠背椅（四只）

这四只靠背椅在形制上基本使用西式结构与造型，只是靠背板的透雕纹饰和椅背搭脑部位还保留一些中式风格。椅子的前腿采用旋木做，牙板平直，直接装在腿子根部的方材上，座面攒框硬屉贴席面，席面编织出花卉图案。这些工艺特点充分说明这四只椅子应该是民国时期沿海地区生产加工的。

估　价：无
成交价：RMB 3,850
尺　寸：45 × 45 × 94cm 天津文物 2004.06.24

民国·红木西洋式靠背椅（一对）

这对椅子的造型完全受西方家具的影响，旋木前腿，不规则方形座面，半圆形攒框靠背，造型秀巧，将东西方文化融为一体，很有时代特征。

估　价：RMB 15,000–25,000
成交价：RMB 0
尺　寸：44×43×84cm 中国嘉德 1997.04.18

民国·红木西式圆桌、靠背椅

这是一套以红木材料仿制的西式家具，椅子靠背与后腿方材一木连做，前腿为弯腿，膨肩兽足，椅背攒框五环相交，搭脑高耸。圆桌为三足独柱式，桌面做成海棠形盘状，整体秀美，做工一流，尤其是小桌的做工非常精致。

估　价：无
成交价：RMB 6,050
尺　寸：桌50×50×66cm，椅42×40×98cm
　　　　天津文物 2004.06.24

民国·红木五屏风式扶手椅（一对）

　　这对椅子完全采用清式，为五屏风式，中间一屏为靠背板高高凸起，搭脑为卷书式，攒框镶浮雕夔纹靠背板，下部留有亮脚。其余四屏依次递减，呈台阶状，拐子纹攒框。牙板看面装饰浮雕拐子纹，做工讲究，管脚枨四面等高，稳定性能良好。此椅扶手以走马销连接，拆卸自如方便。雕工采用玉器减地浮雕法，地子极平，纹饰凸起，醒目突出。木工、刻工均非俗工，是民国时期比较好的仿古家具。

估　价：RMB 6,500–9,500
成交价：RMB 7,700
尺　寸：70 × 51 × 115cm 中国嘉德 2004.04.11

民国·红木雕福在眼前扶手椅（一对）

　　此为民国年间所做红木扶手椅，背板边部镂空，芯部雕有精美图案。各扶手下也有一块浮雕花板，椅面下前牙板也浮雕卷云纹图案。足部管脚枨四面等高，稳定性良好。为一件制作比较精美的中式椅。实用与观赏价值俱佳。

估　价：RMB 4,000
成交价：RMB 0
尺　寸：97cm 天津文物 2002.06.27

民国·花梨木扶手式躺椅（一对）

　　扶手椅式的躺椅，仇英在《饮中八仙歌图卷》中画了一具，其结构较为复杂。椅背有伸出可供枕靠的托子，椅下有搁脚用的、可以抽出或推入的几子。它是从宋刘松年《四景图》中的椅子发展出来的，和今天的藤竹制躺椅竟多有相似之处。这对躺椅椅下没有搁脚用的、可以抽出或推入的几子，但椅背、座面、扶手弧线极适合人躺靠。

估　价：RMB 4,000
成交价：RMB 4,400
尺　寸：90cm 天津文物 2002.06.27

民国·红木嵌瘿木硬屉席面宝座

　　民国时期社会转型，宝座类家具失去社会基础，因此已经少有人制作。这件民国所制的宝座仍沿用清后期三弯腿五屏式样，与同期流行的太师椅的形制十分接近。座面为冰盘沿攒框装板贴席，座面下设高束腰，束腰上开鱼门洞，牙板镂出垂肚并浮雕纹饰，大挖三弯腿，足部外翻浮雕拐子龙纹饰，腿子上有四平横枨相连，围屏有五扇组成，中间最高者做成"浮云托日"状的圆形，两侧的依次递减做成台阶状，围屏攒框装瘿木板芯，极具装饰效果。

估　价：RMB 30,000
成交价：RMB 0
尺　寸：110cm 天津文物 2002.06.27

清末民国·红木牌桌、椅子（一套）

　　这套牌桌椅明显受西洋家具影响，椅子的总体造型和上面介绍的四只椅子在形制上非常接近，只是做得比较素朴，不像上面那套椅子做工那么华丽。西式椅子最大的特点是在结构上考虑人体工程的因素，讲究舒服。牌桌腿倒棱，与台面随形，四面四屉卧平，下设夹板，用料粗硕，做工严谨，五具成堂，实用性强。

估　价：RMB 28,000–40,000
成交价：RMB 23,100
尺　寸：77 × 77 × 83cm　中国嘉德 1997.04.18

民国·红木牌桌、椅子（一套）

　　这是一套极为简约的实用家具，除方桌基本沿用传统结构以外，椅子的结构则是完全使用西式结构，中式装饰。这种家具在民国时期曾大量生产，流行很广，至今仍在使用。

估　价：RMB 8,000–18,000
成交价：RMB 0
尺　寸：110cm　太平洋国际 2003.07.09

民国·红木霸王枨长方桌

小桌为苏作器物，采用三碰肩形式，四面平，大边、抹头、腿三处汇一做粽角榫结构。内翻马蹄足，装有霸王枨，在明式家具中也是基本形制之一。整只器物光素无纹，既坚固又简洁，搭配巧妙，极具文雅气质。

民国·红木四面平霸王枨小桌

小桌为明式造型、明式做工。此桌的结构是腿子与牙条格角相交，先构成一具架子，上面再和攒边的桌面结合在一起。这样的造法，可以避免采用腿子和边抹三个主要构件在粽角榫一处相交，固定的效果要好得多。同时又因边抹和牙条重叠使用，可以加大看面，以免显得过于单薄。它可算是四面平的基本式样。入清以后，四面平式的桌子多数采用粽角榫结构，很少有另加桌面的造法了。采用了霸王枨，更加强了桌子的稳定性。腿子上粗下细，大挖内翻马蹄，又扁又壮，四腿微微外放，这都是忠实明式桌子的做法。桌面上陈放一块明代刻诗文金砖，二者完美结合，极具文雅气质。此桌出自苏州名家珍藏，堪称民国苏州仿制明式家具的精品。

估　价：RMB 350,000-450,000
成交价：RMB 275,000
尺　寸：86 × 112.5 × 48.5cm 中国嘉德 1995.10.09

估　价：RMB 12,000-20,000
成交价：RMB 0
尺　寸：68 × 35 × 71cm 太平洋国际 2002.04.22

民国·云石方桌

　　这件方桌造型独特，桌面为不规则正方形，桌面边抹之下直接挂装随形挂牙，每边挂牙上又开光装云石作装饰，这是此桌最具特点之处。桌腿为四根"S"形曲腿，腿子上承桌面内侧的横枨，下部向四外撇出，腿子下装横枨、卡子花和小桌面、腿牙。因此使整只桌子显得轻灵圆润，无论造型和做工都达到了极高的工艺水准，十分难得。

民国·黄花梨八仙桌

　　桌子用料方材素面，尺寸适度，不显得细弱和粗笨，有明式遗风。桌面为劈料垛边，束腰与牙子一木连做，马蹄为清式。四足完全垂直。罗锅枨安装用格肩榫的造法。腿子内侧和罗锅枨上起阳线，清式高马蹄。做工一流，通体黄花梨木制成。典雅大方，风格简练。

估　价：RMB 30,000-35,000
成交价：RMB 0
尺　寸：68 × 35 × 71cm　蓝天拍卖　2000.12.06

估　价：RMB 23,000
成交价：RMB 0
尺　寸：85cm　天津文物　2004.11.15

民国·红木有束腰月牙桌

　　这种半圆桌流传下来，匠师们称之为"月牙桌"，清代发展成为独立形制。它们的式样四足的居多，三足的少见；或足端着地，或足下有托泥；或无束腰，或有束腰。此桌高束腰，宽牙板，牙板打洼浮雕花卉纹饰。四足，牙腿相交，采用插肩榫，腿形取法圆几的三弯腿子形，雕饰增繁。牙条在两端锼云纹透雕。腿上有叶状轮廓，落在球足上，格肩的部位造出球形，和左右的云纹透雕形成虚与实的对比。腿子间有横枨相连，在结构上坚实些。

估　价：RMB 0
成交价：RMB 8,800
尺　寸：89 × 44 × 80cm 中国嘉德 2004.04.11

民国·红木高束腰月牙桌

　　此桌基本沿袭了清式月牙桌的造型与做工，四腿式样，与众不同之处在于桌面边框锼成花瓣状，而束腰也随桌面造型打洼成花瓣状，这在明清月牙桌中是没有见到的，整件器物上拱圆的线脚使其具有西式家具的风采。

估　价：无
成交价：RMB 5,500
尺　寸：90 × 44 × 80cm 天津文物 2004.06.24

晚清民国·紫檀面红木座圆桌

　　这是一件受到西方家具影响的晚清至民国时期的家具，它采用的是单腿三足式样，柱形桌腿为方材取圆，上饰多道弦纹，上端承接桌面，下端与三足榫接。素混攒框桌面周遭环镶透雕缠枝纹吊牙，与腿足上的同类花纹站角牙辉映成趣，相得益彰。

估　价：RMB 20,000-50,000
成交价：RMB 0
尺　寸：84×87cm 太平洋国际 2003.07.09

民国·紫檀仿乾隆圆桌、鼓墩（一套）

　　这套家具的造型仿自乾隆时代的同类器物，圆桌由一对四腿带束腰月牙桌拼合而成，腿足坐于托泥之上，牙板和腿间处连做打洼浮雕拐子、如意等纹饰。鼓墩为五开光带鼓钉式墩，墩子下没有装足，纹饰与圆桌纹饰统一和谐。整套器物做工一丝不苟，是民国仿古家具中的精品。

估　价：RMB 7,800–9,800
成交价：RMB 0
尺　寸：26 × 40 × 50cm　太平洋国际 2003.07.09

民国·红木松鼠葡萄纹海棠面六足圆桌

　　此桌造型敦实，用材宽厚，具有明显西式家具的风格。圆桌面挖成海棠形，桌面框沿挖莲瓣纹饰，沿桌面边缘又加浮雕一圈，束腰随面框造型做成海棠形。桌腿的肩部浮雕兽面纹，足脚做成兽爪型，六根桌腿下方连接一圆形浮雕踏板，与桌面相呼应，桌腿间装透雕松鼠葡萄纹牙板，整件器物造型端庄，装饰繁复，做工精巧，是民国红木仿西式家具的精品之作。

估　价：RMB 10,000–15,000
成交价：RMB 28,600
尺　寸：75 × 61cm 上海友谊 2002.12.02

民国・红木雕灵芝纹旋转圆桌

这件圆桌设计制作十分精巧，圆座、圆桌面和谐美丽，桌面由单柱支撑，柱子中部设计木轴，分两节：上节以三个灵芝花角牙支撑桌面，下节以三个灵芝站牙和三个西式圆柱抵住圆柱和轴托。下节圆柱顶端有轴，上节圆柱下端有圆孔套在轴上，桌面可左右转动。桌子的装饰使用了传统灵芝纹饰，底座六足，打框镶嵌透雕灵芝纹。这种清宫设计的特种家具，即使在清代宫廷也未普及，只有到了清末才有传出宫廷的可能，因此此桌应该是民国仿制。

估　价：无
成交价：RMB 9,900
尺　寸：78 × 78 × 82cm　天津文物　2004.06.24

民国・红木圆桌、凳（一套）

此套红木圆桌凳，桌面圆形攒框装面，桌面下挂装素圈牙，四条桌腿垂直落地，装在牙板内侧的桌面下，足脚挖成马蹄状，腿子渐行渐收，腿子间由环行枨承托一个圆形小桌面。圆凳的造型基本与圆桌相同，只是腿子略呈弧线形，腿子直接装在牙板上。整套桌凳形制秀巧，受西洋家具影响十分明显，是当时较有代表性的苏作家具。

估　价：RMB 50,000–70,000
成交价：RMB 0
尺　寸：不详　中国嘉德　2001.11.04

民国·红木嵌大理石圆桌

　　此桌是仿古家具,桌面为圆形,所使用的材料均是劈料,桌的底座为六边形,攒框而成支座,造型新颖别致,透露着十足的现代气息。

估　价:无
成交价:RMB 2,750
尺　寸:83×80×80cm 天津文物 2004.06.24

民国·红木鼓形圆桌、凳(一套)

　　这套桌凳完全以红木仿藤制家具,一桌五凳,桌凳样式一致,六开光,六足。整套器物纹饰简朴,做工精良,圆浑可爱,是民国同类器物中的精品之作。

估　价:无
成交价:RMB 8,800
尺　寸:桌76×76×76cm,椅34×34×35cm
　　　　天津文物 2004.06.24

民国·红木五开光圆桌、四开光坐墩（一套七件）

桌与墩的造型、装饰一致。墩的腹部开光作圆角方形，开光与座面和足底之间各起弦纹一道。腿子中间开鱼门洞，上下格肩，用插肩榫的造法与牙子相交，严密如一木生成，制作精良。整套家具上取消了鼓钉装饰，而在开光中装饰劈料攒花海棠纹，这种装饰模仿自藤墩的做法。此墩造型矬硕，文饰简朴，做工精良，圆浑可爱。

估　价：无
成交价：RMB 6,050
尺　寸：桌80×80×76cm，坐墩30×30×43cm
　　　　天津文物 2004.06.24

民国·红木透雕灵芝纹画桌

这件画桌形体并不太大，但是用的料头却十分大，因此显得格外的敦实厚重。桌面为传统冰盘沿攒框装板，打洼高束腰中间起双线，束腰下装托腮。三弯直腿与直牙格交，足脚浮雕灵芝纹饰并加装垫足，腿牙间加装透雕灵芝纹挂牙，整器规矩平整。

估　价：RMB 80,000
成交价：RMB 0
尺　寸：146cm 天津文物 2002.06.27

民国·铁力木雕灵芝画桌

　　这件器物是民国时期仿制的,明代原物为紫檀材质,现藏故宫博物院。此桌除了桌面外,通体浮雕灵芝纹,它的牙子和束腰虽有雕花,但与一般画桌尚没有太大的区别,其最有特点的地方在腿子上,这种大型的鼓腿膨牙形制除此之外还未得见,腿下又有横枨相连,横枨中部还翻出有灵芝纹组成的云头,整体造型上吸收了带卷书的几形结构,是明式同类家具中的特例。灵芝纹的雕刻又是此器物的另一大特点,灵芝朵朵大小相间,随意生发,丰腴圆润。郭葆昌由牛街蜡铺黄家得到这件器物后曾请人仿制,因缺少紫檀大料,故以铁力代之,因此原件及仿制品在民国时就十分有名。

估　价:RMB 400,000–600,000
成交价:RMB 0
尺　寸:高85cm 天津国际 2000.11.07

清末民国·紫檀雕花写字桌

　　这件书桌为双基座,紫檀材质,长方形桌面,装三只抽屉,桌面与两只基座可分离。基座为框架结构,上部装两只抽屉,下部为敞开式空间,设攒棂托板。桌面抽屉脸浮雕开光花卉纹饰,基座抽屉脸浮雕拐子螭龙纹图案,作为紫檀器物,此件属简约之作,在民国家具中是比较忠实于清式做工的器物。

估　价:RMB 220,000–280,000
成交价:RMB 0
尺　寸:高84.5cm 北京翰海 1994.09.19

清·紫檀浮雕福庆有余写字桌

　　书桌为双基座，紫檀材质，满工雕刻，长方形桌面，左右两侧基座各为一个带门小柜，柜足间镶刀头牙板。桌面设四屉，中间置膝处上方则为二长屉较两侧者略长。抽屉面板与侧板、柜门板、柜山板均浮雕拐子龙和"福庆有余"的纹饰。此款写字桌形制由架几案发展而来，又融合西式写字台的造型，造型典雅，雕饰图案，相配得体。

估　价：RMB 250,000–350,000
成交价：RMB 286,000
尺　寸：159 × 65.5 × 81cm 北京翰海 1998.08.02

民国·红木镶云石面写字台（带脚踏）

　　该书桌为架几式样，承几上部设两屉，下部为攒棂格亮格架。桌面设四屉，为攒框镶三块云石面，抽屉看脸浮作膨面，配有铜质拉手。此桌设脚踏，也是攒棂格而成。桌子整体可分割成四部分，非常便于运输。

估　价：无
成交价：RMB 6,600
尺　寸：170 × 80 × 84cm 天津文物 2004.06.24

民国·红木写字台（带脚踏）

该书桌为架几式样，承几上部设一屉，下部由亮格架改装成有门小柜。桌面设四屉，抽屉看脸浮做膨面，配有铜质拉手。此桌设脚踏，是攒棂格而成。桌子整体可分割成四部分，非常便于拼合运输。

估　价：无
成交价：RMB 0
尺　寸：137 × 68 × 82cm 天津文物 2004.06.24

蒋介石、宋美龄用办公桌椅（一套）

这套办公室书桌椅，系从美国辗转回归的政要名人家具。1998年美国纽约长岛孔祥熙故居售于地产商，遗留一些文物家具。地产商于1999年1月30日委托美国康州Braswell Galleies拍卖行举行了一场专拍。因宋美龄自1975年以来长期居住在孔宅，故该场专拍被定名为"蒋介石夫人旧居古董家具拍卖会"。拍卖会中最引人注目的就是这套名为蒋介石、宋美龄办公桌椅套件。书桌为双基座，中国柚木材质，满工雕刻，长方形桌面，左右两侧各有四个抽屉，中间置膝处上方则为一长屉。抽屉面板与拉手均精雕细刻传统的夔龙纹饰，达四十条之多，寓意"威严、吉祥、长寿"。采用平底浮雕法，浮雕之底面极其平整，非高手艺匠所能及。扶手椅，西方旋转椅子底座加中式扶手椅子形制，座椅靠背满工雕刻，由樟木制成，座面为棕色活动皮坐垫。座椅之靠背扶手及椅脚，透雕有夔龙20条。四根粗大夔龙造型椅脚分外突出显眼。此款桌椅套件形制为中西合璧，造型典雅，雕饰图案，相配得体。

估　价：无
成交价：RMB 3,080,000
尺　寸：不详 北京传是 2004.06.25

353

民国·黄花梨翘头案

　　案为圆材，夹头榫，素牙头，小翘头，横枨两根，枨间不装绦环板，枨上、枨下也无牙头或牙条，在基本形式中应属最简单的式样。传世的此类明式条案，不论是木制的还是木胎髹漆的，平头的还是翘头的，均以此式最为常见。朴质简练，平淡耐看，乃其特点。

估　价：RMB 80,000
成交价：RMB 0
尺　寸：不详 天津文物 2004.11.15

民国·红木下卷绦璧纹平头案

　　这件小条案案面下卷书式样，下卷弧度圆润，卷头尽端饰以灵芝纹，以攒框绦璧纹做牙板，桌腿双起棱，并施以浮雕纹饰，整件器物给人以玲珑、轻盈的感觉。两腿间以横枨相连，装券口和牙板。此类下卷式条案为清晚期最为成功、最具代表性的苏作家具式样，这件器物当属同类型器物中的上品。

估　价：无
成交价：RMB 3,850
尺　寸：120 × 40 × 83cm 天津文物 2004.06.24

民国·红木竹节纹下卷平头案

　　这件小条案案面下卷书式样，案面边框和腿子刻制成竹节式样，竹节形象逼真，下卷弧度圆润，卷头尽端饰以透雕葡萄纹，与腿间挂牙纹饰主题一致，前后腿子间装双横枨，由此形成长方形空间，在其中装四只锼云纹坠角牙，四牙攒接构成近乎菱形的图案，通体风格轻灵细巧，巧妙地将西洋纹饰与中国造型结合在一起，属上乘之作。

估　价：RMB 20,000–28,000
成交价：RMB 24,200
尺　寸：高 85cm　天津国际　2000.11.07

民国·红木灵芝纹大条案

　　这件大条案为夹头榫做法，案面下卷书式样，下卷弧度圆润，卷头尽端饰以灵芝纹，同样以透雕灵芝纹做牙板，桌腿双起棱，并施以浮雕纹饰，整件器物给人以玲珑、轻盈的感觉。两腿间以横枨相连，装券口和牙板。此类下卷式条案为清晚期最为成功、最具代表性的苏作家具式样。

估　价：无
成交价：RMB 3,520
尺　寸：240 × 46 × 105cm　天津文物　2004.06.24

民国·竹节案

　　此为下卷式案,直角"S"形板腿与案面垂直交接,足向外卷翻,结构简洁明了。除板足上方挖方孔外,器物通体浮雕成竹节状纹饰,浑然一体,风格素朴又不失华丽的风尚。

估　价: RMB 8,000
成交价: RMB 0
尺　寸: 80 × 120cm　安徽拍卖 2006.07.09

民国·花梨木嵌瓷板榻

　　此榻为攒框五屏风罗汉床式样,但与罗汉床相比要窄许多。床身为"四面平"粽角榫结构,板面硬屉,直腿下接回纹马蹄足。围子为方材攒框装板,两侧围屏上缘设搁臂,这个小配件的出现,标志其功能发生了根本的改变。板芯挖缺嵌五块粉彩山水民国瓷板。下配镂空卷草花卉条牙,侧面装横枨和绦环板、刀头牙,典型民国做工。因此榻带有明确纪年署款民国瓷板,可判定具体年代,是研究清末民国家具发展状况的重要依据,极具断代价值。

估　价: RMB 30,000–50,000
成交价: RMB 0
尺　寸: 57 × 178 × 83cm　太平洋国际 2003.07.09

民国·红木云石美人榻

　　美人榻是清末民国时期借鉴西式家具出现的一种新型家具，它可坐可卧，类似于传统的罗汉床或三人椅，但又较罗汉床体量小，罗汉床的床盘与围子可以分离拆卸，而美人榻则上下一体，往往做得十分华丽，是卧室和起居室里比较引人注目的家具。这件美人榻的下部全为西式风格与结构，榻面上部则全为中式风格。榻面两侧装靠枕，枕头外侧造型近于"浮云托日"，并装有云石。靠背为攒框，中间有椭圆形开光装云石板。总之，这件器物是中西家具因素结合比较成功的范例。

估　价：RMB 25,000
成交价：RMB 0
尺　寸：不详 天津文物 2002.06.27

清末民国·红木席面美人榻

　　这是件完全中式风格的美人榻,榻身攒框结构,四面平直,正面装绦璧纹横枨,这种枨子在清末家具中十分常见。枨子间设旋木小柱与榻面连接,在枨子两端装镂空绳纹角牙,榻的两侧和后面以直枨和装板连接榻面构成稳定结构,榻足挖成内卷球足,腿足间由圆枨固定前后两腿。榻面上两侧设卷席靠枕,灵芝形堵头,靠背为五屏式样,中间一屏为圆形"浮云托日"式样,两侧为阶梯状的方形,五屏分别为攒框装画板,风格典雅纤巧,做工精细,是民国时期的家具精品。

估　价:RMB 12,000
成交价:RMB 0
尺　寸:不详　天津文物 2002.06.27

民国·红木凉榻

　　此榻在榻面以上两头扶手处设靠枕,内面设攒框单屏,栏杆上缘向外侧卷倾,框内设镂空卡子花。榻身直材边抹搭接,直腿内翻回纹马蹄足,榻身上装饰攒框拐子纹,榻面和靠枕为板面硬屉。整体风格轻盈秀丽,是民国时期难得的家具精品。

估　价:RMB 15,000-18,000
成交价:RMB 0
尺　寸:180 × 59 × 66cm　太平洋国际 2002.04.22

民国·红木卷枕美人榻

　　榻一般指只有床身，其上别无装置的、比较小型轻便的卧具。此榻叫美人榻的原因在于榻面以上的结构来自于西式家具，首先在一头设卷式靠枕，侧面设依次增高的攒框单屏，榻身边抹搭接，直腿内卷足，榻身上装饰攒框拐子纹，榻面和靠枕为细藤软屉。整体风格轻盈秀丽，中西结合，具有浓厚的东方韵味，是民国时期难得的家具精品。

估　价：RMB 25,000-30,000
成交价：RMB 0
尺　寸：179 × 79 × 81cm　山东光大　2004.08.29

民国·红木透雕旋木柱三栏杆床

　　此床四足与床头立柱上下贯通，以旋木倒棱方式做成分节式；床两端挡板均采用透雕加旋木拦柱手法；大床里侧加栏杆，上端接弓形枕木。床顶由横枨相连，正面装飘檐，床顶横枨下挂装缠绳纹镂空牙板。此床既采用了传统架子床形式，又把西洋家具的装饰和结构巧妙结合起来，整体造型雅致明快，毫无穿凿附会之感。

估　　价：RMB 60,000－80,000
成交价：RMB 0
尺　　寸：不详 天津国际 2000.11.07

民国·红木装玻璃门多宝格

　　这件不规则的多宝格所用框材均打洼起线。格体大体可分为左右两个部分，右侧较高，装两扇对开门，左则部分较矮，对开门左小右大，并不对称。格子攒框做成，均为标准直角的几何空间，格子前后左右打槽装玻璃，通透而不着灰尘。格子托架直腿浮雕内翻回纹马蹄，看面加装绦壁形横枨，极具装饰效果。简洁大方，巧妙地使用玻璃，是这件多宝格的可贵之处。

估　价：RMB 20,000-30,000
成交价：RMB 22,000
尺　寸：153 × 137 × 31cm　中鸿信 2001.06.29

民国·红木小多宝格

　　这是一只很朴素的小多宝格，是摆放在橱、案上陈设古玩所用的。上格下橱，布局左右对称，造型方正，上方为无背板全敞开的格子，格子都是规整的矩形，简洁而大方。中部设两只抽屉，下部是一对硬挤式攒框门。全素材，没有任何装饰。

估　价：RMB 2,000–3,500
成交价：RMB 4,840
尺　寸：79 × 28 × 91cm　上海国拍　2001.06.10

民国·红木多宝格（一对）

　　这对多宝格为红木材质，齐头立方式样。制作者熟练地把握住繁简关系，令其繁而不俗，雕饰多为有韵律的纹饰。此对多宝格正面开18洞、8扇柜门、共有12只抽屉，格子都是规整的矩形，简洁而大方。为了保证雕饰的完整性，抽屉和柜门均装很小的金属拉手。攒框底足设计很有特点。在风格上它承袭了清代宫廷绚丽华贵的气息和工艺精湛的特点。

估　价：无
成交价：RMB 9,350
尺　寸：220 × 114 × 35cm　天津文物　2004.06.24

民国·红木竹节多宝格（一对）

　　这对仿古家具是古代没有的形制,完全是现代人的设计。多宝格所有的边框材都雕成了竹节状,器物的大部分是全敞开式样,只有屉子和小柜部分装有背板,中间隔腰一对大抽屉和柜门上浮雕花卉图案,与秀雅的器身和竹节共同构成了文雅之气。

估　价:无
成交价:RMB 7,700
尺　寸:34×190×88cm　天津文物　2004.06.24

民国·红木八仙纹多宝格（一对）

　　这是一对亮格柜式样的多宝格,上方为有背板半敞开的格子,格子都是规整的矩形,简洁而大方。每件中部设两只抽屉,下部是一对硬挤式攒框门,门上浮雕八仙故事画,刻工极为精美。但造型过于规矩,稳重有余,多宝格的灵巧特点没有突出出来。

估　价：无
成交价：RMB 7,700
尺　寸：193×100×35cm 天津文物 2004.06.24

民国·红木多宝格（一对）

　　这对多宝格可以算得上中西结合式样的器物，柜身分三节制作，组合陈设，下部设柜，中部设带抽屉和小门的多宝格，这两部分基本沿袭了清式多宝格的传统。而在上方增加一对对开门顶箱，这在传统的同类器物中是没有见过的，看来制作者是要突出其储物的功能，而多宝格的功能被大大压缩了。柜子下方不是直腿落地，而是另做托座，总之由这对多宝格子可以看出民国家具组合化发展的倾向十分明显。

民国·榆木多宝格（一对）

　　这对简洁的多宝格，上部为敞开式不规则形式，组合使用构成一个左右对称的整体，器物整体通透，除了两侧角部的小柜外，舍弃了清式多宝格常见的浮华装饰，功能突出，弱化了格架本身的装饰效果，陈设器物以后会使所陈古玩更加突出。

估　价：无
成交价：RMB 13,200
尺　寸：210 × 75 × 30cm 天津文物 2004.06.24

估　价：无
成交价：RMB 1,100
尺　寸：30 × 182 × 95cm 天津文物 2004.06.24

清末民国·花梨木亮格柜

　　这是一件十分罕见的家具，柜子本身就具有很高的装饰性，它一反传统柜类家具外形规整的模式，极尽所能地在外形设计上打破"平直"。柜子从上至下依次可分作五个部分：带飘檐仿西式大理石雕的柜帽；四面装玻璃对开门带左右耳牙的小亮格；柜身主体中分两层，下层为不透明的实柜，上层为四面装玻璃带隔板的亮格；一对四面缩进的小抽屉；弯腿厚面托座。这件家具上所反映出的设计理念已经完全打破了传统，应该是受到西方室内设计的影响所致，因此这是一件值得研究的家具。

估　价：RMB 5,000–8,000
成交价：RMB 0
尺　寸：191 × 84cm　蓝天国际　2001.12.06

民国·红木万历柜（一对）

　　亮格柜有一种比较特殊的式样，上为亮格一层，中为柜子。柜身无足，柜下另有一具矮几支撑着它。凡属此种形式的，北京匠师名之曰"万历柜"或"万历格"。南方并未见到此种亮格柜。看来这是官宦好古之家用以陈置储藏文物的一种家具，因而在北京反而多于南方城镇。这对万历柜是民国时期完全仿自清代中期的作品。亮格有后背板，三面券口及栏杆都透雕拐子龙纹。它的轮廓在转角处稍有起伏，那是从壶门变化出来的。每扇柜门中间加抹头一根，上下分成两格，装板为外刷槽落膛踩鼓。上格方形，委角方框中套圆光，透雕盘曲的螭龙纹，四角用云纹填实。下格略呈长方形，浮雕回纹图案。底座几子在牙子挖成壶门上雕拐子纹。柜内有隔层，并安抽屉两具。做工精细，刻工一般。木材经过染色，颜色有些生硬。

估　价：无
成交价：RMB 7,150
尺　寸：188 × 107 × 44cm　天津文物　2004.06.24

民国·黄花梨镶嵌黄杨、象牙婴戏纹玻璃书柜

　　顾名思义，书柜是以存放图书为目的柜具，传统家具中没有书柜这一类，往往是以亮格架摆放图书。民国以后，伴随着西式图书印刷装帧样式传入中国，传统亮格架逐步被西式书柜所取代。西式书柜既方便取用，又有利于防尘，很快取代亮格架并流行开来。这对书柜的形制基本来自于传统的方角柜，只是柜子的厚度变窄了。柜门为硬挤式样，对开，值得注意的是柜门的安装方式，不是使用合页，而是采用了木轴门的装门方式。门为攒框，装饰着镂花圈口，镶以玻璃，使门内的架格上的书籍一览无余。中间设两只抽屉，抽屉脸加浮雕装饰。再下的柜膛装一对攒框硬挤门，门板镶嵌黄杨、象牙婴戏纹，最下层腿足间装挖缺浮雕宽牙板，具有很高的欣赏价值。

估　价：无
成交价：RMB 7,150
尺　寸：199 × 100 × 35cm 天津文物 2004.06.24

民国·红木镶玻璃书柜（一对）

　　这对书柜的形制基本来自于传统的方角柜，柜门为硬挤式样，对开，值得注意的是柜门的安装方式，不是使用合页，而是采用了木轴门的装门方式。门为攒框，装饰着卡子花承托的圆角木框，镶以玻璃，使门内的架格上的书籍一览无余。柜下设两只抽屉，其下装透雕绦环板，使柜膛抬高，空气流通有利于防潮，由此可见这对书柜当出自于近代南方匠人之手。

估　价：无
成交价：RMB 8,800
尺　寸：43 × 189 × 99.5cm 天津文物 2004.06.24

民国·红木镶玻璃书柜（一对）

　　这对书柜的形制基本来自于传统的圆角柜，有柜帽，所有材料外缘倒成素混圆面。柜门为硬挤式样，对开木轴门。门为攒框，装饰着卡子花承托的圆角木框，镶以玻璃，使门内的架格上的书籍一览无余。柜下设两只抽屉，其下装刀头板，整体风格简洁流畅、实用大方。

估　价：无
成交价：RMB 8,800
尺　寸：183 × 96 × 42cm　天津文物　2004.06.24

民国·花梨木嵌骨方角柜

　　这件方角柜沿用传统方角柜的造型，只不过在下部设了较为宽大的柜膛，柜子的雕花垂肚牙板很宽，腿子很高，说明是南方所制。柜门和柜膛板以圆雕骨嵌做出三幅花鸟图画，十分精美，说明这只柜子是宁波所制，堪称同类制品中的精品。

估　价：RMB 25,000
成交价：RMB 0
尺　寸：不详　天津文物　2002.06.27

民国·花梨嵌骨梅兰竹菊四件柜

　　这对四件柜，顶箱对开门左右设柜膛板，看上去如同四开门式，柜门光素。下部对开门，门板上装饰嵌骨梅兰竹菊图。柜膛处设一只抽屉，左右装板与抽屉脸形成三幅画面，也以骨嵌纹饰装饰。高腿间装窄牙。通体以骨嵌装饰框边。工艺精细，装饰华丽，是宁波骨嵌家具中通行的做法。

估　价：RMB 60,000-80,000
成交价：RMB 0
尺　寸：高235cm　中国嘉德　1998.10.28

红木三节柜

　　柜为方角柜式样，分三节可拆卸，三节均装带门闩杆的对开门，腿足间设素牙。下层柜上装两只抽屉，门板和抽屉脸以落膛踩鼓作装饰，是实柜。中层柜门装玻璃，柜内有一层搁板。上层门框内设子框配以精美的透雕卡子花，并装玻璃。整件器物的框材打洼起线，光素精美，洁净文雅，而且更为实用。

估　价：RMB 15,000-18,000
成交价：RMB 0
尺　寸：118 × 52 × 210cm　山东光大　2004.08.29

民国·红木三节柜

　　这件三节柜与上面介绍的一件工艺结构基本一致，但末节的尺寸、装饰不同，说明二者的功能也不尽相同，风格更是相差很远。下层小柜充当柜座，对开门，左右装柜膛板，板面光素。中层与上层尺寸基本一致，都是对开门，上层门板是做椭圆开光装玻璃，中层则是浮雕博古纹饰板芯。此柜十分注意实用和装饰效果，是民国时期同类器物中的一流作品。

估　价：RMB 20,000－40,000
成交价：RMB 0
尺　寸：高 222cm　天津国际　2000.11.07

民国·红木大衣柜

　　这件大型衣柜在结构上与传统器物有本质的区别，它左右设门，柜膛和抽屉置于中间，柜内空间分割更加合理。素雅的柜帽和圈足，与光素的柜身完美和谐。这种衣柜造型至今仍在流行，是人们日常生活中常用的家具。

估　价：RMB 8,000－12,000
成交价：RMB 8,800
尺　寸：145 × 53 × 203cm　天津国际　2004.11.18

民国·红木汤台

　　这是一件卧室洗漱用家具，在功能上与传统的盆架接近。整件汤台的造型和装饰完全是中西结合的样式，汤台的本身与传统的"裙裤桌"造型非常近似，两边设抽屉，中间的抽屉取消，以便台面开洞将脸盆卧下，下设攒框足踏。台面上装四柱栏杆及镜子，形制又同于西式的穿衣镜，在功能和性质上结合得非常完美。这种中西结合的特殊家具形制，是海派家具中的精品。

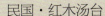

估　价：RMB 8,000–12,000
成交价：RMB 0
尺　寸：80 × 48 × 153cm　山东光大　2004.08.29

民国·红木多层叠落式梳妆台桌

　　此台桌可分作两部分，下面的结构类似于带柜的写字桌，八只桌腿与浮雕葡萄纹鼓牙相连。桌屉作两头沉式，中部空间设一对开门缩进小柜。桌面上部为一套梳妆设施，中间竖一面大镜子，镜下托板雕有番草葡萄纹，镜两侧各有馊空番草花板，再下各有两层小巧的台、屉用以盛放各种梳妆用具。这种台桌除主要在梳妆时使用外，还可在其上做针线活或写字等，桌屉较多，可以储放各种琐碎的零物，是一种典型的组合式家具。它把桌子和梳妆台有机结合起来，体现了家具发展的新风格，同时也说明中国家具艺术这时已走上中西结合的道路，造型和制作工艺上呈现出明显的双重性。

估　价：RMB 12,000–25,000
成交价：RMB 0
尺　寸：204 × 120cm　蓝天国际　2001.12.06

民国·红木欧式梳妆台

这是一件西式梳妆台，主体为敞开亮格式样。结构大体可分为上下两部分，台面以上是镜架部分，由雕花攒框板组成，纹饰仿自西方。下正中设有一屉一柜，周边均为亮格。正中的抽屉脸和柜门也浮雕有花纹装饰，与上部的纹饰形成呼应，造型大气。

估　价：无
成交价：RMB 6,050
尺　寸：217 × 109 × 43cm　天津文物　2004.06.24

民国·红木玻璃酒柜

酒柜是客厅陈设家具，在中国古典家具形制中本来是没有的，是清末民国时期由西方传入中国的，因此早期的酒柜保留有很强的法式或者意式的风格。酒柜平面一般呈六边形，六足，看面有三个面，西式的柜子一般有很复杂的柜帽结构。此柜的柜帽就是完全仿自"洛可可"式的装饰风格，浮雕与透雕结合，状如冠饰。柜身为"亮格"式，在边框上镶有玻璃，背板上装有玻璃镜，使整个柜膛通透明亮。柜子下方设一抽屉，再下为类似中国家具中的"鼓腿膨牙"兽足型三弯腿，整只柜子的视觉效果稳健华丽。

估　价：无
成交价：RMB 7,700
尺　寸：211 × 117 × 49cm　天津文物　2004.06.24

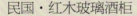

民国·红木玻璃酒柜

这件酒柜也是平面呈六边形、六足、看面有三个面的式样。柜帽的装饰风格"中西合璧",浮雕与透雕结合,结构上是西式的,而纹饰图样则是中国式样。柜身为"亮格"式,在边框上镶有玻璃,背板上装有玻璃镜,只是下边装有柜门,上面的亮格略显狭小,虽然居家很实用,但在造型上有点不伦不类。

估　价:无
成交价:RMB 6,600
尺　寸:276 × 111 × 50cm 天津文物 2004.06.24

民国·红木玻璃酒柜

这件酒柜基本和上面的一例相同,平面呈六边形,六足,看面有三个面。柜帽和正面柜门的装饰风格完全仿自"洛可可"式的装饰风格,浮雕与透雕结合。柜身为全"亮格"式,在边框上镶有玻璃,背板上装有玻璃镜,下边省去了抽屉和柜子的结构,因此抬高了三弯腿子的高度,为了增加腿子间的稳定性,加上了中国"月牙桌"式的横枨,非常气派。

估　价:无
成交价:RMB 6,600
尺　寸:不详 天津文物 2004.06.24

铁力木座面红木小钱柜

　　此柜为古人作钱柜用，上为素混面攒框装石面，体重质沉。面下有四根素圆柱承托，柱间装满工深浮雕花卉人物，在花卉中暗藏四屉，可谓巧夺天工。旋木圆腿托起整个柜身，造型虽然简洁，却极具装饰效果，同类器物极为罕见。

估　价：RMB 3,000–6,000
成交价：RMB 0
尺　寸：80 × 40 × 47 cm　太平洋国际　2003.07.09

民国·紫檀雕人物双面插屏

　　插屏为紫檀材质，通体装饰华丽繁杂，屏芯装板运用双面透雕的手法，生动地刻画出渔、樵、耕、读四个人物形象，同时以嵌金丝的工艺来展现人物衣饰的纹理，极为生动传神。

估　价：RMB 3,800–5,800
成交价：RMB 4,950
尺　寸：高103cm　北京传是　2004.11.22

民国·红木浮雕人物故事大地屏

此屏插屏式样，清式造型，用料之宽厚十分少见。屏风的框边、余塞、披水牙、站牙上均浮雕拐子回头纹饰。屏芯以减地浮雕山水楼阁人物故事图。整件屏风满布纹饰，虽刻工一流，但风格上略显细弱。

估　价：无
成交价：RMB 2,200
尺　寸：201 × 145cm　天津文物　2004.06.24

民国·红木牙雕插屏

此插屏清代形制，但带有明式风格，整器没有过多的装饰，突出线脚浑圆素雅之美，屏芯以象牙雕刻八仙人物图案，刻工精致，是民国时期不可多得的小型座屏精品。

估　价：RMB 2,000-5,000
成交价：RMB 7,700
尺　寸：高20.5cm　福建拍卖　2004.08.08

红木云石"啸乔奇山"插屏

　　此屏是一件造型为浮云托日的案上装饰陈设屏，红木胜形座，装饰镂空透雕变形螭纹，屏芯为圆形，加装光素的绦环板，精致玲珑的雕饰和恬淡拙朴的云石屏芯相配得非常文雅和谐，两相互衬美感雅趣极为强烈，神奇高逸。款署："啸乔奇山，二泉山民。"

估　价：RMB 20,000–22,000
成交价：RMB 0
尺　寸：高37cm 上海东方 2004.12.23

民国·红木云石"云横秋岭"插屏

　　此屏造型为浮云托日，界面高大宽广，云石苍润，五色纷呈，如山水云烟，纹理古朴淡雅，意境朦胧，峰峦云水极具水墨意趣。原配红木胜形座，装饰镂空透雕变形拐子纹，精致玲珑的雕饰和恬淡拙朴的云石屏芯相配得非常文静柔和，两相互衬美感雅趣极为强烈，神奇高逸。款识："云横秋岭，乙丑秋月□石山人。"乙丑估计为民国14年（1925）。

估　价：RMB 2,800–3,800
成交价：RMB 3,080
尺　寸：高70cm 蓝天国际 2003.08.26

民国·红木佛龛

　　此佛龛外形采用柜体式样,柜子立柱用材外圆内方,素混面板状座,有柜帽。佛龛正面由三根横枨分割空间,最上为浮雕绦环板,中部为四扇隔扇门,两侧对开,两门中间有合叶可折叠,最外两扇门装木轴固定在框材上,门子的设计十分精巧。门下有一块很窄的绦环板作装饰用,再下设抽屉用以储物。龛内做成台阶状,最上一层设圆柱两根,是供奉偶像的主要空间,可以摆放佛像、法器和供品。整件器物的外部造型并不像清式佛龛那样明显,比较隐晦,说明民国时期信仰已经开始转为私密行为。

估　价:RMB 5,000–8,000
成交价:RMB 13,750
尺　寸:高79.5cm 天津国际 2000.11.07

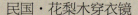

民国·花梨木穿衣镜

　　这种长条形的穿衣镜是西方传入的家具样式，而这面穿衣镜的总体结构有些类似于中国的带座屏风。其下部的座脚、绦环板和披水牙子都是来自于中式屏风的做法，而立柱和镜框的做法则纯粹仿自西式，特别是镜框上方还装饰一个帽状的装饰物，加之装饰花纹都来自西方，可以算得上"中西合璧"。

估　价：无
成交价：RMB 3,300
尺　寸：不详　天津文物　2004.06.24

民国·红木穿衣镜

　　这件穿衣镜堪称典范之作，它的结构也可分为上下两个部分，上部两根立柱支撑着镜框，镜框上下两端做成平行弧形，线条美观。支柱间设有雕花横枨相连，下部的多屉箱具最有特点，每只抽屉的大小不同，特别是左侧第二层抽屉做成弧形，打破了抽屉平均分配的布局，增加了变化美感，箱下设有圈足相托。整体风格大方、美观、实用。

估　价：无
成交价：RMB 4,400
尺　寸：110 × 43 × 216cm　天津文物　2004.06.24

民国·红木穿衣镜

　　这种长条形穿衣镜是民国时期才在中国流行的西式家具，西式穿衣镜传入中国，与中国原有的家具形式相结合，加之为硬木所制，手工精良，比之西方所制更为精致实用。这件器物就是一件典范之作，它的结构可分为上下两个部分，总体结构比较稳健简洁，上部两根立柱支撑着镜框，镜框上端做成弧形，线条美观。镜框有两个支点与立柱接触，说明镜面可以做角度调整。下部为中间小两头大的多屉箱具，有圈足相托。整体风格大方、美观、实用，没有过多的装饰，极具亲和力。

估　价：无
成交价：RMB 2,200
尺　寸：122×49cm 天津文物 2004.06.24

民国·红木镜台

　　这件粗硕的镜台，料头壮硕，气势豪华。此镜台有八足，中间的抽屉向外膨出，台面上设两只两足小屉，镜架由雕花框板组成。如此大件复杂的镜台一定是陈设在大间卧室之中，估计是为了烘托气势之需，并无太多的实用价值。

估　价：RMB 7,000-9,000
成交价：RMB 0
尺　寸：96 × 60 × 167cm　山东光大　2004.08.29

名词术语简释

家具制作和结构术语多源于各地民间口头称谓，经过王世襄先生整理和通译，目前已经逐渐形成标准化书面术语。本书说明中这些术语使用频繁，为了行文方便，在此统一作解释，便于读者理解。简释所收名词、术语依汉语拼音次序排列，有个别术语采用习惯写法，如：委角的"委"与"倭"同。

A

矮桌展腿：清代有束腰高桌形式之一。上部有如一张矮桌，一般腿牙相连有雕饰，其下腿足光素，貌若可分，实为一器。

矮老：短柱，多用在枨子和它的上部构件之间做连接使用。

案形结构：家具造型采用腿足缩进安装的造法，腿子不在桌面的四角。

暗抽屉：不安拉手，外表不明显，貌似装板的抽屉。

暗锁：钥匙孔被金属饰件遮盖，表面上不明显的锁。

凹面：一种装饰手法，即洼面，多使用在家具的看面构件上。

B

八宝：源于藏传佛教的一种装饰图案，以轮、螺、伞、盖、花、鱼、罐、肠为题材的图案，清代乾隆以后多见。

八仙桌：边长近于三尺的适宜坐八个人的大型方桌。

拔步床枨：床前有小廊的架子床，明末开始盛行于江南地区。

霸王枨：安在腿足上部内侧的斜枨。下端用勾挂榫与腿子接合，上端承托面板下的穿带。

白茬：用木材造成家具后，不打蜡或不上漆的家具。

白蜡：硬木家具烫蜡时所使用的白色蜂蜡。

白铜：铜、镍、锌的合金，用以制造家具上的金属配件。

百宝嵌：一种装饰工艺，用多种珍贵物料造成的花纹镶嵌，多施之于硬木家具或漆木器。

百衲包镶：一种装饰工艺，即包镶。

柏木：柏木色黄、质细、气馥、耐水、多节疤，故民间多用其做"柏木筲"。上好的棺木也用柏木，取其耐腐。传世的柏木家具有南北之分，"南柏"亦称"黄柏"，产于长江流域。其款式多为明式的披麻上漆里做工。黄柏之坚细者，可充黄杨用于镶嵌。以前人每提及黄柏家具，常有一种肃然起敬之态，可见其价值不菲。北柏色红多节。常有柏木所制形制高古之桌几传世，有元明风格。

板足：炕几、条几用厚板造成的足，或虽非厚板而貌似厚板的足。

半榫：榫眼不凿透，榫头不外露的榫卯。

半桌：宽度约相当于长度一半的长方桌案。

包角：镶钉在家具转角结合处的金属饰件。

包镶：用一般木材造胎骨、薄片硬木造贴面的家具。

宝座：带有靠背扶手的一种椅子，是显示尊贵身份的特殊坐具。

抱肩榫：有束腰家具腿足上部与牙条接合的榫卯。

笔管式棂格：使用圆材横竖直材接出仰俯"品"或"山"等字形的棂格。

算子：屏风边框内的方格木骨，以便糊纸或织物，多用一般木材制成。

边框：用大边及抹头，或用弧形弯材攒成的方形、长方形、圆形或其他形状的外框。

边抹：大边与抹头合称边抹，方形及长方形的边框由此二者构成。

边线：沿着构件的边缘造出高起的阳线或凹下去的平线或阴线。

鳔胶：又称"鳔"，用鱼鳔制成的胶。

冰裂纹：又称冰绽纹或开片纹。

冰盘沿：指边框外缘立面各种上展下收的线脚。

冰绽纹：摹仿天然冰裂的图案，有用短而直的木条做成冰裂状的镂格，也有用铜丝银线在板面上做镶嵌的，还有包镶时直接拼出的。

博古：以各种文玩器物为题材的装饰图案。

步步高赶枨：椅下分散枨子交接点的造法。前面踏脚枨最低，两侧枨子稍高，后面枨最高。

C

踩地：又称减地，为将花纹之外的地子做低，使花纹突出。

踩边：将面芯板四周做低，以便装入边框内缘的槽口。

草龙：装饰龙纹之一，肢尾旋转如卷草。

草席贴面硬屉：藤编软屉年久会破损，细藤工濒于失传，故自上世纪以来，家具店用木板粘贴草席来代替，是一种带破坏性的修配方法，眼下许多不是很讲究的仿古家具也使用这种方法。

侧脚：古建筑中使用的术语，说的是家具腿足下端向外撇开。

插肩榫：案形结体的两种基本造法之一。腿足上端出榫并开口，形成前后两片。前片切出斜肩，插入牙条为容纳斜肩而凿剔的槽。拍合后腿足表面与牙条平齐。

插门：官皮箱、药箱、书箱有时采用此种装置。独扇板门，下边裁榫，插入门口的榫眼内，推着可将门关好。门上一般安锁，或由安在箱顶的金属饰件将门扣牢。

插屏式围子：宝座、罗汉床的五屏风或七屏风围子，安装时正中一扇嵌插到左右两扇的边框槽口内，因与插屏式座屏风相似而得名。

插屏式座屏风：屏芯可装可卸的座屏风。底座立柱内侧有槽口，屏扇两侧有槽舌，可将屏扇嵌插到底座上。

插销：板条接合，两条格角相交处都开槽口，插入木销，用以代榫。

茶几：会客时摆放茶杯的高几，入清始流行，多置于两张椅子中间，当从香几演变而来。

柴木：硬木以外的一般杂木，言其价贱，可作柴烧用。

缠枝莲纹：一种装饰图案，有卷转枝叶的莲纹。

禅椅：可供僧人盘足趺坐的大椅。

铲地：又称减地，用光地突出浮雕花纹。须用铲刀铲出，故此得名。

长凳：无靠背狭长的凳子。

朝衣柜：柜门两旁有余塞板的宽大四件柜。

彻：民间的一种口头称呼，全部用某一种木材制成的家具称彻或满彻。如全用紫檀曰"彻紫檀"，全用黄花梨曰"满彻黄花梨"。

枨子：用在腿足之间的联结构件。

草花梨：是普通花梨里最差的一种，鬃眼大而松散，毫无油性光泽，质轻无华，美感极差。多为民国造型。

螭龙：螭纹的俗称。

螭纹：从龙纹变出的动物形象。一种说法是龙无角为"螭"，但有的螭纹有角。

抽屉：占用家具内部空间，安装可以推入抽出的容具。

抽屉脸：抽屉正面外露的部分。

橱：南方称柜子叫橱，是一种主要用以储物的家具。

杵榆：学名"坚桦"，古家具中偶见有用此木制几案者，形制高古者居多。杵榆质细同普通桦木，但重似紫檀，剖之色泽初白久红，耐磨受用。北京密云山中有几十年树龄者，粗只可盈握，可见成材时间极长。自古即为名贵木材，有"南檀北杵"之称。

穿带：贯穿面芯背面、出榫与大边的榫眼结合的木条。

穿销：木销贯穿构件的里皮，出榫与另一构件的榫眼结合，常在牙条等处使用。

穿衣镜：由独扇的座屏风演变而成，可以照出人体全身的长镜，清中期始渐流行。

床围子：安装在罗汉床、架子床床面上，近似短墙或栏杆的装置。

春凳：宽大的长凳。

攒：用纵横或斜直的短材，经过榫卯攒接拍合造成一个构件叫"攒"。

攒边打槽装板：大边及抹头的里口打槽，大边上凿眼，嵌装面芯板的边簧及穿带。桌案面及硬屉的凳面、椅盘等多用此造法。

D

褡裢桌：书桌的一种，由于中间的抽屉高，两旁低，使人联想到钱褡裢而得名。

搭脑：椅子后背最上的一根横木，因可供倚搭颈脑而得名。引申开来，其他家具上与此部位相似的构件也叫"搭脑"。

打洼：线脚的一种，即把构件的表面造成凹面。

打金胶：又称"打金脚"，漆木家具的一种装饰手法，即在纹饰的边缘贴金。

大边：四框如为长方形，长而出榫的两根为大边，如为正方形，出榫的两根为大边；如为圆形，外框的每一根都可称之为大边。

大格肩：格肩榫的三角尖插入与它相交的榫眼。

大面：长方形家具正面大于侧面，故正面为大面，侧面为小面。大面亦称"看面"。

大挖：用大料挖制弯形的构件曰"大挖"，一般指挖制鼓腿膨牙的腿足。

带：连结大边的横木，包括穿过面芯板底面的"穿带"及用在床榻椅凳的软屉下的"弯带"等。

挡板：有管脚枨或托子的炕案、条案，在枨子或托子之上，两足之间，打槽安装的木板，往往有雕饰。

倒棱：削去构件上的硬棱，使其柔和。

灯草线：饱满的阳线。

灯挂椅：靠背椅的一种，后背高而窄，似南方挂油灯盏的竹制灯挂而得名。

凳：无靠背坐具。

底枨：柜子最下一根打槽装底板的枨子。

底座：家具底部的座。

地伏：座屏风贴着地面的横木。

雕漆：是在素漆家具上反复上漆，少则八九十道，多则一二百道。每次在八成干时漆下一道，油完后，在表面描上画稿，以雕刻手法装饰所需花纹。然后阴干，使漆变硬。雕漆又名剔漆，有红、黄、绿、黑几种，以红色最多，又名剔红。

吊牌：吊挂在金属饰件上用作拉手的牌子，常在抽屉及柜门上使用。

吊头：案形结体家具，腿足缩进安装，案面探出在腿足之外的部分叫"吊头"。

叠涩：须弥座束腰上下依次向外宽出的各层叫"叠涩"。家具上的托腮可溯源至此。

顶柜：四件柜放在立柜之上的一件叫"顶柜"，亦名"顶箱"。

顶架：架子床的床顶叫"顶架"。

顶箱立柜：由顶箱和立柜组合成的柜子，即四件柜。

冬瓜桩：圈口的一种造型。四根木条中部都凸出，致使圈口的空当像北方常见的一种冬瓜，如口状。

斗：家具工艺造法之一，斗合、拼凑的意思。

斗簇：用大小木片、木块，经过镂锼雕刻，斗合成透空图案。

都承盘：盛放各种文具及小件文玩的案头用具。

独板：一是指厚板，如椅凳桌案的面，不用攒边法造成，而用厚板。二是指整板，如椅子靠背不用攒框分段装板法造成，而用一块整板。

断纹：漆器年久，表面上形成的天然裂纹。

堆灰：又名堆起，是在家具表面用漆灰堆成各式花纹，然后在花纹上加以雕刻，做进一步细加工，再经过髹饰或描金等工序，其特点是花纹隆起，高低错落，有如浮雕。

墩子：座屏风、衣架、灯台等底部为竖立木而设的略似桥形的厚重构件。

墩座：指墩子本身，或由两个墩子中施横木而构成的底座。

多宝格：可陈置多种文玩器物，有横竖间隔的清式架格。

垜边：顺着边抹底面外缘加贴的一根木条，藉以增加边抹看面的厚度。多用于裹腿做及一腿三牙罗锅枨式的家具。

E

鹅脖：椅子扶手下靠前的一根立木，往往与前足一木连做，少数为另木安装。

F

饭橱：苏州地区称放食物、餐具而有门安透棂的架格为"饭橱"。北方俗称"气死猫"。

方材：家具主要构件的断面为方形者称之为"方材"。

方凳：正方形的杌凳。

方角柜：上顶方正，四角为90度的柜子。

方桌：正方形的桌，包括八仙、六仙、四仙等。

扶手：设在坐具两侧，可以手扶及支撑肘臂的装置。

扶手椅：有靠背及扶手的椅子。

浮雕：表面高起的雕刻花纹。

福庆有余：清代乾隆时期开始流行的一种装饰图案，以蝙蝠、编磬、双鱼、拐子等为主的组合图案。

G

盖板：即"柜膛盖板"，简称"盖板"。

盖面：线脚名称，即"混面"或"凸面"。

赶枨：为了椅子腿的坚实，变换足端横枨、顺枨的高度，使榫眼分散。

杠箱：用穿杠由两人肩抬的大型提盒。

高拱罗锅枨：中部高起显著的罗锅枨，常见于一腿三牙方桌及酒桌或半桌。

高丽木：柞木的别称。明朝进贡物品档案中，即有"高丽木"一词，说明我国至少明代即用进口高丽木制作皇家物品。传世的高丽木家具多为清初式样，常与楸木配用，有其独特的做工。其木新剖面色泽呈土黄色，经烫蜡后极似黄花梨色，是当时北方物美价廉的家具用料。清宫造办处常用高丽木制作步辇杆、船椅、冰车等质轻而坚固的物品。高丽木有许多针尖状木射线。其另一90度剖面则呈片状斑纹，极有特色。与现代东北产的柞木相比，质重色红，这是区别二者的要点。

隔芯：隔扇式围屏上相当于格子门上"格眼"的一块，即最高大的一块。

格板：架格足间由横、顺枨及木板构成的隔层。

格肩：将榫子上端切出三角形或梯形的肩。

格肩榫：横材、竖材作丁字形接合，榫子上端切成三角形或梯形的肩，与榫眼相交为"格肩榫"。

格角榫：大边与抹头合口处，造出榫卯，并各斜切45度，为"格角榫"。

搁板：柜橱内的隔层板。

供案：案形结体的祭祀用案。

供桌：桌形结体的祭祀用桌。

鼓墩：一是指坐墩的别名，二是指桌腿下端鼓墩形的足。

鼓腿：向外鼓出的腿足。

鼓腿膨牙：有束腰家具形式之一。牙条与腿足自束腰以下向外膨出，腿足至下端又向内兜转，以大挖内翻马蹄结束。

瓜棱：摹仿瓜形的坐墩棱瓣。

瓜棱线：腿足分棱瓣的线脚，多见于无束腰方桌及圆角柜等家具上。

挂牙：即角牙。

挂檐：装在架子床床顶周围的装饰。

拐子：一种几何纹饰，是拐子纹的简称。回纹或主要由方转角构成的图案。

拐子龙：一种龙纹图案，从龙身生发出拐子纹，用以代替肢尾。

官帽椅：扶手椅中的一类，包括"四出头官帽椅"和不出头的"南官帽椅"。

官皮箱：一种常见的小型家具。底座上设抽屉，两开门，抽屉上有平盘及箱盖。从造型及其雕饰来看，应为梳妆用具。

关门钉：榫卯拍合后，为了使其固定而钻眼销入的木钉或竹钉。

管脚枨：贴近地面安装，能把家具腿足锁牢的枨子。

广作：广东制作的硬木家具，主要指清中期以来用红木、新花梨制的清式家具。

龟背锦：以六角格子纹为基础的图案，常见于木嵌或螺钿嵌。

鬼脸：形容黄花梨的天然纹理。

柜：以储藏为主要用途的有门家具。

柜帮：柜子两侧的立墙。

柜橱：一是指柜子的别名。二是指从闷户橱变化而来，且把抽屉下的闷仓改装为柜的家具。

柜帽：圆角柜柜顶向外突出的部分。

柜塞：有抽屉的闷户橱，因常摆在两柜之间而得名。

柜膛：指柜子里柜门之下到柜底之上一段空间。

滚凳：形似脚踏，安有活动轴棍，脚踏滚动，有利于血液循环，是一种健身家具。

裹腿枨：枨子高出腿足表面，四面交圈，仿佛将家具缠裹起来的一种造法。

裹腿做：采用裹腿枨造法的家具，北京匠师称之为"裹腿做"。

H

海棠式：取材于秋海棠花的造型。

核桃木：山西吕梁、太行二山盛产核桃，核桃木为晋作家具的上乘用材。该木经水磨烫蜡后，会有硬木般的光泽，其质细腻无比，易于雕刻，色泽灰淡柔和。其制品明清都有，大都为上乘之作，可用可藏。其木质特点为有细密似针尖状鬃眼并有浅黄细丝般的年轮，重量与榆木相近。

荷叶边：波折形构件的边缘，或称"荷叶边"。

荷叶托：镜架或镜台上承托铜镜的荷叶形木托。

合页门：钉有合页的门，多用于方角柜。

横枨：泛指连接任何两根立材的横木。

横拐子：矮面盆架连接中心轴片及可折叠足的短材。

红木：是最为常见的一种硬木，在清中后期才被广泛运用，此前则很少使用。红木之名是江浙和北方常用的名称，广东则称为"酸枝"。红木有新老之别，老者近于紫檀，但光泽较暗，颜色较浅，质地也不够致密，些许有些香气，但不及黄花梨浓郁。新红木颜色赤黄，有花纹，像黄花梨。二者显然不是一个树种，现代植物学家一般认为孔雀豆就是红木，现在看传世的红木家具，也有黄檀属、紫檀属的树种材料被称为红木的。因此，可以说红木材料的概念是比较宽泛的，并非特指一种材料。老红木为清中期至上世纪初硬木家具的主要用材，新红木为现代硬木家具用材之一，从东南亚进口。

壶瓶牙子：即座屏风、衣架等家具上的"站牙"，又称"桨腿"。两块从前后抵夹立柱，外形似壶瓶（即葫芦瓶）而得名。

胡床：东汉时从西域传来的交脚坐具，乃交杌、交椅的前身。

花梨木：属豆科红豆属乔木树种，是自清晚期始至今一直在进口使用的一种花梨。其木幅宽，易加工，油性小，无鬼脸，少花纹，但也会有较浅的条状光斑。花梨鬃眼排列疏散，个体短粗，常呈长圆点状，似缩小的大米粒。比重近似黄花梨，但外观不如其致密光润。新剖面颜色艳红，略有香气。鉴别要点是无黑髓线，无鱼肉纹，不细腻，鬃眼较粗短，少油脂感。花梨木制作的家具多为晚清式样。偶有明式样子，也是民国仿明，其比例、做工多似是而非。苏州人常称花梨为"香红木"，因其剖切时会出香味，而老红木则出酸味。

花牙子：有雕饰的牙子，亦可简称花牙。

桦木：产于东北、华北、辽东和西北地区，木质细腻，淡白微黄，纤维抗剪力差，易"齐茬断"。桦分两种，一为白桦，呈黄白色；二为枫桦，呈淡红褐色，木质略比白桦重。总起来说，桦木木质略重且硬，其根部及节结处多花纹，古人常用其做门芯等装饰。惟其木多汁，成材后多变形，故绝少见全部用桦木制成的桌椅。

黄花梨：明至清前期硬木家具的主要用材。原产中国海南岛，当地称之为"降香木"，是檀属乔木树种。近年来为区分其他近似的树种定名为"降香黄檀"，木质分边材和芯材，颜色从边到芯由浅黄褐色、灰黄褐色到红褐色、紫红褐色，芯材多红褐色、深红褐色或紫红褐色，杂有黑褐色条纹，材质坚实，花纹美丽，有香味。清中期以前是古典高档家具主要使用的材料，清中期以后由于木材匮乏就很少使用了。近年来在海南还发现一种边材和芯材无颜色差异的檀木树种，被称为"海南黄檀"，这种檀木在古代家具中很少见。因此，传统意义上的黄花梨就是指"降香黄檀"。

黄杨木：木质坚致，因其难长故无大料。通常用以制作木梳及刻印之用。用于家具则多作镶嵌或雕刻等装饰材料，未见有整件黄杨木家具。黄杨木色彩艳丽，佳者色如蛋黄，尤其镶嵌在紫檀等深色木器上，形成强烈色彩对比，互相映衬，异常美观。

回纹：以回纹为基础的图案，如连接起来可无休止地延长。回纹及其变体纹样北京匠师通称"拐子"。

混面：线脚的名称，即高起的素凸面。

混面起边线：两边为阳线，中夹混面，断面为凸。

混面压边线：两边为平线，中夹混面，断面为凸。

活面棋桌：备有活动桌面的棋桌。揭去桌面，下为棋局。盖上桌面，可作一般桌子使用。

J

几腿案：即架几案。

鸡翅木：红木类中的一种，有紫褐色深浅花纹的硬木。鸡翅木家具传世量虽然不多，但其名气却不小，家具中所见可以分作新老两种。传统所记载老鸡翅木产于海南岛，又称"相思木"（因子实为相思豆而得名），属红豆属树种，老鸡翅木材分量较轻，木质松脆无性，易切削。紫褐色深浅相间成纹，尤其是纵切而微斜的剖面，纤细浮动，给人以羽毛灿烂闪耀的感觉。老鸡翅木清代中期以后在家具中就十分罕见了。新鸡翅木自清代中期以来，至今仍在使用。新鸡翅木也是红豆属树种，但其木质不如老鸡翅木，木质粗糙，用于刨刮时有颗粒状结晶树脂，易伤眼睛及刃具，木性较大。新鸡翅黑质黄章，通体有片片黄斑、红斑，不甚匀净，纹理往往混浊不清，僵直无旋转之势，且木丝容易翘裂起茬。近有某贾自福建贩回大量鸡翅木家具，造型多为明清之际福建风格。福建地区生有大量鸡翅木树种，当地称为花梨木。鸡翅木纹理极似铁力木，许多人因此困惑。其实二者有本质不同，铁力木纹理是由鬃眼排列形成,用指甲划之有高低不平感;鸡翅木纹理则为不同颜色的木质对比形成,用指甲触之则平滑无碍。另外,铁力重而鸡翅轻,铁力纹理阔大平缓,而鸡翅纹理细密纷繁,在短距离内即有抖动感。

脊线:在构件上高起的线或棱。

夹头榫:案形结体家具的基本造法之一。腿足上端出榫并开口,中夹牙条、牙头,出榫与案面底面的榫眼接合。

架格:四足中加横板作隔层,具备存放与陈设两种功能的家具。

架几案:面板下用两几支架的长案。

架子床:床上立柱,上承床顶,立柱间安围子的床。

减地:雕刻术语,减去地子的高度,使花纹高出。

剑脊棱:中间起棱,两旁成斜坡,形如宝剑的线脚。

交圈:不同构件的线和面,上下左右连贯衔接,浑然一气,周转如圈,是谓"交圈"。

交杌:即马闸,可以折叠的交足杌凳。

交椅:可以折叠的交足椅子。

脚踏:床前或宝座前供人踏脚的矮凳。

角牙:安装在两构件相交成角处的牙子。

轿箱:搭置在两根轿杠之上,可随轿出行的小箱。

轿椅:肩舆的一种,椅两旁夹杠,由两人在前后抬行。

金漆:即所谓的"罩金髹",木胎漆地上贴金箔,上面再罩透明漆。

锦地:浮雕花纹以外的空隙,刻锦纹作为地子。

京作:指晚清、民国时期北京制造的硬木家具。造型庸俗,花纹繁琐,榫卯草率,全靠胶粘,受潮便散,是传统硬木家具的末流。

京做:指明清两代以北京皇宫造办处为主制作的硬木家具。

井字棂格:用"井"字或由此变化出来的图案所造成的棂格。

镜架:木框内设镜架,上放铜镜,可以支起放下的梳妆用具。

镜台:台座安抽屉,上有铜镜支架,可以支起放下的梳妆用具。

镜箱:南宋时流行的一种梳妆用具,是"官皮箱"的前身。

酒桌:明代饮膳用的小型长方桌案,多作案形结体,但北京匠师习惯称之为"酒桌"。

臼窝:容纳木轴门门轴的圆孔。

榉木:是江浙地区民间最常用的上等木材,北方称之为"南榆"、"榉榆",常简写成"椐木",属榆科植物。浙东地区以色泽橙黄、木纹疏朗清晰的黄椐为特色;苏南一带则以颜色红橙、纹理构造重叠细密的最为称重,这种椐木,民间又称血椐,材质有层层如山峦重叠般的大花纹,苏州木工称之为"宝塔纹",其纹理确与北方的榆木极似,惟鬃眼细密集中整齐。而北榆鬃眼松散,色淡黄,质较软。还有一种椐树,在有些部位锯开后呈现出极细密的淡色髓线,类似鸡翅木的纹理,民间称它鸡翅椐;多见的还有白椐,色泽比较浅淡,木质不如上述品种那样坚韧。江浙地区盛产椐木,为苏式家具的产生和形成提供了广泛的用材基础,是苏式家具最为常见的材料。

卷草:以旋转的蔓草为题材的图案。

卷书:一是指几形结体家具,板足到地后向内或向外卷转的部分叫"卷书"。二是指宝座或椅子搭脑正中出现向后卷转的部分也称"卷书"。

卷叶:雕刻在三弯腿足端向上翻卷的叶状装饰,常在香几的足上出现。

卷云纹:形象完整、左右对称而卷转的云纹。

K

开光:家具上界出框格,内施雕刻,或经镂挖任其空透,或安圈口,内镶文木或文石等,均可称之为"开光"。

开孔:家具上镂孔、挖洞或称"开孔",如挖束腰上的鱼门洞。

看面:一是指家具的正面及大面为"看面",因一般总是正面露在外面。二是指构件外露容易被人看见的一面也叫"看面"。

炕案:炕上使用,案形结体的狭长矮案。

炕柜:炕上使用的小柜。

炕几:炕上使用,几形或桌形结体的狭长矮桌。

炕桌:矮形的小长方桌。

栲栳样:圆靠背的圈椅或交椅,宋代称"栲栳样"。

靠背:椅子或宝座供人背靠的部分。

靠背椅：只有靠背，没有扶手的椅子。

靠山摆：长案或长几贴着厅堂隔间的山墙摆放称作"靠山摆"。

空心十字：用攒接方法造成的图案，花纹透空处形成十字。

款彩：又名大雕填、刻灰。一般在漆灰之上油黑漆数遍，干后在漆地上描画画稿。然后把花纹轮廓内的漆地用刀挖去，保留花纹轮廓。刻挖的深度一般至漆灰为止，故名刻灰。然后在低陷的花纹内根据纹饰需要填以不同颜色的油彩或金、银等，形成绚丽多彩的画面。特点是花纹低于轮廓表面，在感觉上，类似木刻板画，多用此来装饰围屏。

葵瓣式：形似花瓣但不出尖的花纹式样。

壸门：唐宋时常常用在须弥座及床座上的开光。

壸门式轮廓：锼成壸门式形状的轮廓。

壸门式券口牙子：锼成壸门式轮廓的券口牙子。

壸门牙条：锼出壸门顶尖及曲线的牙条。

L

拦水线：沿着桌案面的边缘起阳线，借以防止汤水倾仄，流污衣衫。

老红木：红木作为珍贵难求的紫檀和日渐枯竭的黄花梨的代用品，已开始大量从南洋进口。清代古籍中称红木为"紫榆"、"酸枝"或"孙枝"，现在广东人仍称其为"酸枝"。红木是江浙以北的称呼，今人则冠以"老"字以区别于新红木。清代红木家具多产自苏、广二地。有趣的是，广作家具多选色深黑红的红木，苏作家具则常用色浅呈棕黄色之红木。同样是红木，广东人喜欢明代铁力、紫檀之重色，苏州人则倾向于传统的黄花梨和榉木的浅色。老红木材幅宽大，木质坚致且光亮，鬃眼细长，色泽由深黑至浅棕黄不等，剖之有酸味，有通直的条状光斑，芯材有深色髓线，比黄花梨重，比紫檀轻。浅色红木极易与黄花梨相混，其区别是红木光斑较通直顺长，光感不强，红木黑髓线形态平缓，边缘含混，细小处呈墨点状。红木鬃眼极细小顺直，排列间隔长短无序。红木中色泽较深的一种，经烫蜡可黑亮如漆，常可与紫檀相混。旧时修紫檀家具，多以此配补缺料，颇有鱼目混珠之效。在古典家具中，黄花梨只是特指海南黄花梨。其他的诸如越南黄花梨、缅甸黄花梨等都是属于草花梨甚至是酸枝木。

落膛：装板低于边框的造法叫"落膛"。

落膛踩鼓：将装板四边踩下去，使它低于边框，但中部不动，形成高起的小平台，此种造法为"落膛踩鼓"。

棱瓣：线脚上各种棱、瓣的总称。

里皮：构件朝里的表面。

立柜：四件柜中顶箱下面的柜子为"立柜"。

连梆棍：扶手椅扶手之下，鹅脖与后腿之间的一根立材。其下植入椅盘上，上与扶手连接。

联二橱：有两个抽屉的闷户橱。

联三橱：有三个抽屉的闷户橱。

莲瓣纹：形似莲花，但花瓣出尖的装饰图案。

莲纹：各种莲花纹的总称。

两面做：正面、背面刻工相同的雕刻，多出现在案腿的挡板上。

两炷香：腿足正面起两道阳线，多见于条案。

亮格：架格的格，因没有门而得名。

亮格柜：部分为亮格、部分为柜的家具。

亮脚：椅子靠背板底部、围屏底部的透空装置。

棂格：窗户边框以内以斗攒做出的格子，并用作家具类似装置的名称。

灵芝纹：以灵芝为题材的一种装饰花纹。

鎏金：在铜饰件表面上的镀金工艺。

六方材：主要构件的断面为六方形的家具。

六件柜：每具立柜上有两具顶箱，成对柜子由六件组成的大柜，很少见到。

六仙：尺寸在二尺半左右中等大小的方桌。

六柱床：苏州地区称有门柱的架子床为六柱床。

龙纹：以龙为题材的花纹的总称。

笼：很深的箱为"笼"。

露明：构件未被其他构件遮没，显露在外的部分。

盝顶箱：盖上为平顶，四面有弧形斜坡的箱子。

螺钿：以贝壳为材料的镶嵌装饰工艺。

罗汉床：三面安装围子的床。

罗锅枨：中部高起的枨子。

落地枨：安装在腿足下端贴近地面的枨子。

M

麻叶云：雕在墩子两端的云纹。

马蹄：腿足下端向内兜转或向外翻出的增大部分。

马闸：交机的俗称。

抹头：一是指边框如作长方形，短而凿眼的两根为"抹头"，如作正方形，凿眼的两根为"抹头"；二是指门扇及围屏边框，连结两根大边的各根横材为"抹头"。三是指厚板的纵端，为了防止它开裂及掩盖其断面木纹而加贴的木条亦称"抹头"。

满面葡萄：指楠木瘿子的表面布满细密圆形花纹。

满罩式架子床：床身以上造成一具完整花罩的架子床。

玫瑰椅：扶手椅的一种，体形较小，后背及扶手与坐面垂直。

美人床：只有后背及一侧有围子的小床，清代始流行。

门罩：架子床正面造成门式的花罩。

门轴：木轴门上下出头纳入白窝的部分。

门柱：六柱架子床安装在正面中部的两根柱子。

闷仓：闷户橱抽屉之下可以用来密藏物品的空间。

闷户橱：抽屉下有闷仓家具的总称，包括联二橱、联三橱等。

闷榫：隐藏不外露的榫卯。

面条柜：圆角柜的俗称。

面芯：嵌装在边框之内的板片。

描金漆：是在素漆家具上用半透明漆调彩漆描画花纹，然后放入温湿室，待漆干后，在花纹上打金胶（漆工术语曰"金脚"），用细棉球着最细的金粉贴在花纹上。这种做法又称"理漆描金"，如果是黑漆地，就叫黑漆理描金；如果是红漆，就叫红漆理描金。黑色漆地或红色漆地与金色的花纹相衬托，绚丽华贵。

明抽屉：装有拉手，明显可见的抽屉。

明榫：外露可见的榫卯。

磨光：嵌件与家具表面平齐，经过打磨光滑便算完工的镶嵌造法。

抹角：切去90度角，使转角处作口状。

牡丹纹：以牡丹花为题材的花纹图案。

木梳背：搭脑下安多根直棂的靠背椅。

木楔：安在升降式灯台上可以调整灯杆高度的楔子。

木轴门：用木轴作开关转枢的门，多用于圆角柜。

N

南官帽椅：搭脑扶手不出头的官帽椅叫"南官帽椅"。

南榆：北方称榉木为"南榆"。

楠木：是一种极高档软性木材，其色浅橙黄略灰，纹理淡雅文静，质地温润柔和，无收缩性，遇雨有阵阵幽香。南方诸省均产，惟四川产为最好，明代宫廷曾大量伐用。楠木不腐不蛀有幽香，常与紫檀配合使用。可惜今人多不识之，常以拜物心理视之，觉得质不坚不重，色不深不亮，故而弃之。行内人视其质地有金丝楠，即刮光后，在日光下可见道道细如毫发的金丝闪耀；豆瓣楠，即纹理有扭曲，光下有豆瓣状光斑闪动者，密者可形成瘿木；香楠，即极香之楠，常做书帖木皮及书箱书柜，多为四川产；龙胆楠，亦称紫楠，即色较深暗者，呈土橙红色，质较硬，多为福建、广东产。

楠木瘿子：从大楠木根部或结瘿处取得的有旋转纹理的楠木材料，古有"斗柏楠"之写法。

内翻马蹄：足端向内兜转的马蹄。

泥鳅背：素混面的民间称呼。

拧麻花：绳纹俗称"拧麻花"。

牛毛断：漆层年久，在漆面自然生成的微细裂纹。

钮头：箱、柜等门上安装的金属饰件上高起有孔的装置，可以直接上锁，或横贯有孔穿钉，在钉的一端上锁。

P

拍：拍合的意思。将凿眼的构件安装到出榫的构件上去叫"拍"。

拍子式镜架：折叠式镜架的别称。

炮仗筒：鱼门洞的开孔如横着的爆竹，近似笔管式而开孔较宽。

喷面：向外探伸的桌面。

膨牙：随着鼓腿向外膨出的牙子。

披水牙子：座屏风上连接两个墩子的前后两块倾斜如八字的牙子。

劈料：在构件上造两个或更多的平行素混面线脚。

皮：构件的面。如某构件的里皮、外皮、上皮、下皮，即该构件的里、外、上、下四个面。

皮条线：比灯草线宽而平扁的阳线。

皮条线加洼儿：高起的皮条线中部又稍稍洼下。

飘檐：多用于架子床和佛龛以及民国衣柜上部向外倾斜的装饰部件。

撇腿：一是指"香炉腿"，腿足下端向外微撇，常见于条案。二是指腿足下端向侧方撇出。

品字：攒接图案的一种。笔管式围子分两层安直棖，上下相错，出现"品"字形的空格。

屏风：各种屏风的总称。

屏扇：独扇屏风及多扇屏风的每一扇均可称之为"屏扇"。

屏芯：座屏风边框内安装算子的一块。

平地：浮雕花纹中光而平的地子，即素地或光地。

平屉：箱口之下形如深口平盘的装置。

平头案：无翘头的条案。

平镶：一是指装板不落膛，与边框平齐，也叫平装。二是用卧槽法镶铜饰件，镶完的铜件与家具表面平齐。

平脱：即平嵌，镶嵌工艺的一种，指嵌料与地子平齐，借材料、颜色的不同突出纹饰。

Q

漆木家具：木胎外髹漆的家具。

齐头碰：两材"丁"字形接合，出榫的一根只留直榫，不格肩，外形如"T"者。

齐牙条：有束腰家具的形式之一。牙条不格肩，两端与腿足直线相交。

棋桌：桌内设有棋盘或双陆局的桌子，一般有活桌面，可装可卸。

起边线：沿着构件的边缘造出阳线。

起棱：在构件上造出高起的棱。

起线：在构件上造出高起的线。

气死猫：存放食物用的柜橱，门及两侧装透空棂格。

卡子花：用在矮老部位的雕花木块。

千拼台：用小片硬木包镶的大画案有"千拼台"之称。

嵌瓷：家具装饰手法，有两种，一是用瓷砖作桌凳的面或镶罗汉床的围子；二是用特制的瓷片镶嵌花纹。

嵌玳瑁：用玳瑁作镶嵌花纹。

嵌骨：用兽骨作镶嵌花纹。

嵌螺钿：用贝类的壳做镶嵌花纹。可分为硬（厚）螺钿和软（薄）螺钿两种工艺。

嵌木：用不同于家具本身的木材作镶嵌花纹。

腔：坐墩的鼓形部位。

荞麦棱：阳线而有锐棱者。

翘头：家具面板两端的翘起部分，多出现在案形结体的家具上。

戗金、戗银：是先在素漆地上用刀尖或针划出纤细的花纹，然后在低陷的花纹内打金胶，再把金箔或银箔粘进去，形成金色的花纹。它与填漆的不同之处在于花纹不是与漆地齐平，而是仍保持阴纹划痕。

琴桌：广义指不同尺寸的条桌，狭义指专为弹琴而特制的桌案。

蜻蜓腿：香几上细而长的三弯腿。

楸木：民间称不结果之核桃木为楸，楸木鬃眼排列平淡无华，色暗质松少光泽，但其收缩性小，可做门芯、桌面芯等用，常与高丽木、核桃木搭配使用。楸木比核桃木重量轻，色深，质松，鬃眼大而分散，是区别要点。

曲尺式：棂格图案的一种。

葵花瓣：抱鼓上花瓣状的纹样。

圈口：四根板条安装在方形或长方形的框格中，形成完整的周圈，故曰"圈口"。

圈椅：圆形后背的椅子，圆背交椅除外。

券口：三根板条安装在方形或长方形的框格中，形成拱券状，故曰"券口"。

券口牙子：构成券口的三根板条，尤指安在椅盘以下者。

雀替：古建筑用语，额枋与柱相交处，自柱内伸出，上承额枋的构件。少数家具的牙条与它有相似之处。

裙板：围屏屏芯下最大的一块装板。

R

让榫：为了构件的坚固，错开来自不同方向的构件的榫眼，即采用避让的方法来达到不使榫眼过分集中的目的，如椅子腿部为赶枨开的榫眼。

如意担子：即如意柄，指清式坐墩上近似如意柄的腿足。

如意头：三弯腿外翻马蹄上有时出现的云头状雕刻花纹。

如意头抱鼓蕈花站牙：墩子两端雕如意头，其上为雕蕈花瓣的抱鼓，此后为站牙。座屏风、灯台等多采用此种造法。

软屉：用棕藤、丝绒或其他纤维编织的家具屉面。

软螺钿：又称薄螺钿，是取极薄的贝壳之内表皮做镶嵌物，与硬螺钿相对而言。常见薄螺钿如同现今使用的新闻纸一样薄厚。因其薄，故无大料，加工时在素漆最后一道漆灰之上贴花纹，然后上漆数道，使漆盖过螺钿花纹，再经过打磨显出花纹。在粘贴花纹时，匠师们还根据花纹要求，区分壳色，随类赋彩，因而收到五光十色、绚丽多彩的效果。

S

三接：圈椅扶手用三根弯材接成的叫"三接"。

三抹门：门扇分两段装板，共用抹头三根的为"三抹门"。

三上：牙条、托腮、束腰分三次装成的叫"三上"。

三弯车脚：箱子下有弯曲弧线的底座。

三弯腿：略具"S"形的腿足。

三炷香：腿足正面起三道阳线，多见于案形结体的家具上。

山字形座屏风：座屏风中间一扇高，两旁的两扇低，形如"山"字而得名。

杉木：软性木材，制作家具多髹漆。

扇面式凳：凳面作扇面形的杌凳。

扇面式椅：椅面作扇面形的椅子。

扇面桌：桌面作扇面形的桌子。

上箱下柜：立柜上承有向上掀盖的箱子，而不是两开门的顶柜。

上折式交杌：用一对木框作杌面，可以向上提起折叠的交杌。

升降式灯台：灯杆可以上下升降的灯台。

绳纹：构件本身或浮雕花纹造成两股绳索拧绞状，俗称"拧麻花"。

狮子纹：以狮子为题材的图案。

十字枨：交叉如十字的枨子。

十字栏杆：用攒接法造成的十字形栏杆。

十字连方：用十字连接方框构成的棂格图案。

十字连环：用十字连接圆环构成的棂格图案。

石板：用在家具上的板片石材。

食格：即提盒。

兽面：兽面花纹，常雕在桌子腿足的肩部。

寿字：用"寿"字作题材的吉祥图案。

梳妆台：梳妆用具，包括镜架、镜台、官皮箱等，至民国时仿制西式家具有了专门的一类家具。

书案：案形结体的，或架几案式的，有抽屉而面板较宽的案子。

书橱：中型的圆角柜，在苏州地区称之为"书橱"。

书格：架格或称"书格"。

书桌：桌形结体，有抽屉而比较宽大的桌子。

束绦纹：以绾结绦带为题材的花纹。

竖柜：立柜又名"竖柜"。

刷色：一是指颜色较浅的家具，染刷深色，充替深色硬木家具；二是硬木家具修配后，刷色以求得颜色一致。

闩杆：两扇柜门之间的立柱。

顺枨：桌案正面连接两腿的枨子。

四出头：四出头官帽椅的简称。

四出头官帽椅：扶手椅的形式之一。搭脑两端及两个扶手的一端均出头，故曰"四出头"。

四簇云纹：用板片镂挖或用木片镂挖后斗合而成的四个云纹聚簇的图案。

四件柜：一对四件柜由两具立柜、两具顶箱组成，因共计四件而得名。

四面平：家具造型之一，自上而下四面皆平直，故曰"四面平"。

四抹门：门扇分三段装板，共用抹头四根的叫"四抹门"。

四抹围屏：每扇用四根抹头造成的围屏。

四腿八挓：家具腿足四面都带"侧脚"的叫"四腿八挓"。

四仙：小形方桌，每面只宜坐一人。

四柱床：有四根角柱的架子床。

识文描金：是在素漆地上用泥金勾画花纹。其做法是用清漆调金粉或银粉，要调得相对稠一点，用笔蘸金漆直接在漆地上作画或写字。其特点是花纹隐约隆起，有如阳刻浮雕。由于黑漆地的衬托，色彩反差强烈，使图案更显生动活泼。

锼角牙：用锼挖方法造成的雕花角牙，亦称"挖角牙"。

锼牙头：用锼挖方法造成的雕花牙头，亦称"挖牙头"。

锼牙子：用锼挖方法造成的雕花牙子，亦称"挖牙子"。

苏作：一是指明至清前期的苏州地区制造的明式家具，在传统家具中达到了最高的水平。二是指清代中期以后到民国时期该地区的硬木家具，造型庸俗繁琐，与明式大异。

素地：即"平地"或"光地"。

素漆家具：即以一色漆油饰的家具。常见有黑、红、紫、黄、褐诸色，以黑漆、朱红漆、紫漆最多。纯黑色的漆器是漆工艺中最基本的做法，而其他颜色的漆皆是经过调配加工而成的。

酸枝：广东称红木曰"酸枝"。

榫卯：榫子与卯眼的合称，泛指一切榫子和卯眼。

榫销：构件本身不造榫，用其他木造成另行栽入或插入的榫子或木销。

榫眼：受纳榫子的卯眼亦称"榫眼"。

束腰：家具面板与牙子之间的向内收缩的部分。

锁脚枨：即管脚枨。

T

塌腰：桌案因跨度太大，或用料单薄、承重过多，致使面板中部下垂。

挞涩：或写作"叠涩"，即托腮。

榻：只有床身，床面别无装置的卧具，一般比床小。

踏床：即脚踏。

踏脚枨：椅子正面可以踏脚的一根枨子。

台座：家具下部有一定高度的底座。

太师椅：相传宋代有人为奉承时任太师秦桧，特意在秦桧的交椅后背上加了一个木制的荷叶形托首，仿效者颇多，遂名之为"太师椅"。到明代，这种交椅式太师椅因其结构复杂且有失牢固等局限性而被淘汰，取而代之的是形制宽大的圈椅。只是椅圈绝大多数已不再有托首，只是自后背至扶手顺延成一体，使人感到更加舒适。当时在江南甚至把圈椅作为长辈的专用坐具之一加以推崇，只是偶尔有人称圈椅为太师椅。清代太师椅主要是指流行于清中期以后特定的形体宽大的厅堂用扶手椅。

躺椅：可供人伸足躺卧的椅子。

烫蜡：白蜡加温，擦在家具表面，再用力拿干布将家具擦出光亮来。

绦环板：用在家具不同部位，以家具构件为外框的板片，一般都有雕饰。

藤屉：用藤材编成的软屉。

剔红：即红色雕漆，是雕漆最主要的品种，故又可称作雕漆。其制法是先在器胎上髹红色漆，当漆层达到理想的厚度时，再在漆面上雕刻设计的图案。清乾隆时期，融合明代各时期的不同特点，形成了兼具明早期浑朴圆润与明晚期纤巧细腻的剔红漆器。嘉庆以后，雕漆工艺日趋衰落。

提盒：有提梁的分层箱盒。

提环：安在箱子两侧的金属拉手。

屉板：架格或柜橱内横向分隔空间的木板。

天然几：明代称有翘头的大画案曰"天然几"，现苏州地区仍用此名称。

天圆地方：椅子腿足的一种常见造法。椅盘以上为圆材，椅盘以下为方材，或外圆里方，因曰"天圆地方"。

填嵌：家具表面依嵌件式样挖槽剔沟，再把嵌件填入粘牢。

填彩漆：先在做好的素漆家具上用刀尖或针刻出低陷的花纹，然后把所需的彩漆填进花纹。待干固后，再打磨一遍，使纹地分明。这种做法花纹与漆地齐平。

甜瓜棱：圆足或方足起棱分瓣线脚的总称。

条案：窄而长的高案。

条几：由三块厚板造成的，或貌似由三块厚板造成的窄而长的高几。

条桌：腿在四角的窄而长的高桌。

贴：沿着一个构件的边缘再附加一条木材

曰"贴"。

贴面：包镶家具粘贴在表面的一层木材为"贴面"。

铁力：又可写作"铁梨"、"铁栗"，产于广东、广西。木质坚而沉重，芯材淡红色，髓线细美。在硬木树种中，铁力木是最高大的一种，因其树径粗，故传世铁力家具常用料壮硕，多为大型家具。现在广东许多古建筑上仍可见到用铁力制作的门窗梁柱。铁力家具形制多古朴，装饰手法自成一体，韵味敦厚，可称"铁力工"，应是广东地区的明式家具，也是清代广作红木家具的前身。而苏作铁力家具则较典雅俊美，极近黄花梨做工。铁力木的纹理清晰，完全是由鬃眼管孔组成，经磨光上蜡，黄白相间，久用则色重，给人以"苍古"之感，极受文人雅士之青睐。铁力亦有粗细之别，细丝铁力鬃眼细小，木质坚致，重量与檀相仿，古人曾用浓苏木水染色上漆后冒充紫檀。苏作黄花梨家具多以铁力做屉底、后身等辅料，俗称"金帮铁底"。

铁糙：木质近似铁力，但纹理直而色暗黑少光，可冒充红木，多为晚清广东民间家具使用。铁糙中较黄者称铜糙，晚清清西陵光绪陵享殿梁柱即为铁糙和铜糙所造，有"铜梁铁柱"之称，正可印证铜铁糙为晚清流行的木材。

铜活：各种铜饰件的总称。

透雕：有镂空的雕刻。

透格柜：门扇装有一部分透格的柜子。

透光：透空的开光。

透榫：榫眼凿通，榫端显露在外的榫卯。

凸面：即"盖面"或"混面"。

团螭纹：用螭纹构成的圆形图案。

团凤纹：程式化的圆形凤纹。

团寿字纹：用寿字组成的圆形图案。

托角牙子：即角牙。

托泥：承托家具腿足的木框，多见于有束腰家具，或四面平式。

托腮：牙条和束腰之间的台层。

托子：承托案形结体家具腿足的两根横木。

W

挖：用锼挖的方法造成一个构件叫"挖"。

挖缺：一是方足内向的一角，切去约四分之一，断面作曲尺形；一是在构件的某些局部去除部分材料。

挖烟袋锅：横竖材角接合，横的一根尽头造成转项之状向下弯扣，中凿榫眼，状似烟袋锅，故名。

洼面：即凹面。

外翻马蹄：三弯腿足下端向外兜转的马蹄。

外圆里方：腿足朝里的两面平直，朝外的两面做成弧形。椅、凳及圆角柜腿足常用的线脚。

弯材：开成弧形的材料，如圈椅的扶手，圆形家具的边框及托泥等。

碗橱：即饭橱。

万历柜：亮格柜的一种，上为亮格，中为柜子，下有矮几。

万字：家具的装饰图案，有左万、右万两种图案。

围屏：多扇可以折叠的屏风。

围子：安在椅子、宝座、罗汉床、架子床后背及两侧，近似栏板的装置。

文椅：江浙地区称玫瑰椅曰"文椅"。

委角：直角向内收缩。

委角线：在构件的直角上造出阴文线，使直角变成委角。

卧棂栏杆：用横木构成栏板的栏杆。

乌木：致密如紫檀而色黑如墨的一种硬木。古籍中有"角乌"与"茶乌"之分。角乌性脆，质光亮似牛角，不可做大器；茶乌性坚但需染色。传世乌木桌椅常为茶乌所制，而乌亮如漆的小件器物如烟袋杆、筷子、玉器的托座等则多为角乌所做。近代乐器行有用"乌杨"者，其色如茶乌而质轻软似杨木，常作为装饰用料使用。乌木日久风化也会呈灰白色，色泽与经风吹日晒的紫檀极为相似，但乌木性脆，表面会生出许多"碴"口，俗称"蚂蚱口"，是区别乌木与檀的重要标志。另外，乌木不掉色，紫檀掉色，乌木发闷，紫檀声脆，乌木没有鸡血，紫檀时有红斑，乌木没鬃眼，紫檀有鬃眼。这些都是区别二者的标志。

无束腰：家具面板和牙条之间无收缩部分。

五接：圈椅扶手用五根弯材接成的叫"五接"。

五抹门：门扇分四段装板，共用抹头五根的叫"五抹门"。

五屏风：由五扇组成的座屏风。

五屏风式：椅子、宝座的靠背及扶手、罗汉床围子、镜台屏风等由五扇组成的为"五屏风式"。

五圈：五接扶手的圈椅。

杌：没有靠背及扶手的坐具。

X

席面硬屉：用木板贴席的硬屉。因细藤编的软屉年久破损找不到细藤工来重编，近代家具店才采用此种带破坏性的修配方法。

喜上眉梢：以喜鹊、梅花为题材的吉祥图案。

弦纹：细阳文线。

线雕：阴刻的细线花纹。

线脚：各种线条及凹凸面的总称。

镶嵌：用与家具本身有区别的物料来拼镶、填嵌，造出花纹，取得装饰效果。

箱：有底有盖，可以储藏物品的家具。

香几：以置放香炉为主要用途的几子。

香炉腿：又称"撇腿"，腿足下端向外微撇后着地，常见于有管脚枨的条案。

响膛：用攒边装面芯板方法造成的架几案面。

象鼻足：三弯腿卷珠式又名"象鼻足"。

销钉：用以固定构件的木钉或竹钉。

枭混：下凸上凹的曲线，近似冰盘沿线脚，常见于须弥座。

小格肩：切去三角顶尖的格肩。

小面：家具的侧面。

小腰：即银锭楔，用以连接两木。

楔钉：用在楔钉榫的断面呈方形的木钉。

楔钉榫：接合两根弯材使用的榫卯。

斜卍字：欹斜的擅字图案，常见于床围子。

新红木：现在还大量进口的一种硬木，色泽浅于老红木，有纹理。

杏林春燕：以杏花、燕子为题材的图案。

绣墩：坐墩的别名。

虚肩：格肩之下开口，与榫子之间有空隙。

须弥座：有束腰的台座。

漩涡枨：与风车枨近似的呈漩涡状的枨子。

旋：使用车床把方材加工成圆材，或在木材内挖圆的加工工艺。

Y

压边：压盖软屉边框里口透眼的木条。

压边线：沿着构件的边缘造出平线。

牙脚：壸门台座向四足高桌发展的过程中，遗留在足端的多出的部分为牙脚，后来演变成马蹄。

牙条：长而直的牙子为牙条。

牙头：一是指牙条两端下垂部分，不论是与牙条一木连做的，还是另外安装的均称为"牙头"；二是指夹头榫牙条以下宽出腿足的左右对称部分，也叫"牙头"。

牙子：牙条、牙头、角牙、挂牙等各种大小牙子的总称。

宴桌：清代宫廷赐宴用的矮桌，形同炕桌。

砚屏：案头家具，摆在笔砚之后的小形座屏风。

阳线：高起的阳文线。

杨木：北方常用的软性木材，其质细软，性稳，价廉易得。常作为榆木家具的附料和大漆家具的胎骨在古家具上使用。这里所说的杨木亦称"小叶杨"，常有缎子般的光泽，故亦称"缎杨"，不是上世纪中才引进的那种苏联杨、大叶杨、胡杨等。杨木常有"骚味"，比桦木轻软。桦木则有微香，常有极细褐黑色的水浸线。这是二者的差别。

仰俯莲纹：由朝上及朝下的莲花组成的莲花纹。

仰俯山字：栏板或棂格图案的一种，由朝上及朝下的"山"字组成。

仰俯云纹：是指由朝上及朝下的云头组成的图案。

腰枨：处在上下两个构件之间的枨子，如柜子后背或侧面安在柜顶与柜底之间的枨子。

腰花板：相当于四抹柜门或围屏中部的一块绦环板。

药柜：存放药品用的专用家具，特点是多抽屉，清代还有可旋转的，做工比较复杂。

衣架：披搭衣服用的架子。

衣笼：衣箱之深而大者。

一封书：方角柜形式之一。无顶箱，外形有如带封套的线装书。

一鼓一洼：一个凸面与一个凹面相平行的线脚。

一块玉：条案或架几案面用独板厚材造成的叫"一块玉"。

一面做：装饰只做正面的为"一面做"。

一木连做：两个或更多的构件由一块木料造成。

一统碑：靠背椅的一种，靠背方正垂直像石碑。

一腿三牙：每根腿足与左右的两根牙条及一个角牙相交，故曰"一腿三牙"，它往往与罗锅枨配合使用。

一炷香：腿足正面起一道阳线，多见于案形结体家具的腿足上。

椅：有靠背及有靠背兼有扶手的都可称之为椅。

椅盘：椅子的座面屉盘，一般由四根边框中设软屉或硬屉构成。

椅圈：圈椅上的圆形扶手。

阴剔：阴文的线雕。

银锭榫：形似半个银锭的榫子。

银锭楔：形似一个银锭的木楔。

印匣：盛放印玺的箱具，一般为盝顶式。

瘿木：或写作"影木"，是从树木根部因病结瘿处剖解出来的板材，有细密旋转的花纹，多用于家具的显著位置做装饰。能够长成瘿木的树种主要有楠木瘿子、桦木瘿子、柳木瘿子、榆木瘿子，其中明代和清前期的家具多数使用的是楠木瘿子，在记载中有"骰柏楠"、"斗柏楠"、"斗斑楠"的称呼，且又以"满面葡萄"来形容其花纹细密瑰丽。楠木瘿子多产自四川西部的大株楠木的根部。

瘿子：即瘿木。

影木漆：又称波罗漆、犀皮漆，是将几种不同颜色的漆混合使用。做法是在漆灰之上先油一道色漆，一般油得稍厚一些，待漆到七八成干时，用手指在漆皮上揉动，使漆皮表面形成皱纹。然后再用另一色漆油下一道，使漆填满前道漆的皱褶。之后以同样做法用另一色漆油下一道，待填后用细石磨平，露出头层漆的皱褶来。做出的漆面，花纹酷似瘿木或影木，有的花纹酷似菠萝或犀牛皮，故因此得名。这类漆器家具传世品极为少见。

应龙：带翼的龙。

硬挤门：没有闩杆的柜门叫"硬挤门"，由两扇门对碰硬挤到一起而得名。

硬木：各种硬性木材的统称，与柴木相对而言。

硬屉：攒边装板的屉及软屉改为木板贴席的屉，均为硬屉。

硬螺钿：又称厚螺钿，其工艺是按素漆家具工序制作，在上第二遍漆灰之前将螺钿片按花纹要求磨制成形，用漆粘在灰地上，干后再上漆灰。要一遍比一遍细，使漆面与花纹齐平。漆灰干后略有收缩，再上大漆数遍，漆干后还需打磨，把花纹磨显出来，再在螺钿片上施以必要的毛雕，以增加纹饰效果。

油桌：一种案形结体的长方高形桌案，是过去家庭及酒店的常备吃饭用家具。

有束腰：面板和牙条之间有收缩部分的家具。

余塞板：门扇与门框之间的装板，或设有装板的扇活。

鱼门洞：或写作"禹门洞"，绦环板或束腰上的开孔，南方较流行。

玉堂富贵：以玉兰、海棠、桂花、牡丹等为题材的吉祥图案。

榆木：我国北方各地均有，为与江浙的"南榆"、古代进口的"紫榆"及东北的"沙榆"相区别，北方人常称其为"附地榆"或"北榆"。现在北方传世的各代民间古家具几乎主要是由这种木材制成。北榆材幅宽，花纹大，质地温存质朴，色泽明快，价廉易得，是北方民间古家具的主要用材。北榆鬃眼疏密渐变，较分散，木色发黄白；南榆鬃眼细密集中成线，质坚色红，而东北榆常有细密分布的砂粒状小斑点，材质更疏松，故称"沙榆"，关内极少见早于民国的沙榆古家具。

原来头：称未经修配改制的古老家具。

圆材：主要构件的断面为圆形的家具，亦泛指一般断面为圆形的木料。

圆槽：刀口底槽圆缓的阴文线雕，与"尖槽"相对而言。

圆凳：凳面为圆形的杌凳。

圆雕：四面着刀的立体雕刻。

圆角方透光：透光的轮廓作圆角方形或圆角长方形，常见于条案及架格上的圈口。

圆角柜：柜帽圆转角的柜子，多为木轴门，侧脚显著。

圆开光：圆形界格内施雕刻，或圆形圈口内镶瘿木、石板等，或圆形的透光，均可称为"圆开光"。

圆球：造在腿足下端，落在地面或落在托泥上的圆球。

圆托泥：圆形家具足下的圆形托泥。

圆桌：由两张月牙桌拼成的圆形桌或者直接作成圆形桌面的桌子。

月洞式架子床：门罩开圆门的架子床。

月牙扶手：即圈椅上的圆形扶手。

月牙桌：即半圆桌，两张可以拼成一张圆桌。

云鹤纹：以仙鹤及云为题材的图案。

云龙纹：以龙及云为题材的图案。

云石：又称大理石、立石，产自云南大理点苍山，由石灰岩重结晶变质而成，其色主要有白、灰、杂色三种，色白呈玉质者最为珍贵。云石佳者呈自然纹层，或晕带、或团状，有如烟云山峦，林泉丘壑。早在唐代云石就被用于家具装饰面料，明、清以后更是大量被运用于居室装饰。

云头纹：完整而左右对称的云纹。

云纹：各种云纹的总称。

Z

扎榫：苏州地区称"走马销"曰"扎榫"。

杂宝：以银锭、方胜、珠、钱、珊瑚等为题材的图案。

杂木：一般木材，与"柴木"意义相近，尤指一件家具使用了几种一般木材。

栽榫：构件本身不出榫，另取木块栽入作榫。

錾花：用錾凿法在金属饰件上造出花纹来。

灶火门：壸门式轮廓。

挓：即侧脚，谓腿足下张上收。

站牙：立在墩子上，从前后抵夹立柱的牙子，即所谓的"壶瓶牙子"或"桨腿"。

罩金漆：又名"罩金"，是在素漆家具上通体贴金，然后在金地上罩一层透明漆。

樟木：软性木材，在我国江南各省都有，惟台湾、福建盛产。其树径较大，材幅宽，花纹美，切面光滑有光泽，油漆后色泽美丽，干燥后不易变形。耐久性强，胶接后性能良好，可以染色处理，宜于雕刻。我国的樟木箱名扬中外，其中有衣箱、躺箱(朝服箱)、顶箱柜等诸品种。惟桌椅几案类北京居多。旧木器行内将樟木依形态分为数种，红樟是香味较大、颜色较红的一种，常做衣箱。虎皮樟是红樟中花纹似虎皮者，其价格最昂贵。黄樟是颜色较浅者，多为船板樟。花梨樟，是鬃眼排列似花梨者。豆瓣樟，是有"S"形鬃

眼的樟木，其另一剖面则呈豆瓣状光斑，这种樟木有时经染色后可冒充紫檀。白樟，是色浅而无花纹者，香气也较淡，价值较低，常与红樟相配，用在不太重要之处。船板樟，是在运河北端城镇通州地区常见的一种樟木家具，其所用樟木多有等间隔的铁钉洞痕，多为明清交际造型，相传为明代海船解体后之船板，属当时的废物利用，以黄樟为多，为当时物美价廉之家具。

障水板：围屏上的"裙板"。

罩盖式：匣、盒的形式之一，上盖将下底罩住。

折叠床：可以折叠的床。

折叠式面盆架：腿足可以折叠的面盆架。

折叠式镜架：支镜装置可以折叠的镜架。

折叠椅：即直后背交椅。

折枝花卉：不与根或本相连的花卉图案。

折柱：即"矮老"。

真两上：牙条与束腰由两木分做。

真三上：牙条、托腮、束腰由三木分做。

枕凳：可用作枕头的小凳。

枕屏：放在床榻上的小座屏风。

整挖：即厚板透雕。

正卍字：方正的卍字图案，与斜卍字相对而言。

直枨：平而直的枨子，与罗锅枨相对而言。

直棍围子：边框内安直棍的围子。

直棍：古代窗棂多用直棍，故又称"直棍"。

直牙条：用直材造成的牙条，或在直材上镂曲线，无下垂牙头的牙条。

直足：无足直落到地的腿足。

中抹：门扇或围屏居中一根连接两根大边的横材。

中牌子：安装在衣架中部或高面盆架搭脑下方形有装饰的部分。

周制：百宝嵌的别名，因周翥善制百宝嵌而得名。

周翥：明末制百宝嵌名家。

轴钉：交机或交椅上贯穿前后两足的铁轴钉。

侏儒柱：即短柱。

烛台：即灯台。

竹钉：钉在屉盘压边木条上的竹制销钉。

竹节纹：在家具上刻出竹节作为装饰花纹。

柱顶：家具上摹仿栏杆望柱柱顶的部分，在佛龛中比较常见。

转角花牙：沿着家具构件转角安装的雕花牙子，尤指自下而上，花纹有连续性，与一般的角牙不太一样。

装板：边框的里口打槽，将板芯四周的榫舌嵌装入槽为"装板"。

桌：腿足位在四角的为"桌"，个别造型例外。

着地管脚枨：条案腿足的造法之一。管脚枨下降到地面，与腿足下端格角相交。

紫檀：现代植物学上属檀属蔷薇木，其木质细腻，色泽沉穆，材径极小并中空，故古有"十檀九空"之说，是极稀少珍贵的家具用材。明清家具中所用均来自于印度、菲律宾、马来西亚、中国广东等地，此树种为落叶乔木，也有长绿者，材质致密坚硬，有些部位肉眼看不出木纹，是硬木中分量最重的材料。其边材狭，芯材为血褐色，有芳香。制作家具使用芯材，氧化后呈黑色。目前此树种在安达曼群岛、非洲、拉丁美洲、印支半岛均有发现。因材料生长条件和剖切面的不同，会使木材外观显现出多种细微的差别，如鬃眼内有星光闪动的称"金星紫檀"；有一片片的血红色斑的称"鸡血紫檀"；鬃眼呈"S"形，两端尖细如牛毛的称"牛毛紫檀"，鬃眼较粗大散乱者，纹理极像花梨的称"花梨紫檀"。在15种紫檀属的木材中，除了印度南部迈索尔邦所产的檀香紫檀（俗称牛毛纹紫檀）外，其余全部被称为花梨。紫檀刚被剖开时呈深黄色，待两三天后就会变成富贵红，随着岁月的积累最终为华贵的紫黑色。紫檀木的年轮纹大多为绞丝状的。到明朝末年，南洋各地的优质木材也基本采伐殆尽，尤其是紫檀木，几乎全被捆载而去。截止到明末清初，当时世界所产紫檀木绝大多数尽汇集于中国。清代所用紫檀木全部为明代所采。现代植物学研究证明，花梨木并非同一树种，前面已经讲明，花梨木树种尽归紫檀属树种。紫檀家具多精雕细刻，做工极考究，并多为清前期皇室内廷御用之物品。

子口：箱具等的盖与口，里外各去一半，使之能上下扣合。

仔框：大边框内的小框。

鬃眼：木面上细小的点形或线形的纹理或凹痕，这是木质纤维纹理构成的，是木材品种判断的主要依据。

棕绷：用棕绳编成的软屉。

棕角榫：或写作"棕角榫"，三根方材接合于一角的榫卯，形似粽子的一角。

走马销：又名"走马楔"，栽榫的一种。榫子下大上小，由卯眼开口大处插入，推向开口小处，榫卯扣牢时，构件恰好安装到位，取下构件，仍须退还到入卯处才能分开。

足：指家具的腿子着地的尽端，亦指安在托泥之下的小足。

坐墩：造型近似木腔鼓的坐具。

座面：家具上可供人坐的平面，凳盘、椅盘皆称座面。

座屏：有底座的屏风，与围屏相对而言。

柞木：软性木材，制作家具多髹漆。

柞榛木：此木未见任何古今记录，但在苏北皖南一带确大量存在。其中明式者做工与黄花梨木无二，清式者则多为拐子太师椅式样。此木色泽棕黑有极似鸡翅木的纹理，质坚重光亮又极似红木，以苏北地区出现最多，有"柞榛出南通"之说。